汽车 CAE 工程师从入门到精通系列

GT-AutoLion 锂离子电池仿真分析与实例解析

杨瑞鑫　卢家欢　段砚州　编著

机械工业出版社

GT-AutoLion作为系统仿真工具，具有丰富的材料数据库，并且基于GT-SUITE平台可以进行多种材料体系的锂离子电池仿真以及系统集成的多物理仿真。本书介绍了GT-AutoLion的电化学基础、软件模板、求解器、后处理，并针对典型工程仿真应用介绍其仿真流程，同时进行了电池仿真的实例解析。最后，本书还介绍了如何进行电、电化学、电池包热管理以及整车动力系统集成分析的方法。本书可供与锂离子电池相关的车企、电池供应商的工程师和科研人员阅读，也可供高等院校新能源汽车等相关专业师生参考学习。

图书在版编目（CIP）数据

GT-AutoLion 锂离子电池仿真分析与实例解析 / 杨瑞鑫，卢家欢，段砚州编著. -- 北京：机械工业出版社，2025. 2. -- (汽车 CAE 工程师从入门到精通系列).

ISBN 978-7-111-77801-1

Ⅰ. U469. 720. 3

中国国家版本馆 CIP 数据核字第 2025P76C08 号

机械工业出版社（北京市百万庄大街 22 号　邮政编码 100037）

策划编辑：何士娟　　　　责任编辑：何士娟

责任校对：郑　婕　牟丽英　　责任印制：李　昂

河北宝昌佳彩印刷有限公司印刷

2025 年 5 月第 1 版第 1 次印刷

184mm × 260mm · 12.25 印张 · 303 千字

标准书号：ISBN 978-7-111-77801-1

定价：139.90 元

电话服务　　　　网络服务

客服电话：010-88361066　　机　工　官　网：www.cmpbook.com

010-88379833　　机　工　官　博：weibo.com/cmp1952

010-68326294　　金　　书　　网：www.golden-book.com

机工教育服务网：www.cmpedu.com

前 言

近年来，我国新能源汽车和锂离子电池产业实现了飞跃式发展。2024 年，新能源汽车年产量首次突破了 1000 万辆，彰显了新能源汽车行业蓬勃的生命力。作为新能源汽车和电池储能的核心部件，锂离子电池技术在能量密度、寿命和成本控制等方面均取得了重大突破，为新能源汽车普及和电池储能规模化应用奠定了坚实的基础。在技术进步的背后，锂离子电池的设计和性能优化面临着前所未有的机遇和挑战。如何通过先进的计算机辅助工程（Computer Aided Engineering，CAE）技术，精准模拟电池的机、电、热等行为，成为电池研发设计和运维管理的重要方向。

GT-AutoLion 作为一款专业化的电池仿真工具，为电池设计、性能优化和寿命预测等关键技术的研究与实践提供了强大的技术支撑平台。本书围绕 GT-AutoLion 软件应用，针对液态和固态锂离子电池，全面讲解电池仿真的基本概念、电池建模的基础理论和软件操作方法。通过建立多物理场耦合模型，综合运用数学分析、数值计算等方法，揭示电池在不同工况下的性能演变规律，仿真分析电池的机、电、热、老化等行为特征。同时，本书结合丰富的案例解析，使读者能够将抽象的理论知识与具体的工程实践紧密结合，从而系统地掌握从电池单体到电池系统的多尺度仿真技术体系。在内容分布上，本书并非局限于对 GT-AutoLion 软件操作步骤的简单罗列，而是将软件应用与电池在实际工程应用深度融合，聚焦解决锂离子电池在实际应用中面临的诸多技术挑战与难题。

本书致力于为电池技术研究的科研工作者、专业技术人员和学生群体提供全面、深入且具有高度实用价值的技术资源，为在电池仿真技术领域的深入探索与应用提供有力的知识保障与技术支撑，为持续巩固我国锂离子电池产销的全球引领地位和扩大我国新能源汽车、电池储能的发展优势提供重要的技术保障。本书力图全面呈现电池先进仿真技术和案例解析，但也难免存在不足之处，欢迎读者提出批评与斧正意见，共同推进行业的快速发展。

目 录

前言

第 1 章　锂离子电池仿真

1.1　锂离子电池简介

随着能源危机的加剧以及排放法规的日益严格，以纯电动、插电式混合动力汽车为代表的新能源汽车正在迅速发展，并已实现商业化。目前，新能源汽车中应用的电池种类主要包括铅酸蓄电池、镍氢电池和锂离子电池，这三类电池的体积和重量能量密度如图 1-1 所示。

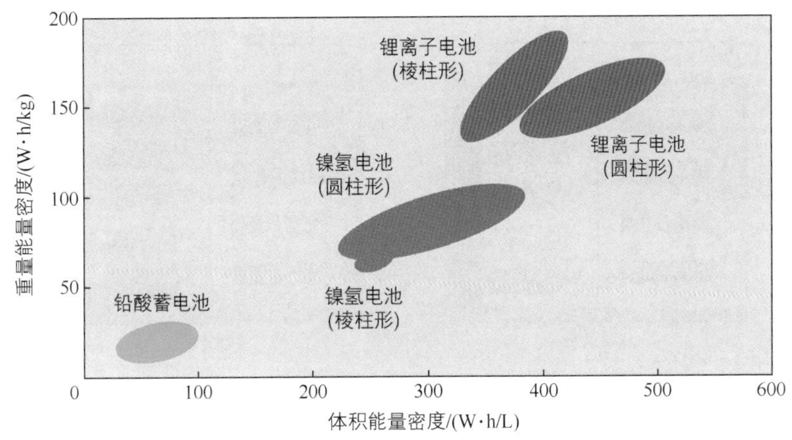

图 1-1　新能源汽车常用电池的体积和重量能量密度

铅酸蓄电池主要用于低速电动车和传统燃油车发动机的起动用蓄电池，镍氢电池主要用于混合动力电动汽车，而锂离子电池则广泛应用于纯电动、插电式混合动力以及燃料电池电动汽车。与其他电池相比，锂离子电池在能量密度、功率密度、工作电压、循环寿命、自放电功率、环境友好性和安全性等方面具有显著优势，是当前新能源汽车的首选电池种类。

目前国内外量产的锂离子电池按几何形状主要分为两类：一类是小容量的圆柱形电池，该类电池需通过串并联配置满足总电压和容量要求，通常使用数量多达数千个；另一类是大容量棱柱形电池或方形电池，其单体容量可达到几十安时或更高，采用大容量电池能够显著减少单体数量。

1.2　锂离子电池的结构及关键材料

锂离子电池一般采用锂的金属氧化物作为正极，锂碳化合物（Li_xC_6）作为负极。图 1-2 所示为锂离子电池的内部结构及充放电过程示意图，锂离子电池的基本组成包括电池壳体（图示浅蓝色部分）、正极集流体（图示灰色部分）、正极（图示紫色部分）、隔膜（图示虚线部分）、负极（图示黑色网格部分）以及负极集流体（图示橘色部分），并且充满电解液（图示淡黄色部分）。若为全固态电池，则电池中没有电解液，同时要将隔膜替换成固态电解质层。固态电解质层作为正负极的电子阻隔层和锂离子传输层，对电池性能的发挥起着至关重要的作用。

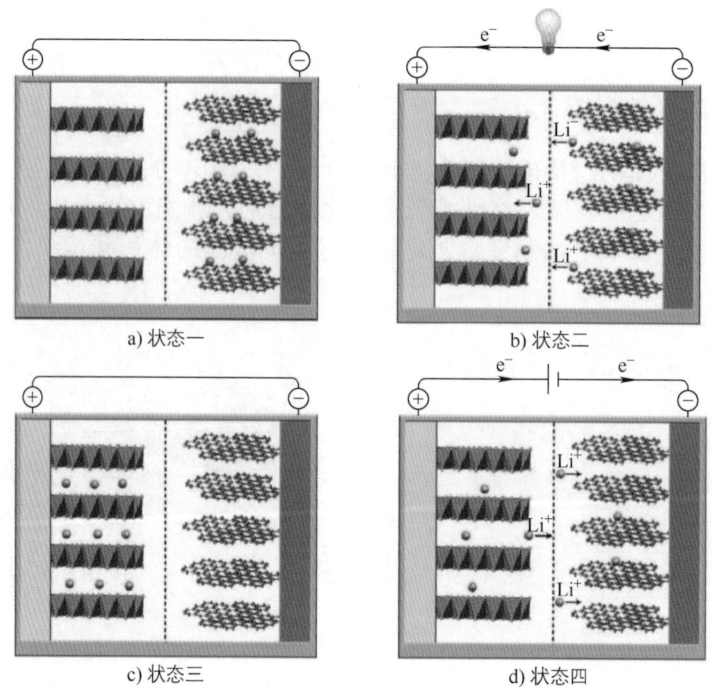

图 1-2　锂离子电池的内部结构及充放电过程示意图

图 1-2 展示了充放电过程中电池的内部状态（图中绿色小球为锂离子）。在满充状态下（图 1-2a），锂离子集中于负极，此时正极电压较高、负极电压较低。当在电池两端连接上用电器后（图 1-2b），由于正负极之间存在较大的电压差，电子从负极经由外电路传输到正极，激活用电器。与此同时，锂离子从负极经由电解液（或固态电解质）传输到正极。因此，放电过程负极材料失去电子发生氧化反应，正极材料得到电子发生还原反应，使电池中的化学能转化为电能。当电池电量用完后，电池进入满放状态（图 1-2c），可用锂离子全部分布在正极，正负极电压差达到最低值。随后通过外加电源进行充电（图 1-2d），其中电源正极连接电池正极，电源负极连接电池负极。由于外加电源提供了电压差，锂离子会通过电解液（或固态电解质）传输到负极，同时等摩尔量的电子从电源进入负极，此时正极发生氧化反应，负极发生还原反应，使电源中的电能转化为电池中的化学能。上述循环构成了锂离子电池的充放电工作原理。

锂离子电池充放电的本质是正负极材料之间的电化学氧化还原反应，因此正负极材料特性直接决定了电池的性能。此外，电解液或固态电解质层作为辅助材料也会影响电池性能的发挥，其原因主要有两个方面：一方面，该辅助材料决定了锂离子的传输速率；另一方面由于辅助材料与正负极直接接触，其与正负极材料之间的界面兼容性也会影响电池的性能。

1.2.1　电极

电极由集流体、活性材料、黏结剂和导电剂组成，集流体通常为铝箔（正极）和铜箔（负极）。

1. 正极活性材料

常用的正极材料有镍钴锰酸锂（NCM）、镍钴铝酸锂（NCA）、磷酸铁锂和锰酸锂。乘用车动力电池主要采用 NCM 和 NCA 等三元锂作为正极材料。图 1-3 展示了三元材料不同元素配比的特性，其中高镍三元材料（Ni 含量超过 60%）的热稳定性和容量保持率都明显较低。未来正极材料将向更高的比能量和安全性、更长的循环寿命发展。

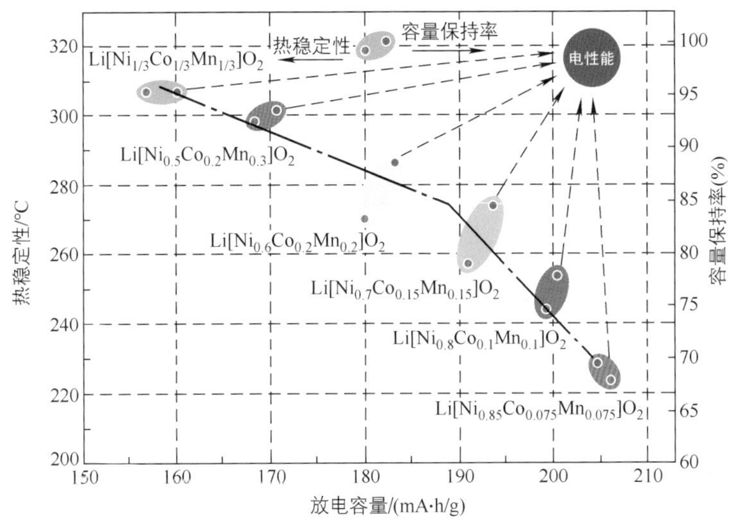

图 1-3　不同组分三元材料的特性

2. 负极活性材料

早期锂电池使用金属锂作为负极，但金属锂易与电解液发生反应，产生“死锂”现象，并容易形成锂枝晶刺穿隔膜，存在较大的安全隐患，严重限制了锂电池的发展。为了克服这些问题，金属锂逐渐被石墨等碳基材料替代。1989 年，索尼公司采用石油焦制备的碳材料作为负极材料，推动了锂离子电池的发展。此后，负极材料从单一的石油焦发展为多种负极材料，包括各种碳基材料（如石墨和无定形碳）以及非碳基材料（如硅基材料和过渡金属氧化物等）。目前，石墨仍是负极材料的主流，而硅基等新型材料也在逐渐成熟，具有较高的应用潜力。

1.2.2　电解液和固态电解质

电解液或固态电解质在锂离子电池中作为锂离子的传输介质，起着关键的作用。离子电导率是评价电解液和固态电解质的重要参数，高离子电导率有助于锂离子的快速输运和正负极容量的有效释放。电解液或固态电解质还需要较大的电化学窗口，以减小其在正负极界面的副分解反应，避免活性物质损失和大量低离子电导率的副产物形成，从而提升性能。

传统液态电解液通常由电解质锂盐、有机溶剂和功能性添加剂组成。电解质锂盐是电解液的核心，电解质锂盐可分为传统锂盐和新型锂盐。六氟磷酸锂（$LiPF_6$）是常用锂盐，其优点是在各种非水溶剂中有适当的溶解度和较高的离子电导率，能够形成适宜的固体电解质界面膜（SEI 膜），有较宽的电化学稳定窗口，但其热稳定性差，易在高温下分解。新型锂盐常与 $LiPF_6$ 搭配使用以弥补其不足。有机溶剂是液态电解液的主体，要求其在低电位下稳定并具备足够的锂盐溶解性，常用碳酸脂类有机溶剂，如碳酸乙烯酯（EC）、碳酸钾乙酯（EMC）、碳酸二甲酯（DMC）等。功能性添加剂一般分为负极成膜添加剂和正极成膜添加剂，主要用于辅助形成稳定的 SEI 膜，从而提高电池的稳定性。

固态电解质主要包含聚合物、氧化物、磷酸盐、硫化物以及复合电解质等。聚环氧乙烷（PEO）基固态电解质以其较好的柔软性和可加工性成为主流，但通常需要在 60℃及以上的高温下使用，离子电导率可达 1×10^{-4}S/cm。在氧化物电解质中，石榴石型的 $Li_7La_3Zr_2O_{12}$（LLZO）和钙钛矿结构的 $Li_{3x}La_{(2/3-x)}TiO_3$（LLTO）较为重要。石榴石型的 LLZO 在室温下的离子电导率可达 1×10^{-4}S/cm，且与锂金属负极保持较好的稳定性，但易与空气中的水分发生 Li^+/H^+ 交换，导致界面钝化，通常可通过元素掺杂进行改性；钙钛矿结构的 LLTO 在室温下虽有同等电导率，但由于 Ti^{4+} 和 Ta^{5+} 的还原反应，无法稳定与锂金属接触，限制了其应用。磷酸盐类电解质以 NASICON 材料为代表，如 Aono 等提出的 $Li_{1+x}Al_xTi_{2-x}(PO_4)_3$（LATP）和 $Li_{1+x}Al_xGe_{2-x}(PO_4)_3$（LAGP），其室温离子电导率可达 1×10^{-4}S/cm。LAGP 和 LATP 的电化学性能较好、热稳定性较高，是当前非常重要的材料之一。与氧化物和磷酸盐类电解质相比，硫化物类电解质中因硫原子 S 具有较大的原子半径和较强的极化能力，拥有较高的离子电导率，主要材料包括 Li_2S-P_2S_5 和 $Li_{10}GeP_2S_{12}$（LGPS）。通过调节两种组分的相对含量，Li_2S-P_2S_5 在室温下的离子电导率可以达到 1×10^{-4}S/cm，LGPS 则可达到 1×10^{-2}S/cm，超过了液态电解液。特别是当温度下降时，LGPS 的离子电导率依然表现良好，而液态电解液的离子电导率会快速下降。因此，LGPS 很可能成为未来全固态电池中较为重要的电解质之一。然而，虽然 LGPS 具有较高的离子电导率，但其电化学稳定性较低，电化学窗口较窄。这种导电性与稳定性间的矛盾需要在全固态电池开发时综合考量，以确保平衡两者的性能。

1.2.3 隔膜

传统液态锂离子电池通常采用隔膜结构，主要起到隔离正负极以防止短路的作用，同时提供离子迁移的通道。隔膜通常由绝缘性优良的高分子树脂及辅助材料制成，其中的微孔结构有助于吸附和储存电解液。隔膜孔隙率越高，离子导通能力越强，但孔隙率过高可能降低机械强度并增加短路风险，通常控制在 0.3~0.45 之间。功率型电池一般选用高孔隙率的薄隔膜，以提升导电性能。在固态锂电池中，由于其固体电解质的特性，不需要隔膜结构。

1.3 电池仿真方法

电池仿真应根据不同的使用场景来选择合适的电池模型。目前主要有两类电池模型：等效电路模型和电化学模型。

1.3.1 等效电路模型

等效电路模型将电池简化为一组电气元器件构成的电路，反映了电池的宏观特性。这类模型虽然精度高，但由于其不是基于电池的物理理论，故其适用范围严重依赖于模型的标定范围。在进行系统（如电动汽车、混合动力电动汽车系统）性能分析和设计时，等效电路模型有很好的应用效果。

图 1-4 所示为典型的由 n 个 RC 回路构成的等效电路模型。

该模型由以下几个部分构成：

1）电压源（V_{OC}）：表示电池的开路电压，一般是温度和 SOC 的二维表。

2）欧姆内阻（R_0）：表示电池中电极、电解液、隔膜的电阻以及各部分零部件的接触电阻。一般是温度和 SOC 的二维表。

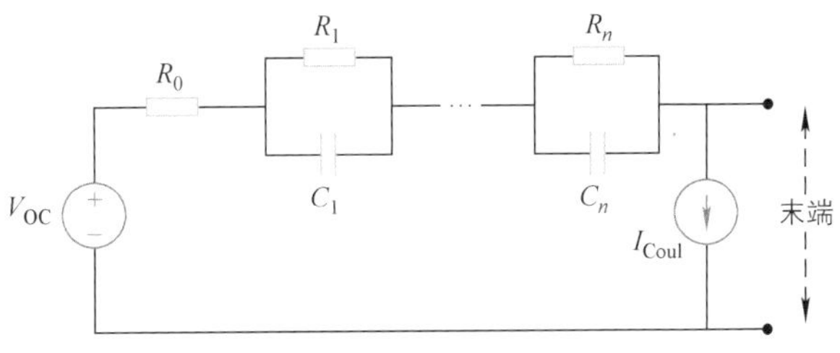

图 1-4　等效电路模型

3）RC 回路：表示电池的动态特性，如极化特性和扩散特性等。一般是温度和 SOC 的二维表。

4）库伦效率电流源（I_{Coul}）：表示电池充放电过程中电荷在电池电化学和外部电路之间的转化效率。

使用该模型时，首先需要根据试验数据进行标定（拟合），得到这些电气元件的参数。

1.3.2　电化学模型

电化学模型是基于物理和电化学的基本理论，属于第一原理模型。这种模型可以反映电池的材料特性、结构设计对电池性能的影响，还能够得到电池内部的信息，如电势、锂离子浓度等的分布。另外，这种模型的普适性也比等效电路模型高，可以进行适当的外推，但电化学模型的复杂性高，输入参数多，因此也引入了更多的不确定性。

目前的电化学模型基本是在 M.Doyle、T.F.Fuller 和 J.Newman 等人开发的“伪 2D”（Pseudo 2D，P2D）模型的基础上发展而来的。该模型通过一系列的偏微分方程描述锂离子电池内部电化学反应、锂离子的扩散和迁移、电荷守恒等现象，并能够预测端电压、电流、功率、放热率以及锂离子浓度的分布。

1.3.3　实时仿真模型

AutoLion-RT 模板定义的实时仿真模型是一种锂离子电池快速运行的降阶模型。它的运行速度比 AutoLion 模板快得多，AutoLion 模板使用 P2D 电化学模型来捕捉电池的物理特性。由于 AutoLion 模板无法编译成 C 代码，而许多硬件在环（HiL）系统需要，因此建议在 HiL 机器上使用 AutoLion-RT 模板建立基于物理特性的电池模型。

AutoLion-RT 模板基于 Diagle 和 Kulkarni 引入的 bulk-surface 模型。这个模型对 P2D 模型进行了许多简化。P2D 模型是通过求解许多偏微分方程来捕捉电池特征，而 bulk-surface 模型仅由少数几个常微分方程组成，这些方程更容易进行积分和求解，因此该模型运行速度更快。bulk-surface 模型忽略电解质的动力学作用，将负极和正极简化为独立的两个组成部分：“体”和“表面”，以捕捉负极和正极颗粒中 Li^+ 扩散的影响，如图 1-5 所示。

图 1-5　实时仿真模型

第 2 章 GT-AutoLion 软件简介及软件安装

2.1 软件简介

GT-AutoLion 的前身是由美国 EC Power 公司开发的 Autolion 软件，于 2018 年被美国 Gamma Technologies 公司收购，作为锂离子电池电化学分析工具嵌入到 GT-SUITE 软件平台。目前该工具包含 GT-AutoLion-1D 和 GT-AutoLion-3D 两个模板，这两个模板分别需要单独的许可证。GT-AutoLion 作为系统仿真工具，由于其丰富的材料数据库以及 GT-SUITE 平台的支持，可以进行多种材料体系的锂离子电池仿真以及系统集成仿真。当前最新版本为 GT-SUITE 2024 build1 版本。GT-SUITE 软件架构如图 2-1 所示。

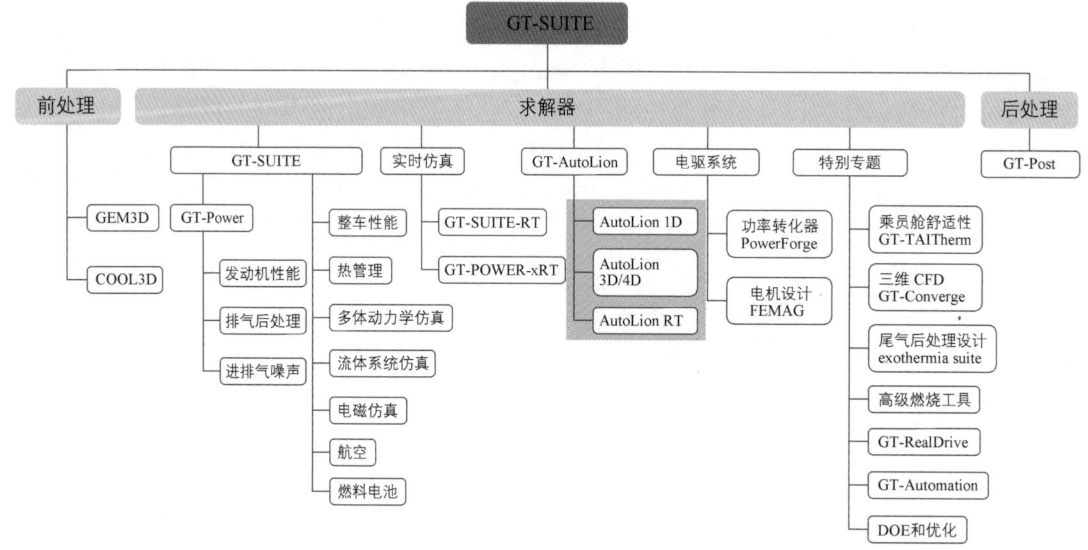

图 2-1　GT-SUITE 软件架构

2.2 软件安装

2.2.1 适用运行环境

在进行软件安装之前，需要了解 GT-SUITE 软件适用的安装环境，图 2-2 所示为 GT-SUITE 适用的运行环境。

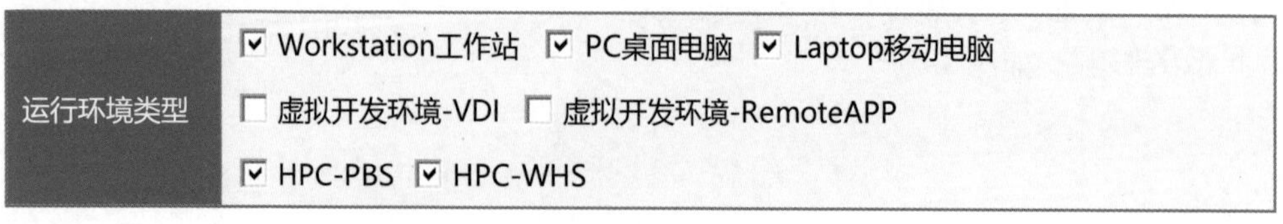

图 2-2　GT-SUITE 适用的运行环境

2.2.2　适用操作系统

表 2-1 列举了不同版本的 GT-SUITE 所要求的 Windows 和 Linux 系统环境，需要注意以下内容：

1）软件官方不对虚拟机安装进行官方支持，但部分虚拟机仍可以正常运行 GT-SUITE。

2）从 GT2022 开始，GT-SUITE 将 GT-SPACECLAIM 相应功能集成到 GME3D，对应软件安装包后续将不包括 SPACECLAIM 部分。

3）Linux 系统最低版本为 RHEL7/Open SuSE12.4/SLES12（glibc>=2.14），且必须安装 32 位 glibc.i686 包。

表 2-1　GT-SUITE 运行环境

平台	操作系统	架构	v2019	v2020	v2021	v2022	v2023	v2024
Windows	Windows 2008 R2	x86_64 位系统	•	×	×	×	×	×
	Windows 2012 R2		•	•	•	×	×	×
	Windows 2016		•	•	•	•	•	•
	Windows 7		•	×	×	×	×	×
	Windows 8		•	•	•	×	×	×
	Windows 10		•	•	•	•	•	•
	Windows 11		•	•	•	•	•	•
Linux	RHEL/Centos（7.0-9.0）		•	•	•	•	•	•
	Open SuSE（12.1-42.3）		•	•	•	•	×	×
	SuSEEnterprise Server（12.4，15.1-15.4）		•	•	•	•	•	•

2.2.3　配置要求

表 2-2 列举了 GT-SUITE 软件安装对电脑硬件的主要要求。

表 2-2　GT-SUITE 配置要求

项　　目	最低配置要求	建议配置
处理器	Intel：P4 or AMD：Athlon	更高
内存	2GB RAM	更高
占用空间大小	12GB	—
显示器分辨率	1024 × 768	—
Windows 系统防火墙	—	关闭
显卡要求	显卡显存 256M 以上	—

2.2.4　安装前准备

在 GT-SUITE 软件安装前，请做好以下准备：

1）确定软件的安装目录。

2）安装手册。

3）GT-SUITE v20XX 的安装需要软件安装光盘、license 文件和加密狗。

4）GT-SUITE v20XX 安装前计算机系统的日期和时间必须是北京时间，误差在 15min 之内，此后，该计算机的时钟在任何时候都不能改动。

5）确保 C 盘有写入和新建权限。

2.2.5 安装步骤

本小节以安装 GT-SUITE 2024 版为例，具体说明在 Windows 系统中软件和服务器的安装过程。

步骤 1：放入安装光盘，系统会自动开始安装，或者运行文件夹中的 setup-windows.exe 程序，如出现图 2-3，则单击“否”。

步骤 2：如图 2-4 所示，当出现 Introduction 界面，再单击“Next”。

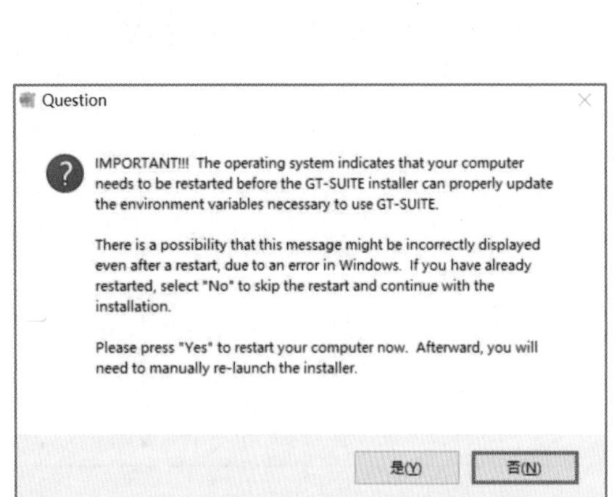

图 2-3 软件安装是否重启动对话框

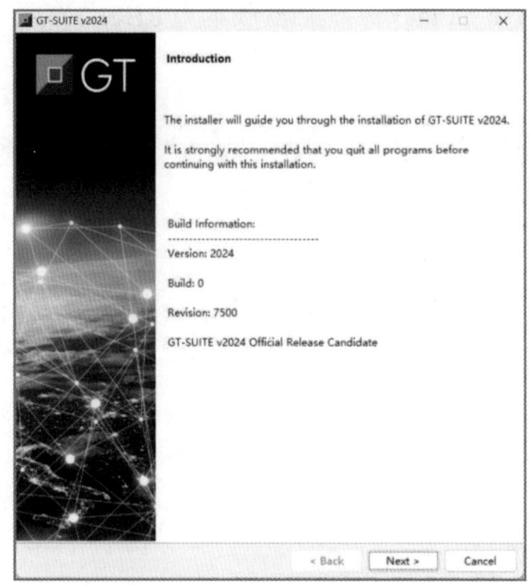

图 2-4 软件安装版本介绍

步骤 3：如图 2-5 所示，当出现 Supported Windows Platforms 界面，再单击“Next”。

步骤 4：如图 2-6 所示，进入 Select Installation Type 界面，选择所需要安装的模块，保持默认即可，然后单击“Next”。

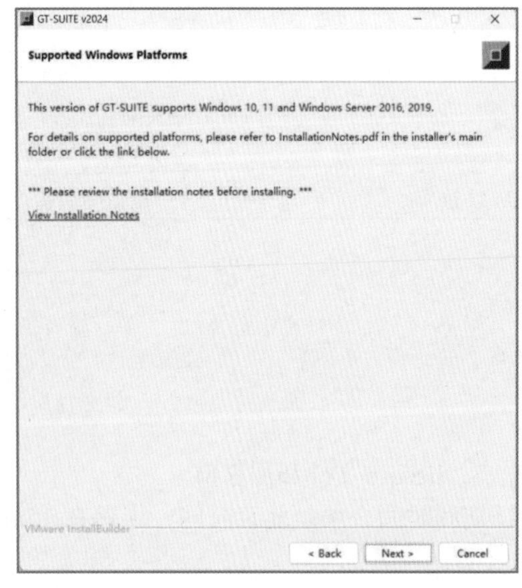

图 2-5 软件安装提示

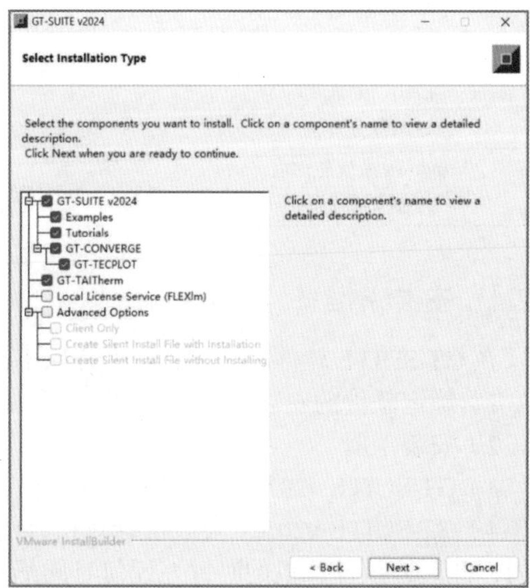

图 2-6 选择软件安装类型

步骤 5：如图 2-7 所示，进入 Installation Directory 界面，选择安装路径，建议默认路径或 #：\GTI，单击“Next”。

步骤 6：如图 2-8 所示，进入 Choose GT-SUITE Temporary/Working Folder 界面，选择临时文件存放路径，建议默认，单击“Next”。

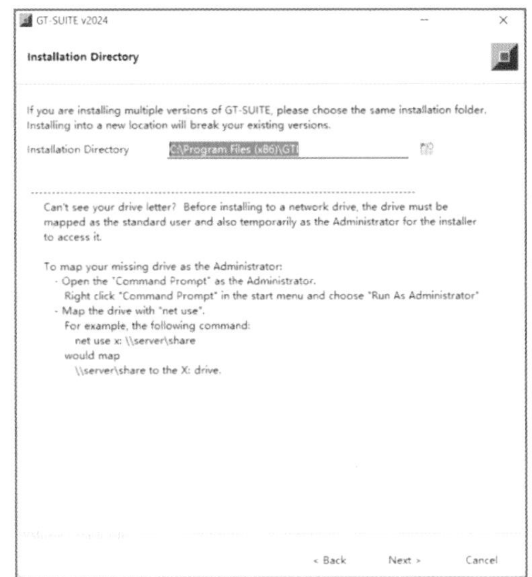

图 2-7　设置软件安装路径

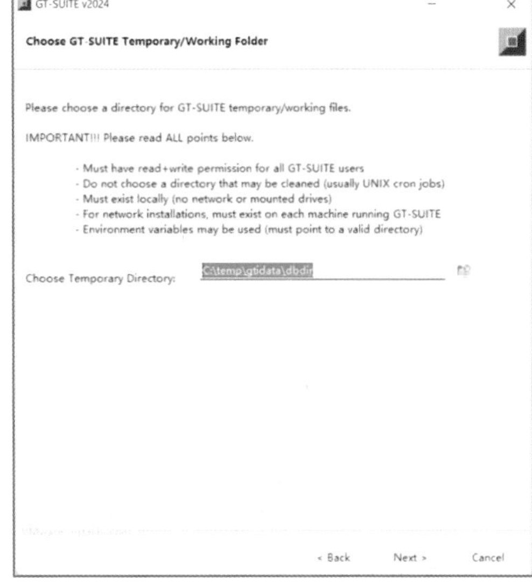

图 2-8　设置软件临时文件存放路径

步骤 7：如图 2-9 所示，进入 Choose License Type 界面，客户端调用服务器 license 的，选择“Remote License Server”（也可以先选“Local License Service”），本地 license 选择“Local License Service-Install Now”，如果之前安装过更早版本的 GT，则选择“Local License Service-Do Not Install Now”，然后单击“Next”。

步骤 8：如图 2-10 所示，进入 FLEXlm Setup 界面（license 配置器安装），选择“Automatically...”，然后单击“Next”。

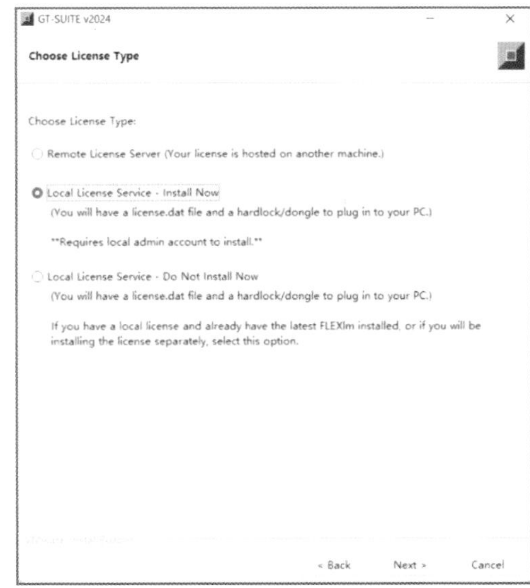

图 2-9　选择 License 类型

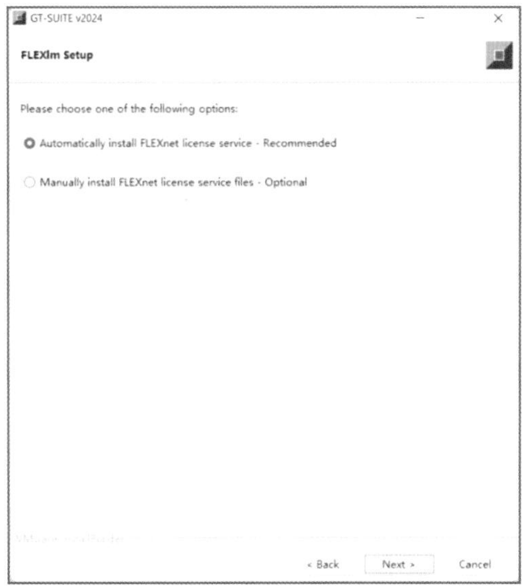

图 2-10　选择 FLEXlm 安装方式

步骤 9：如图 2-11 所示，进入 Choose FLEXlm Installation Folder 界面，选择 license 配置器安装路径，建议默认，然后单击“Next”。

步骤 10：如图 2-12 所示，进入 Choose License（.dat）File 界面，添加软件配置的 license 文件，然后单击“Next”。

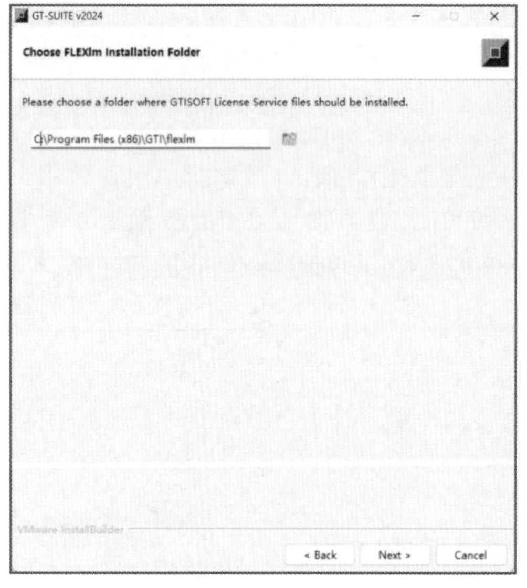

图 2-11　选择 FLEXlm 安装路径

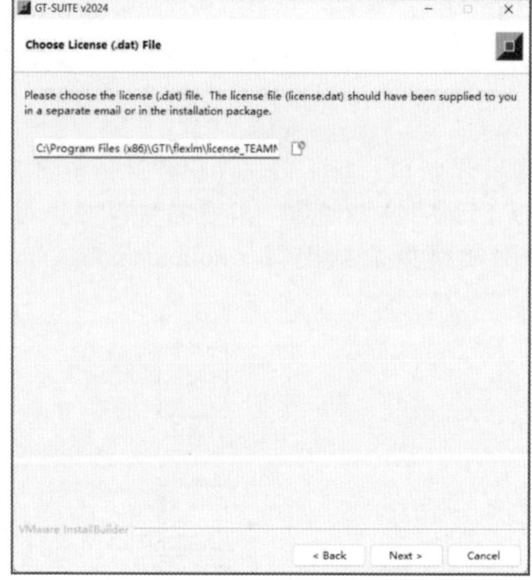

图 2-12　选择许可文件

步骤 11：如图 2-13 所示，进入 GT-SUITER Licensing Setup 界面，本地 license 输入“27005@localhost”，调用其他电脑的 license 时输入“27005@XXX”（XXX 为所调用 license 电脑的计算机全名或 IP 地址）。也可以多个输入，中间用“;”连接（如：27005@localhost; 27005@XXX; 27005@YYY），然后单击“Next”。

若出现 Info 界面，单击“确定”，如图 2-14 所示。

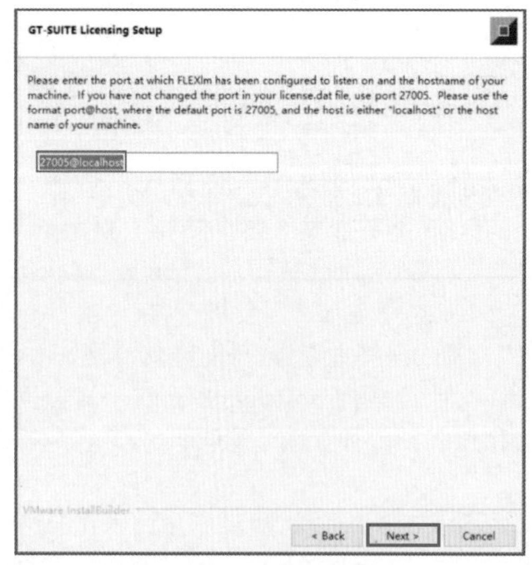

图 2-13　设置计算机名

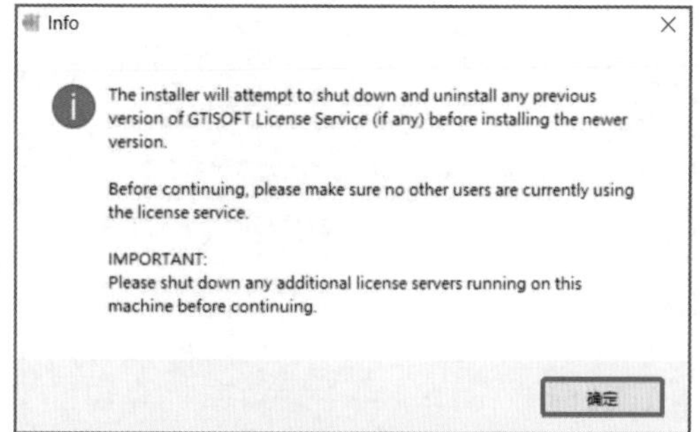

图 2-14　许可安装提示信息

步骤 12：如图 2-15 所示，进入 GT-TAITherm License Agreement 界面，选择“I accept...”，然后单击“Next”。

步骤 13：软件安装信息汇总如图 2-16 所示，安装前要确认安装信息，选择“Next”。

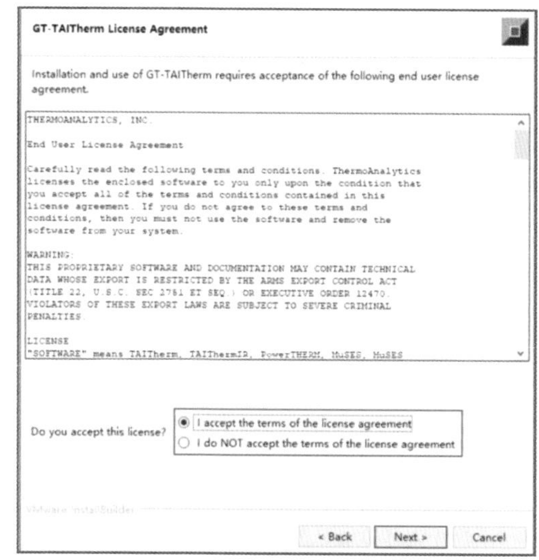

图 2-15　选择同意许可条款

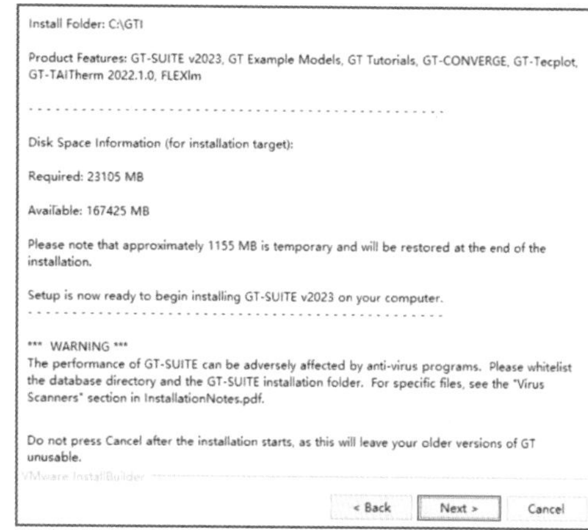

图 2-16　软件安装信息汇总

软件开始安装，安装界面如图 2-17 所示。

如图 2-18 所示，弹出 Plug In Hardlock 界面，确认加密狗已经插入 USB 口，然后单击“确定”。

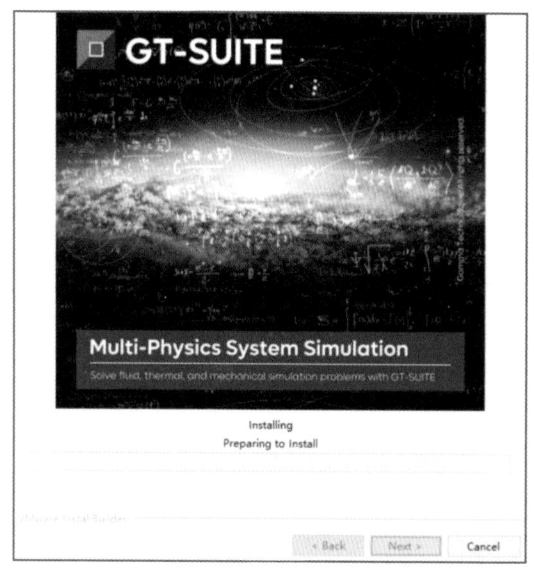

图 2-17　设置软件安装路径

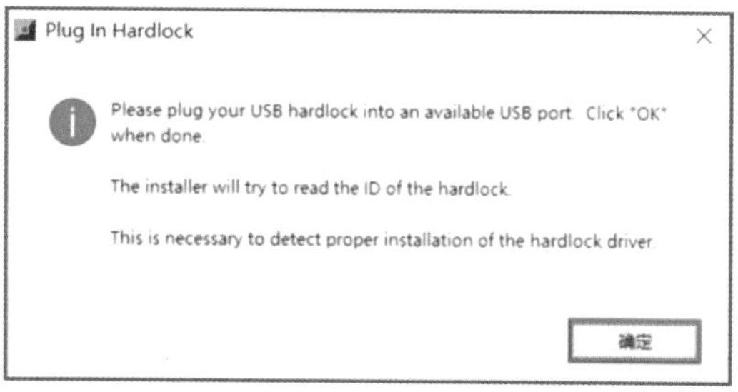

图 2-18　加密狗安装提示

如图 2-19 所示，出现 Installation Complete 界面，勾选“Create desktop shortcuts”，然后单击“Finish”。

如图 2-20 所示，出现 Question 界面，询问是否立即重启计算机，单击“是”按钮重启计算机。

图 2-19　软件安装完成界面

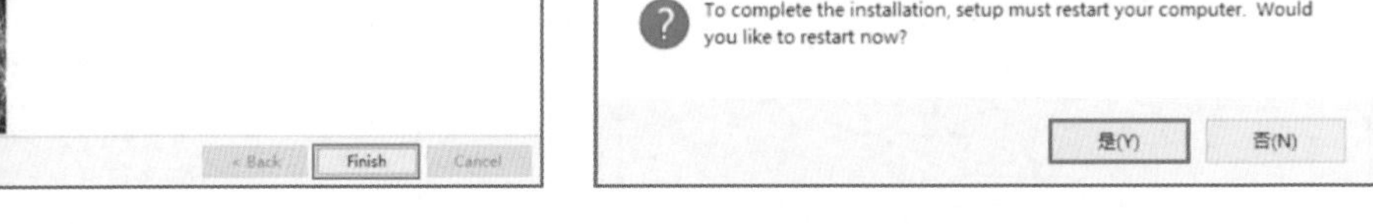

图 2-20　选择是否立即重启计算机

2.2.6　许可验证

1. 检查加密狗运行状态

运行——cmd——getid，提示“HaspHLstatusisOK”，即加密狗运行正常（注意事项：计算机时间的任何改动，都被认为是非法操作，将直接导致加密狗烧毁）。

2. 检查 license 管理器设置是否正确

打开 GT 安装路径，找到 flexlm 文件夹下的 lmtools.exe（C：\Program Files（x86）\GTI\flexlm），并右击管理员身份运行，确认以下各项设置是否正确。在 Config Services 面板下，按图 2-21 设置，Service Name 可以是任意名字（如 GTI license manager），Imgrd.exe 指定其所在位置，保持默认值即可。在 License File 面板中需要指定许可文件的存放位置。Debug Log File 也可以是任意名字（如 key\gtilog.txt）。

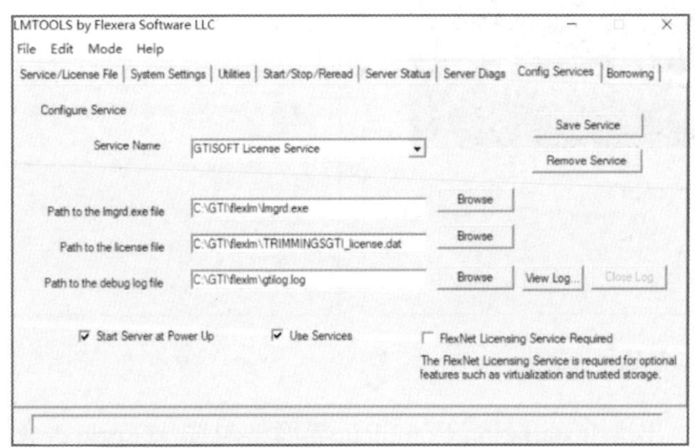

图 2-21　许可管理器 Config Services 面板

在“Start Server At Power-Up”和“Use Services”选择框中打勾。如图 2-22 所示，在 Start/Stop/Reread 面板中，单击“Start Server”按钮，如果启动失败，单击“Stop Server”按钮后重试。

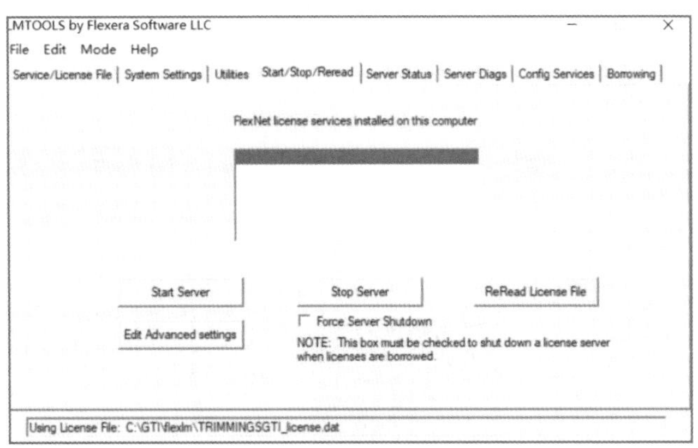

图 2-22　许可管理器 Start/Stop/Reread 面板

3. 启动软件

运行程序，软件能够打开，软件启动界面如图 2-23 所示。

图 2-23　软件启动界面

2.3　界面启动

GT-ISE 是 GT-SUITE 软件通用前处理模块，有以下两种启动方式：

1）桌面图标启动。

2）开始菜单启动。

GT-ISE 启动界面如图 2-24 所示，右侧为 GT 官网，用户可以查看 GT-SUITE 软件相关的网络培训、博文、会议信息等。单击左下角的“Libraries”，可以进入 GT-SUITE 软件的模板库。左侧为 File 下拉菜单，其中有一些常用功能，如保存（Save）、打开（Open）、退出（Exit）等。其他常用功能有：

1）Resources。该选项用于新建模型，也可以直接打开 GT-SUITE 软件中的其他模块，如 GT-Post、GEM3D 等。

2）Examples。GT-SUITE 按照应用方向，为用户提供了大量的建模实例，在该选项下，用户可以查看学习关注的实例模型。

3）Tutorials。该选项包括软件教程所涉及的源文件和最终模型，方便用户学习。

4）Manuals。该选项包括 GT-SUITE 软件的理论知识文档和教程文档。

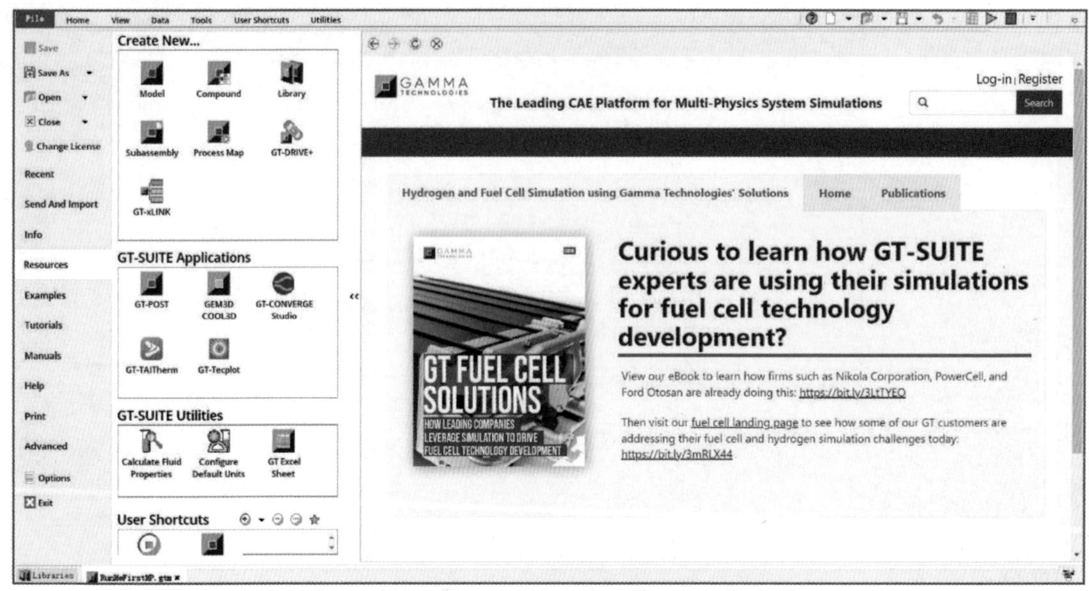

图 2-24　GT-ISE 启动界面

2.4　新建模型

按顺序单击“Resources”→“Create New”→“Model”即可新建模型，在弹出的界面中选择“Model Files”→“GT-AutoLion（.autolion）”，单击“Next”可选择建立 GT-AutoLion 或者 GT-AutoLion-3D 模型，如图 2-25 所示。选择“No Preloading Of Application Templates”，该选项是指软件不预先在模型树中加载模板。然后单击“Finish”，完成模型建立。新模型文件的后缀名为“.gtm”。

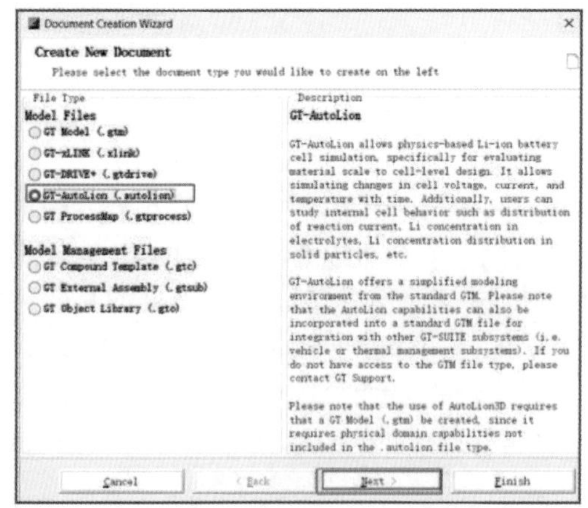

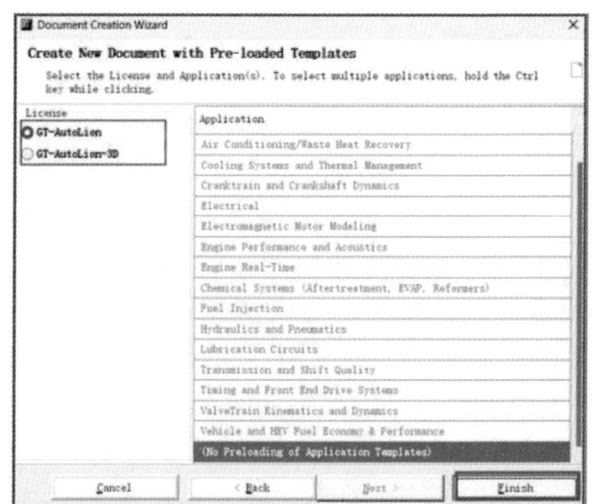

图 2-25　新建 AutoLion 仿真模型

2.5　模型界面

在新建模型或打开实例模型后，软件会自动进入 GT-ISE 的工作界面，如图 2-26 所示。工作界面可以大致划分为以下 7 个部分：

图 2-26　GT-AutoLion-1D 工作界面

1）工具栏：在软件工作界面的顶部，由 File、Home、View、Data、Tools、Utilities 组成，其中 Home 中的功能最为常用，包含新建、打开、保存等基本功能。

2）模型区域：模型的主要视图，用于显示模型所包含的元件以及连接方法。

3）组件菜单：用于查看整体模型（Main）中的模型组件（Subassembly）信息，在较为简单的模型中一般不会使用模型组件功能，此时组件菜单中只有 Main 选项卡，在较为复杂的模型中，模型组件会在 Main 后方列出。

4）模型缩略图：展示了模型的整体情况，拖动视图框可以选择合适的视野进行建模。

5）模板库：可以通过单击左下角的“Libraries”或菜单栏的“Template Library”打开或关闭，用于查看并选择模型所需要的原件。

6）模型树（树目录）：建模时所用模型模板都会出现在模型树中，方便用户进行相关的操作。

7）模型菜单：GT 软件中可以同时打开多个模型，不同模型会在底部显示，单击即可切换模型，不同模型之间的元件可以互相进行复制粘贴。

2.6　模型设置

2.6.1　模型层次结构

GT-AutoLion 采用对象化建模，模型有 3 个层级，分别是模板（Templates）、对象（Objects）和部件（Parts）。如图 2-27 所示，模板选择了 AutoLion，对象选择了 MyCell，

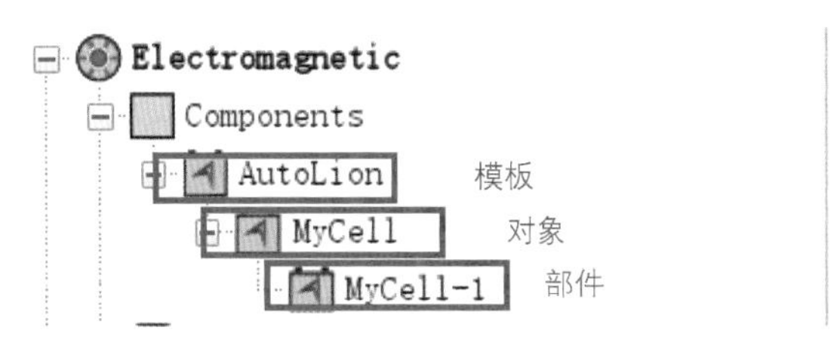

图 2-27　GT-SUITE 模型层级结构

部件选择了 MyCell-1。

1）模板（Templates）：模型的最高层级，其所有属性未被定义。双击模板，可以输入模板的属性。

2）对象（Objects）：当模板属性定义完成后，就生成了模板的对象。

3）部件（Parts）：将对象拖入模型区，即得到用于搭建模型的部件（Parts）。同一对象可以有多个部件。

用户建模时可以按照查找模板、双击模板建立对象，最后拖动对象到模型区，建立部件的顺序进行建模。另外，也可以直接将模板拖入模型区域，此时软件会自动生成对象和部件。

2.6.2 模板查找

用户可以通过以下两种方式查找模板：

1）模板库如图 2-28 所示，在模板库中查找模板位置。模板库已按物理属性进行了分类，如图 2-28 中的机械库（Mechanical），单击“+”，就可以展开该模板库。

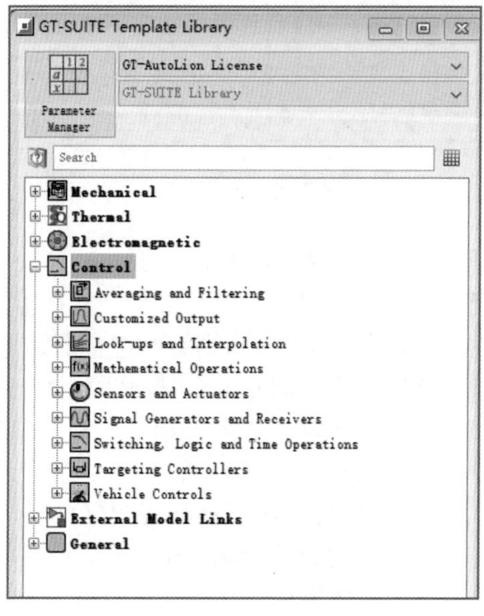

图 2-28 模板库分类

2）在模板库的 Search 对话框输入模板名称，可以直接查找所需模板，如图 2-29 所示。

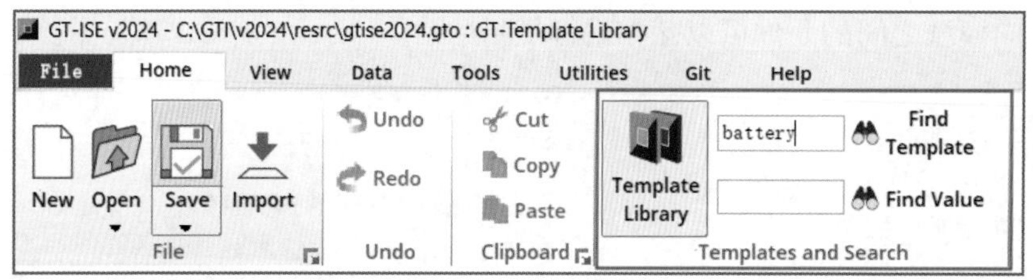

图 2-29 模板查找

2.6.3 模型参数设置

在模型树中，双击模板或在模板上右击，选择“Add Object”均可打开参数设置界面，

如图 2-30 所示。需要注意的是，模板中不允许有空白的地方，否则会报错。

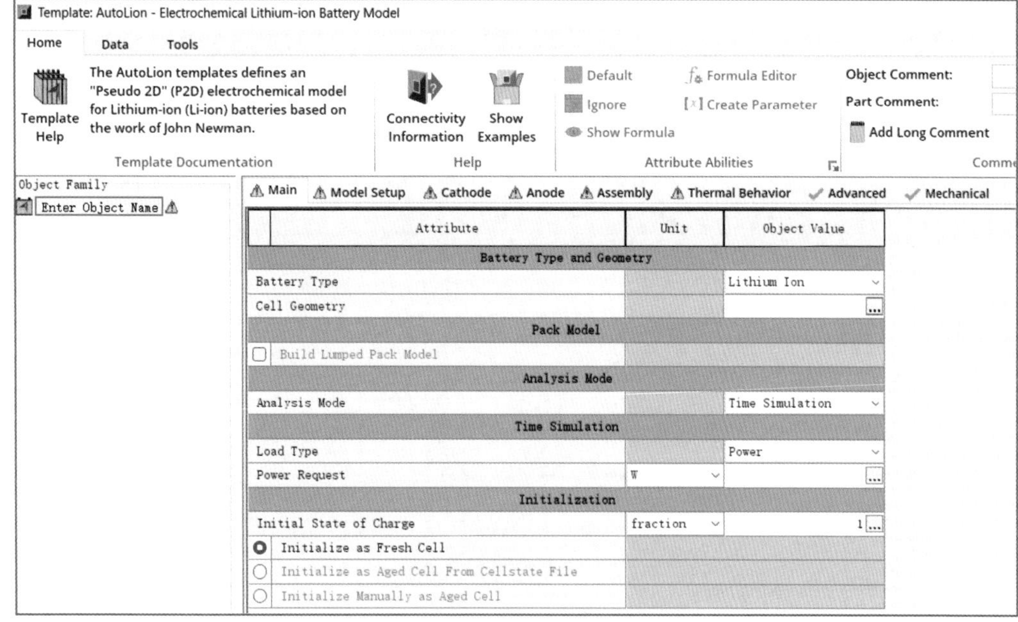

图 2-30　AutoLion 模板参数设置界面

模板中黄色叹号表示缺少参数，需要进行参数设定，如名称（Enter Object Name）。当所有面板均为绿色“√”，表示模板已完成参数定义。GT-SUITE 允许用户在不同的模型之间进行对象（Objects）的复制，选择需要复制的对象后右键单击（后称右击），选择“Copy”或直接按组合键 <Ctrl+C>，就可以在另一个模型的模型树或建模区域进行粘贴。

在空白区域进行参数设置时，有以下 5 种类型：

1）常数。

2）“ign”：表示该参数被忽略，一般是指该参数为 0。

3）“def”：表示该参数使用 GT-SUITE 的默认值。

4）普通变量：将变量名置于方括号中，如图 2-31 中的电芯初始温度 [InitialTemp] 和环境温度 [AmbientTemp]。按 <Enter> 键后，用户可在 Case Setup 中查看该变量并对变量赋值，Case Setup 相关内容请见 5.1 节。

Main　Model Setup　Cathode　Anode　Assembly　Thermal Behavior

Attribute	Unit	Object Value
Thermal Model		
Imposed Temperature	K	298.15
Internal Thermal Node with External The...		
Internal Thermal Solution		
Specific Heat	J/kg-K	1000
Convective Heat Transfer Coefficient	W/(m^2-K)	10
Initial Temperature	See Case...	[InitialTemp]
Ambient Temperature	See Case...	[AmbientTemp]
Non-Cell Weight	kg	0

图 2-31　普通变量的设置

5）指针变量：当所要输入的参数不是常数，而是复杂对象，如变化的环境温度。如图 2-32 所示，可以单击相应的值选择按钮[...]，新建一条温度的变化曲线（ProfileTransitient）对象，命名为“amebient_temp”。单击“OK”按钮后，该指针变量就会出现在模型中，默认显示为绿色。

Main | Model Setup | Cathode | Anode | Assembly | Thermal Behavior | Advanced

	Attribute	Unit	Object Value
	Thermal Model		
○	Imposed Temperature	K	298.15
○	Internal Thermal Node with External Thermal Connec...		
◉	Internal Thermal Solution		
	Specific Heat	J/kg-K	1000
	Convective Heat Transfer Coefficient	W/(m^2-K)	10
	Initial Temperature	See Case...	[InitialTemp]
	Ambient Temperature	C	
	Non-Cell Weight	kg	0

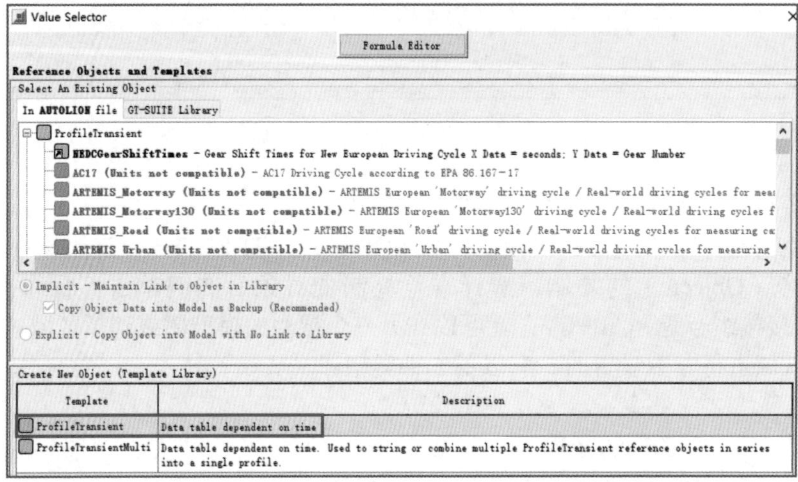

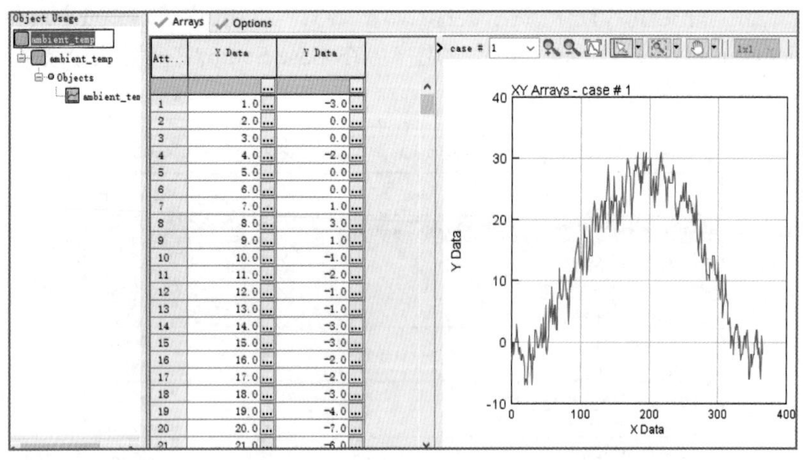

	X Data	Y Data
1	1.0	-3.0
2	2.0	0.0
3	3.0	0.0
4	4.0	-2.0
5	5.0	0.0
6	6.0	0.0
7	7.0	1.0
8	8.0	3.0
9	9.0	1.0
10	10.0	-1.0
11	11.0	-2.0
12	12.0	-1.0
13	13.0	-1.0
14	14.0	-3.0
15	15.0	-3.0
16	16.0	-2.0
17	17.0	-2.0
18	18.0	-3.0
19	19.0	-4.0
20	20.0	-7.0

图 2-32　环境温度指针变量的设置

指针变量除了是表的形式外，还可以定义为函数形式。以电芯负极 SEI 膜的电导率为例，其经常需要被考虑为温度的函数，该函数形式一般为 Arrhenius 方程的形式。如图 2-33 所示，单击膜电导率项右侧的 ...，选择“DependencyArrhenius”对象，命名为“AnodeFilmConductivity”，设置模型参数如图 2-33 所示。单击“OK”后，该指针变量就会出现在模型中，默认显示为绿色。指针变量的具体应用将在后续章节的实际案例中介绍。

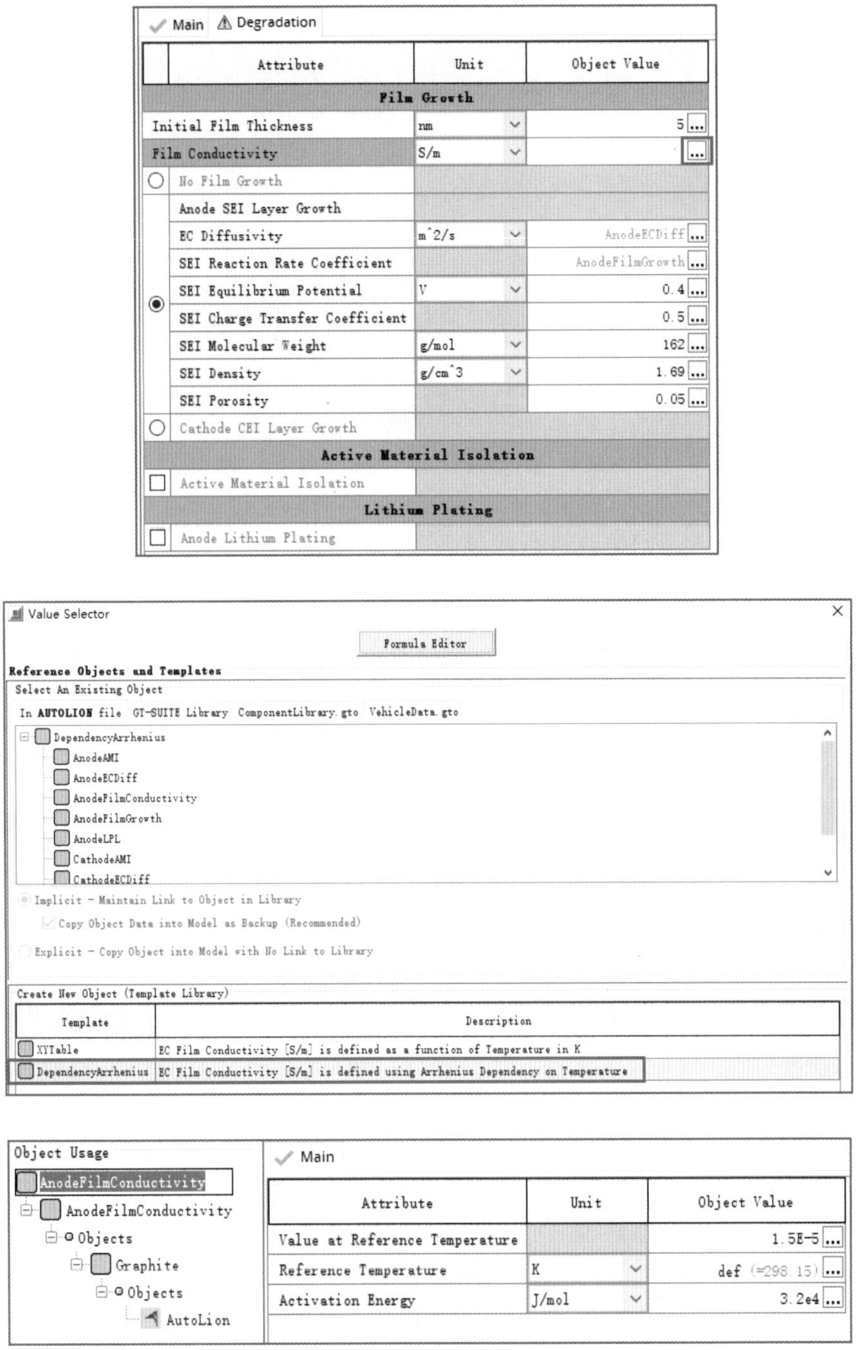

Attribute	Unit	Object Value
Film Growth		
Initial Film Thickness	nm	5
Film Conductivity	S/m	
No Film Growth		
Anode SEI Layer Growth		
EC Diffusivity	m^2/s	AnodeECDiff
SEI Reaction Rate Coefficient		AnodeFilmGrowth
SEI Equilibrium Potential	V	0.4
SEI Charge Transfer Coefficient		0.5
SEI Molecular Weight	g/mol	162
SEI Density	g/cm^3	1.69
SEI Porosity		0.05
Cathode CEI Layer Growth		
Active Material Isolation		
Active Material Isolation		
Lithium Plating		
Anode Lithium Plating		

Value Selector

Formula Editor

Reference Objects and Templates

Select An Existing Object

In AUTOLION file GT-SUITE Library ComponentLibrary.gto VehicleData.gto

- DependencyArrhenius
  - AnodeAMI
  - AnodeECDiff
  - AnodeFilmConductivity
  - AnodeFilmGrowth
  - AnodeLPL
  - CathodeAMI
  - CathodeECDiff

Implicit - Maintain Link to Object in Library

Copy Object Data into Model as Backup (Recommended)

Explicit - Copy Object into Model with No Link to Library

Create New Object (Template Library)

Template	Description
XYTable	EC Film Conductivity [S/m] is defined as a function of Temperature in K
DependencyArrhenius	EC Film Conductivity [S/m] is defined using Arrhenius Dependency on Temperature

Object Usage

- AnodeFilmConductivity
  - AnodeFilmConductivity
    - Objects
      - Graphite
        - Objects
          - AutoLion

Attribute	Unit	Object Value
Value at Reference Temperature		1.5E-5
Reference Temperature	K	def (=298.15)
Activation Energy	J/mol	3.2e4

图 2-33 膜电导率指针变量的设置

2.7 部件连接

对象参数定义完成后，对拖入到模型区域的部件进行连接，软件提供以下两种方式进入连接模式：

1）在 HOME > Link，选择“Start New Link”，即可进入连接模式。当选择“Enable continuous linking”时，可对部件进行连续连接，如图 2-34 所示。

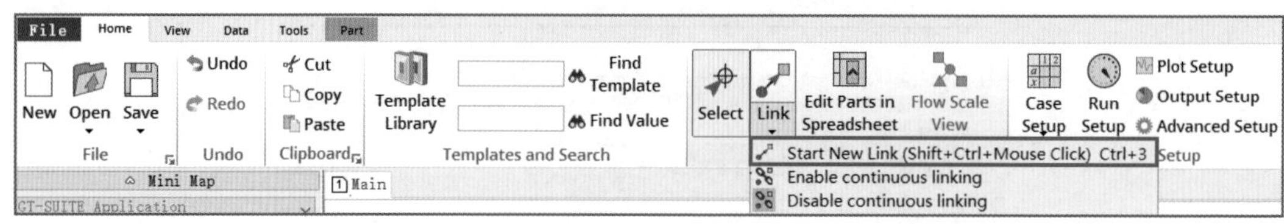

图 2-34 选择连接模式

2）在模型空白区域右击，选择“Start New Link”或“Select Mode”，用户就可以实现模型选择和连接的切换。

对部件进行连接时，会出现以下两种情况：

1）两部件都只有一个输入输出端口，连接时不会跳出端口选择窗口。

2）两部件中若存在多个端口，则会跳出端口选择界面，需要用户自己指定对应的端口信号。

如图 2-35 所示，为了对电流进行积分，需要将电池的电流端口连接到积分器的输入端口。由于这两个部件都存在多个端口，故需要用户自行指定对应端口，单击“OK”，即可完成连接。完成连接后，两部件之间会自行出现一个连接件（代表传感器或执行器），它不需要任何设置。另外，当完成连接后，在信号线靠近部件的地方会出现灰色字体，表示信号的标签，便于用户检查信号连接是否正确，如图 2-35 中电池部件的“SOC”和积分器部件的“1”。

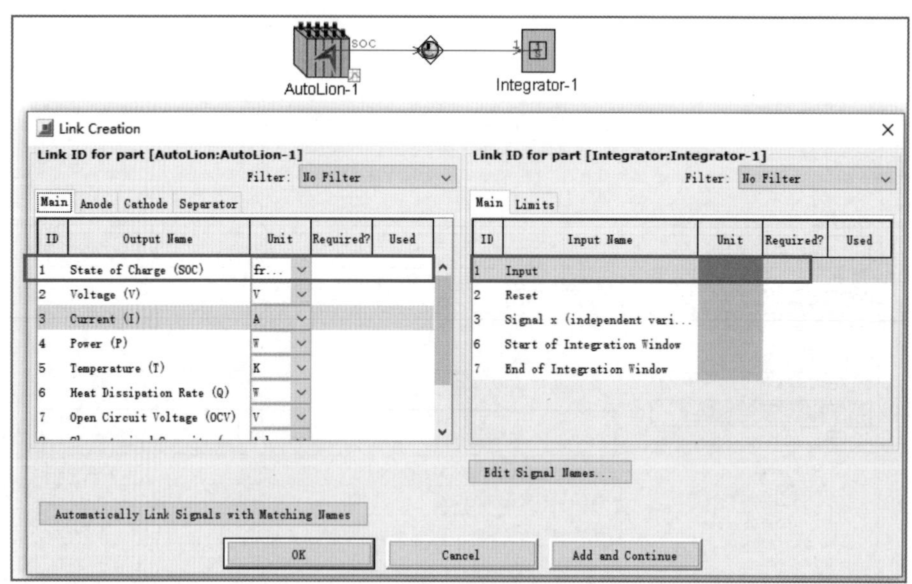

图 2-35 部件连接

2.8　帮助系统

GT-SUITE 的帮助系统由 4 部分构成，用户可根据需要自行查阅。

1. 在线帮助（Template Help）

双击部件，打开模型设置窗口后，单击左上角的“Template Help”，即可打开在线帮助系统，如图 2-36 所示。用户可以查看模型设置中每一项属性的说明。对于复杂模板，在线帮助系统中会详细介绍其物理背景，如 AutoLion 模板。

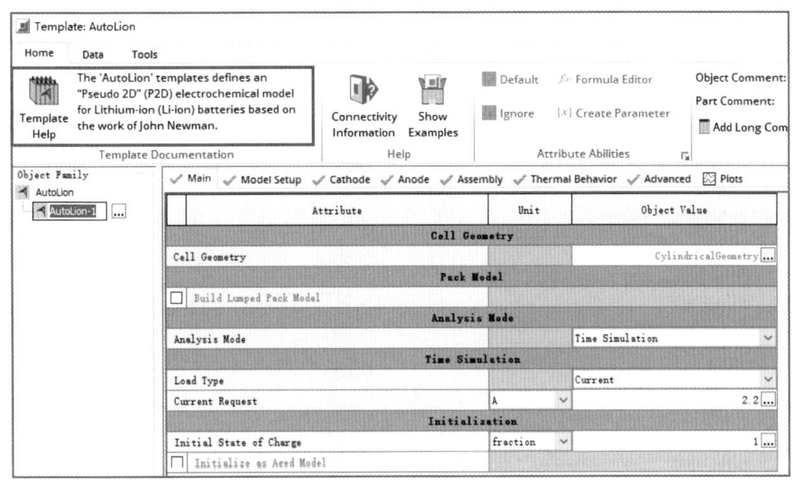

图 2-36　在线帮助系统

2. 文档手册（Manuals）

GT-SUITE 软件也为用户提供了大量的理论知识文档和教程文档，用户可按顺序单击“File”→“Manuals”，在文档目录中打开相应的 PDF 文档，如图 2-37 所示。

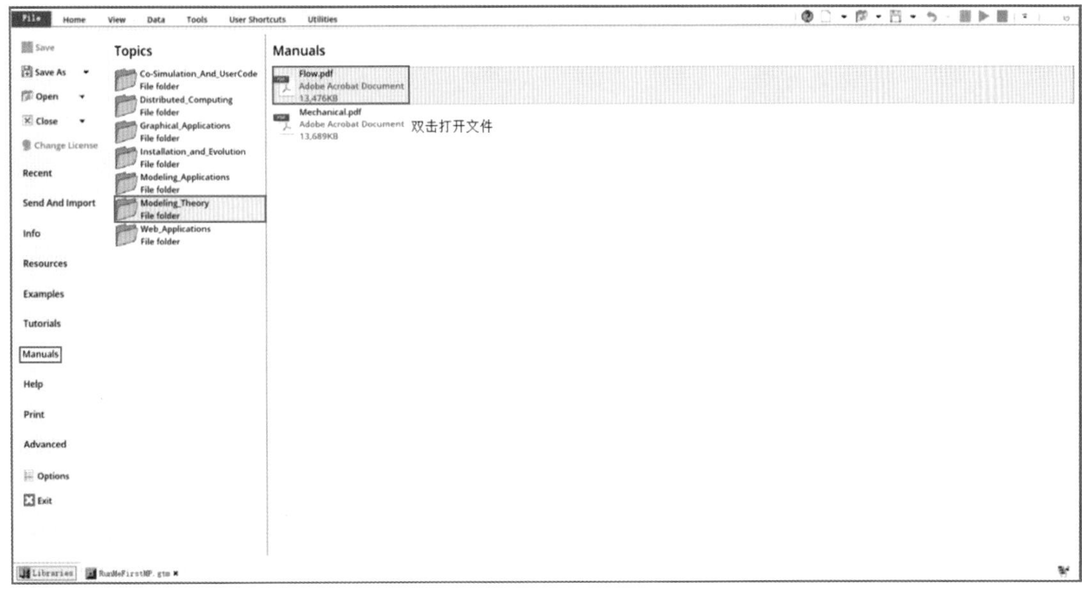

图 2-37　文档手册

3. 教程（Tutorials）

教程是指辅助用户按步骤进行操作的文档，最适合新用户使用。按顺序单击“File”→“Tutorials”，用户可查看教程内容，如图 2-38 所示。

4. 案例（Examples）

案例包含大量的实际案例。如图 2-39 所示，按顺序单击“File”→“Examples”，Battery 文件夹中包含大量案例，用户可双击感兴趣的案例，即可打开模型。

注意事项：修改模型时，需另存模型，避免修改案例库的模型。

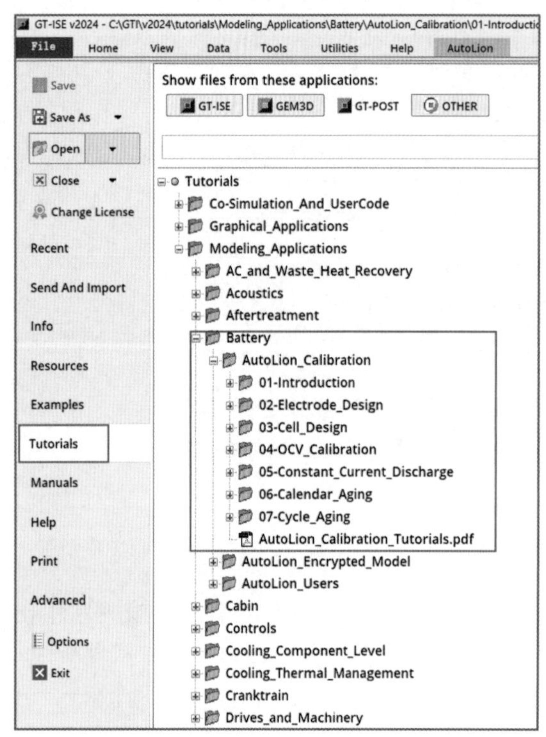

图 2-38　教程

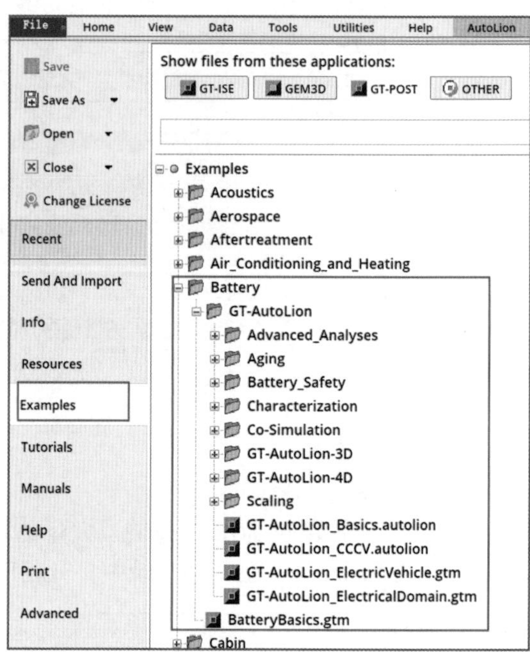

图 2-39　案例

上述介绍的帮助文档以及模型案例，用户也可在安装目录 \GTI\v2024 中的 tutorials、examples 和 documents 三个文件夹下找到。除此之外，用户也可发送邮件到 GT-support@atic-cn.cn 获得帮助。

第 3 章 GT-AutoLion 基础理论

锂离子电池基本工作原理示意图如图 3-1 所示。当有电流通过时（无论向哪个方向），会迫使正负极发生氧化还原反应。在这些氧化还原反应过程中，锂离子（Li^+）不断地脱嵌，相应的电子（e^-）也不断产生或消耗。电子通过电连接在正负极之间流动，而锂离子在正负极之间传递。

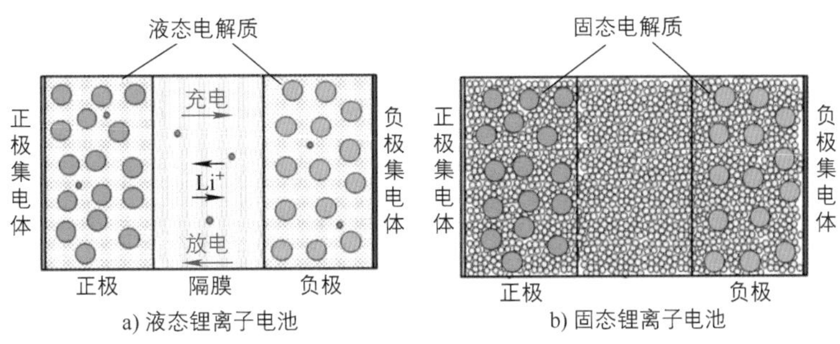

图 3-1　锂离子电池基本工作原理

GT-AutoLion 中的"AutoLion"模板是基于加州大学伯克利分校的 M.Doyle、T.F.Fuller 和 J.Newman 等人开发的伪二维（Pseudo 2D，P2D）模型。该模型通过一系列的偏微分方程描述锂离子电池内部电化学反应、锂离子的扩散和迁移、电荷守恒等现象，并能够预测端电压、电流、功率、放热率以及锂离子浓度的分布。

P2D 模型是通过有限体积法进行离散。正极、隔膜、负极在厚度方向上进行离散，而活性材料在径向方向进行离散，如图 3-2 所示，其中，正负极分别离散为 4 个网格，隔膜离散为 3 个网格，活性材料在径向方向上离散为 6 个网格。

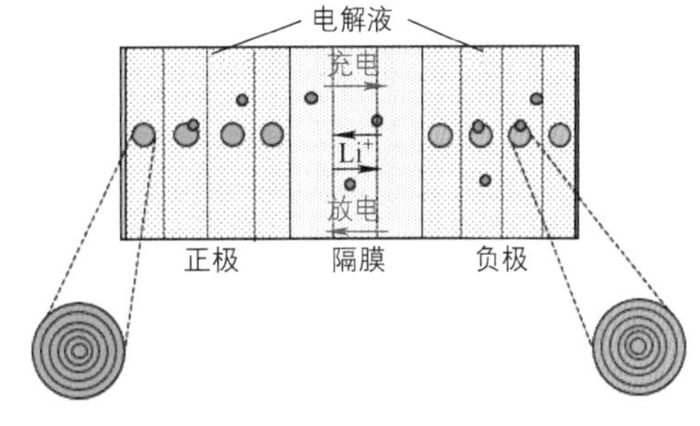

图 3-2　P2D 网格划分

3.1　液态锂离子电池基本控制方程

3.1.1　电极动力学

固液相界面会阻碍电子的流动，产生过电势。过电势为

$$\eta = \phi_s - \phi_e - U \tag{3-1}$$

式中，ϕ_s 为固相电势；ϕ_e 为液相电势；U 为平衡电势，其与活性颗粒表面的锂离子浓度和温度有关，GT-AutoLion 的数据库通过分别对电池正负极进行极小电流充放电实验得到该值，即活性材料的开路电势。图 3-3 所示为电极动力学示意图，为了克服表面电化学反应的能量壁垒，产生了过电势。在正极氧化反应中，电流方向从固相到液相，并且 $\eta > 0$；在负极还原反应中，电流从液相到固相，并且 $\eta < 0$。

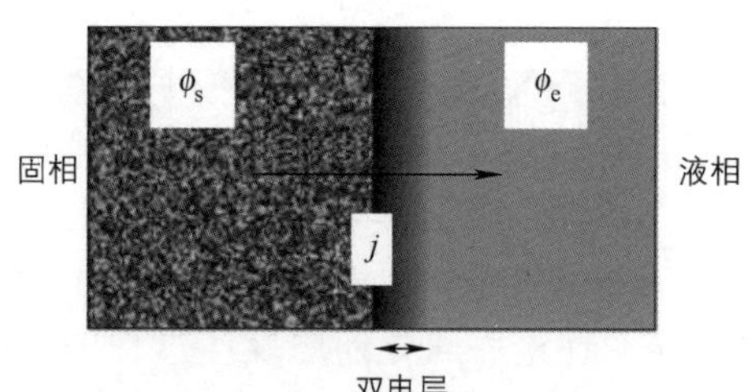

图 3-3　电极动力学示意图

用 Butler-Volmer 方程描述电极动力学，其表达式为

$$j^{\mathrm{IC}} = a_s i_0 \left\{ \exp\left[\frac{a_a F}{R_u T} \left(\eta - \frac{R_f}{a_s} j^{\mathrm{Li}} \right) \right] - \exp\left[\frac{a_c F}{R_u T} \left(\eta - \frac{R_f}{a_s} j^{\mathrm{Li}} \right) \right] \right\} \tag{3-2}$$

式中，j^{IC} 为反应电流体积密度；a_s 为体积比反应表面积，即每单位电极体积对应的表面积；i_0 为交换电流密度；a_a 和 a_c 分别为正极和负极反应的传递系数，一般取 0.5；T 为温度；R_f 为活性材料颗粒物表面的膜电阻，反映了膜减小过电势的驱动力；j^{Li} 为电化学反应电流体积密度，包含了副反应电流，表达式为

$$j^{\mathrm{Li}} = j^{\mathrm{IC}} + i_s a_s \tag{3-3}$$

式中，i_s 为副反应电流密度，如果没有副反应，$i_s = 0$。

交换电流密度 i_0 反映的是电极反应的难易程度，是液相、固相以及固液相界面处锂离子浓度的函数。其表达式为

$$i_0 = c_e^{a_a} (c_{s,\max} - c_{s,e})^{a_a} (c_{s,e})^{a_c} \tag{3-4}$$

式中，c_e 为液相锂离子浓度；$c_{s,\max}$ 为固相最大锂离子浓度；$c_{s,e}$ 为固液相界面锂离子浓度。软件允许用户自定义交换电流密度关于液相锂离子浓度和温度的函数。

3.1.2　锂离子在固相中的扩散

锂离子在固相中的扩散由 Fick 第二定律描述。在球形坐标系中建立的活性材料扩散方程为

$$\frac{\partial c_s}{\partial t} = \frac{1}{r^2} \frac{\partial}{\partial r} \left(D_s r^2 \frac{\partial c_s}{\partial r} \right) \tag{3-5}$$

式中，c_s 为固相中锂离子浓度；r 为活性材料颗粒物半径方向，$r \in (0, R_s)$，R_s 为活性颗粒半径；D_s 为锂离子固相扩散系数，软件中将固相扩散系数考虑为固相锂离子化学计量比和温度的函数，其中固相锂离子化学计量比的表达式为

$$\mathrm{Stoichiometry} = \frac{c_s}{c_{s,\max}} \tag{3-6}$$

方程的边界条件为

$$D_s \frac{\partial c_s}{\partial r} \bigg|_{r=0} = 0 \tag{3-7}$$

$$D_s \frac{\partial c_s}{\partial r}|_{r=R_s} = \frac{-j^{Li}}{Fa_s} \tag{3-8}$$

该式表明活性颗粒物中心处的锂离子通量为 0，而表面处锂离子通量为参加反应的锂离子通量。

3.1.3　固相电荷守恒方程

仅考虑电势和浓度在电池厚度方向上的分布，固相电势的变化采用欧姆定律描述

$$0 = \frac{\partial}{\partial x}\left(\sigma_s^{eff} \frac{\partial \phi_s}{\partial x}\right) - j^{Li} - a_{dl} C \frac{\partial(\phi_s - \phi_e)}{\partial t} \tag{3-9}$$

式中，右侧第一项为电场驱动项；第二项为电流源项，包括固液相界面反应和副反应；最后一项为双电层充放电项。ϕ_s 和 ϕ_e 分别为固相和液相电势；x 为电池厚度方向；σ_s^{eff} 为有效电导率，有效是指考虑了多孔介质修正后的电导率；a_{dl} 为体积比表面积；C 为比电容，即单位面积的电容，典型值是 0.2F/m^2。

有效电导率的表达式为

$$\sigma_s^{eff} = \sigma_s (1-\varepsilon)^n \tag{3-10}$$

式中，σ_s 为孔隙率为 0 时的固相电导率；ε 为电极孔隙率，$1-\varepsilon$ 表示固相所占电极的体积分数；n 为 Bruggman 常数。

在固相与集电体交界处，方程的边界条件为

$$\sigma_s^{eff} \frac{\partial \phi_s}{\partial x} = -\frac{I}{A} \tag{3-11}$$

式中，I 为电流；A 为集电体面积。

在固相与隔膜交界处，由于电绝缘，故方程的边界条件为

$$\frac{\partial \phi_s}{\partial x} = 0 \tag{3-12}$$

3.1.4　锂离子在液相中的扩散

锂离子在液相中的扩散考虑扩散和电迁移，其表达式为

$$\frac{\partial}{\partial t}(\varepsilon c_e) = \frac{\partial}{\partial x}\left(D_e^{eff} \frac{\partial c_e}{\partial x}\right) + \frac{1-t_+^0}{F} j^{Li} \tag{3-13}$$

式中，右侧第一项为液相锂离子浓度扩散，第二项为电迁移对液相锂离子浓度的影响。c_e 为液相锂离子浓度；D_e^{eff} 为液相锂离子有效扩散系数，有效是指考虑了多孔介质修正后的扩散系数；t_+^0 为锂离子液相迁移数。

液相锂离子有效扩散系数的表达式为

$$D_e^{eff} = D_e \varepsilon^n \tag{3-14}$$

式中，D_e 为孔隙率为 0 时的有效扩散系数；ε 为孔隙率；n 为 Bruggman 常数。

在正负极与对应集电体的交界面处，有

$$\frac{\partial c_{\mathrm{e}}}{\partial x}\bigg|_{x=0}=0 \tag{3-15}$$

$$\frac{\partial c_{\mathrm{e}}}{\partial x}\bigg|_{x=L}=0 \tag{3-16}$$

式中，$x=0$ 表示负极集电体与负极交界面处；$x=L$ 表示正极集电体与正极交界面处。

在正负极与隔膜的交界面处，有

$$D_{\mathrm{e}}^{\mathrm{eff}}\frac{\partial c_{\mathrm{e}}}{\partial x}\bigg|_{\delta-\epsilon}^{\delta+\epsilon}=0 \tag{3-17}$$

式中，δ 为隔膜与正负极交界面位置；ϵ 为无限小。该式表明在该交界面处锂离子浓度和流量是连续的。

3.1.5 液相电荷守恒方程

液相电势变化亦采用修正的欧姆定律表示，其表达式为

$$0=\frac{\partial}{\partial x}\left(k^{\mathrm{eff}}\frac{\partial \phi_{\mathrm{e}}}{\partial x}\right)+\frac{\partial}{\partial x}\left(k_{\mathrm{D}}^{\mathrm{eff}}\frac{\partial \ln c_{\mathrm{e}}}{\partial x}\right)+j^{\mathrm{Li}}+a_{\mathrm{dl}}C\frac{\partial(\phi_{\mathrm{s}}-\phi_{\mathrm{e}})}{\partial t} \tag{3-18}$$

式中，右侧第一项为电迁移项；第二项为扩散电势梯度的影响；第三项为电流源项，包括固液相界面反应和副反应；最后一项为双电层充放电项。k^{eff} 为有效离子电导率；$k_{\mathrm{D}}^{\mathrm{eff}}$ 为有效扩散电导率。软件数据库中将这两个电导率考虑为锂离子浓度和温度和函数。

有效离子电导率的表达式为

$$k^{\mathrm{eff}}=k\varepsilon^{n} \tag{3-19}$$

式中，k 为孔隙率为 0 时的离子电导率；ε 为孔隙率；n 为 Bruggman 常数。

有效扩散电导率的表达式为

$$k_{\mathrm{D}}^{\mathrm{eff}}=\frac{2RTk^{\mathrm{eff}}}{F}(t_{+}^{0}-1)\left(1+\frac{\mathrm{d}\ln f_{\pm}}{\mathrm{d}\ln c_{\mathrm{e}}}\right) \tag{3-20}$$

式中，$f_{\pm}$ 为平均摩尔活度系数。

在正负极与对应集电体的交界面处，有

$$\frac{\partial \phi_{\mathrm{e}}}{\partial x}\bigg|_{x=0}=0 \tag{3-21}$$

$$\frac{\partial \phi_{\mathrm{e}}}{\partial x}\bigg|_{x=L}=0 \tag{3-22}$$

式中，$x=0$ 表示负极集电体与负极交界面处；$x=L$ 表示正极集电体与正极交界面处。

在正负极与隔膜的交界面处，有

$$\left(k^{\mathrm{eff}}\frac{\partial \phi_{\mathrm{e}}}{\partial x}+k_{\mathrm{D}}^{\mathrm{eff}}\frac{\partial \ln c_{\mathrm{e}}}{\partial x}\right)\bigg|_{\delta-\epsilon}^{\delta+\epsilon}=0 \tag{3-23}$$

式中，δ 表示隔膜与正负极交界面位置；ϵ 为无限小。

3.1.6　电压方程

端电压是正负极集电体的电势之差，由公式（3-24）计算

$$V = \phi_s |_{x=L} - \phi_s |_{x=0} - \frac{R_{contact}}{A} I \tag{3-24}$$

式中，V 为电池端电压；L 表示正极与集流体交界面处；0 表示负极与集流体交界面处；$R_{contact}$ 为接触电阻。

电池内部的电压变化（不考虑接触电阻）如图 3-4 所示。

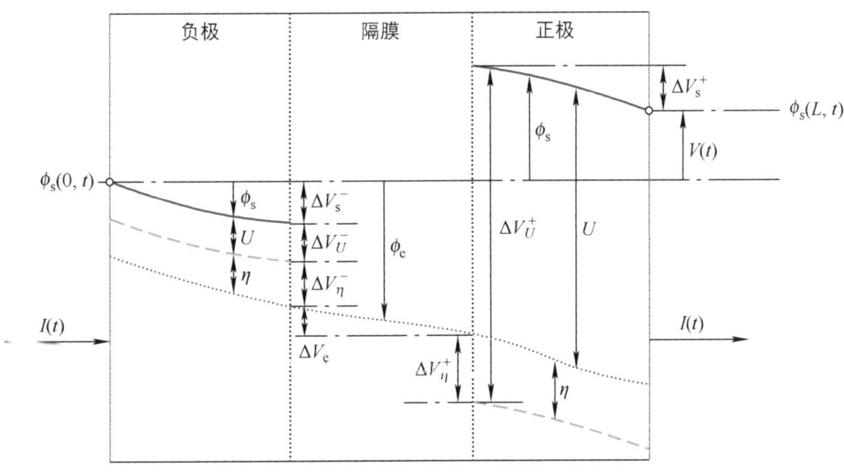

图 3-4　电池内部电压变化

在电池内部，从最左侧（负极集电体位置）开始，电压降依次为：负极固相的欧姆电阻压降为 ΔV_s^-；负极开路电势为 ΔV_U^-；负极过电势为正值，其所导致的压降为 ΔV_η^-；电解液欧姆内阻导致的压降为 ΔV_e；当锂离子通过界面进入正极时，由于正极的过电势为负值，电势进一步下降 ΔV_η^+；正极的开路电势作为驱动力，将正极电势提高了 ΔV_U^+；正极固相的欧姆电阻压降为 ΔV_s^+。故电压方程如公式（3-25）所示。

$$V = \Delta V_U^+ - \Delta V_s^- - \Delta V_U^- - \Delta V_\eta^- - \Delta V_e - \Delta V_\eta^+ - \Delta V_s^+ \tag{3-25}$$

3.1.7　能量守恒方程

电池性能和老化对温度非常敏感。在低温条件下，扩散过程会减缓，从而使电池性能降低。在极端温度下，会使电池老化加速。另外，电池还面临热失控等安全问题。因此，耦合热的电化学模型对于电池性能、老化以及安全的预测非常重要。

GT-AutoLion 所采用的能量守恒方程的表达式如下

$$C_p \frac{dT}{dt} = -hA_s(T - T_\infty) + q_i + q_j + q_r + q_c \tag{3-26}$$

式中，T 为电池温度；C_p 为比热容；h 为电池和冷却介质之间的对流换热系数，该参数主要用于电芯温度的标定；A_s 为电芯换热面积；T_∞ 为冷却介质的温度；q_i 为反应热，为过电势与反应电流的乘积；q_j 为焦耳热；q_r 为可逆熵热；q_c 为接触电阻热，接触电阻也是焦耳热，其被单独列出是为了标定的方便。

反应热和焦耳热之和为

$$q_i + q_j = A\int_0^L j(\phi_s - \phi_e - U)dx \tag{3-27}$$

可逆熵热的表达式为

$$q_r = -\left(T\frac{\partial U}{\partial T}\right)I \tag{3-28}$$

式中，$\frac{\partial U}{\partial T}$ 为熵热系数，软件数据库中可定义为锂离子化学计量比的函数。

接触电阻热的表达式为

$$q_c = I^2 \frac{R_{contact}}{A} \tag{3-29}$$

3.2 固态锂离子电池基本控制方程

与传统锂离子电池类似，固态锂离子电池的建模使用基于 John Newman 的 P2D 电化学模型。该模型捕获了锂离子电池内部发生的电化学反应，并预测了端电压、电流、功率、散热和整个电池的锂含量。控制方程类似于传统锂离子电池。二者唯一的区别是电解质相电荷和物质守恒的模拟。单离子导体电解质内不存在浓度梯度，锂离子转移数接近于 1。因此，对单离子导体电解质的电荷守恒方程和物种守恒方程进行简化。

电解质相电荷守恒方程为

$$0 = \frac{\partial}{\partial x}\left(k^{eff}\frac{\partial \phi_e}{\partial x}\right) + j^{Li} \tag{3-30}$$

电解质物质守恒方程为

$$\frac{\partial}{\partial t}\varepsilon c_e = 0 \tag{3-31}$$

聚合物电解质中含有锂盐，阴离子和阳离子在电解质中都是可移动的。为了模拟这种类型的电池，我们使用与液态锂离子电池相同的控制方程。

3.3 电池平衡

电池平衡（Cell Balancing）对于决定电池的容量、开路电压非常重要。下面针对软件中出现的与电池容量相关的概念进行介绍。

3.3.1 容量概念

1. 理论容量

理论容量是指活性材料全部参与反应所能给出的电量。它取决于活性材料的质量、摩尔质量和传递的电子数，由法拉第定律决定。

2. 首充 / 首放容量

在电池化成过程中，由于 SEI 膜的形成，导致库伦效率较低。软件通过定义比首充 / 首放容量，即单位质量活性材料的首充 / 首放容量，来表示电池化成过程。

3. 电极载量

电极载量是指集流体单位面积上承载的电极材料的量。该量是一个重要的标定量，其决定了涂覆的电极材料的质量。另外，高载量导致电极层内阻升高，限制了倍率；而低载量虽然提升了倍率性能，但影响了能量密度。GT-AutoLion 是通过容量（首充容量）面密度定义正极的载量。负极通过 N/P 比定义其载量，表达式为

$$\frac{\mathrm{N}}{\mathrm{P}}=\frac{负极载量}{正极载量} \tag{3-32}$$

式中，负极载量和正极载量是指单位涂覆面积活性材料的首充容量。

4. 不可逆容量

正负极活性材料的不可逆容量计算表达式为

$$q_{\mathrm{irr}}^{\mathrm{cat}}=q_{\mathrm{fcc}}^{\mathrm{cat}}-q_{\mathrm{fdc}}^{\mathrm{cat}} \tag{3-33}$$

$$q_{\mathrm{irr}}^{\mathrm{an}}=q_{\mathrm{fcc}}^{\mathrm{an}}-q_{\mathrm{fdc}}^{\mathrm{an}} \tag{3-34}$$

式中，q_{fcc} 为比首充容量；q_{fdc} 为比首放容量。

5. 可逆容量

可逆容量是指电池化成后，可循环的最大锂离子量。

6. 工作容量

工作容量是指当限制电池工作电压（100%SOC 对应的开路电压）时，以极小倍率放电时的容量。例如，一个正极材料的最大开路电势为 4.3V，其对应的负极石墨材料的最小开路电势为 0.05V，因此最大开路电压将是 4.25V。然而，出于安全的考虑，用户可能指定一个更小的最大开路电压，如 4.2V，这将会导致工作容量小于可逆容量。

3.3.2　电池平衡计算

在电池化成中，负极接收来自正极的锂离子（首充容量 $m^{\mathrm{cat}}q_{\mathrm{fcc}}^{\mathrm{cat}}$），其中一部分锂离子形成 SEI 膜，该部分损失的锂离子量即负极的不可逆锂离子量（$m^{\mathrm{an}}q_{\mathrm{irr}}^{\mathrm{an}}$）。

当电池放电时，负极可以放出的最大锂离子量为

$$Q_{\mathrm{return}}^{\mathrm{an}}=m^{\mathrm{cat}}q_{\mathrm{fcc}}^{\mathrm{cat}}-m^{\mathrm{an}}q_{\mathrm{irr}}^{\mathrm{an}} \tag{3-35}$$

当电池放电时，正极可以接受的最大锂离子量为

$$Q_{\mathrm{accept}}^{\mathrm{cat}}=m^{\mathrm{cat}}q_{\mathrm{fdc}}^{\mathrm{cat}}=m^{\mathrm{cat}}q_{\mathrm{fcc}}^{\mathrm{cat}}-m^{\mathrm{cat}}q_{\mathrm{irr}}^{\mathrm{cat}} \tag{3-36}$$

最终电池的可逆容量将取决于上述两个容量的大小。根据正负极不可逆容量的大小，可以将可逆容量的计算分为两个模式。

1. 负极限制模式（$m^{\mathrm{an}}q_{\mathrm{irr}}^{\mathrm{an}}>m^{\mathrm{cat}}q_{\mathrm{irr}}^{\mathrm{cat}}$）

该模式下负极容量不可逆损失高于正极不可逆损失。图 3-5 所示为该模式下电池化成和

电池平衡过程。由于 $Q_{return}^{an} < Q_{accept}^{cat}$，即负极放出的锂离子都可以被正极接收，故可逆容量就是负极能够放出的最大锂离子量 Q_{return}^{an}。

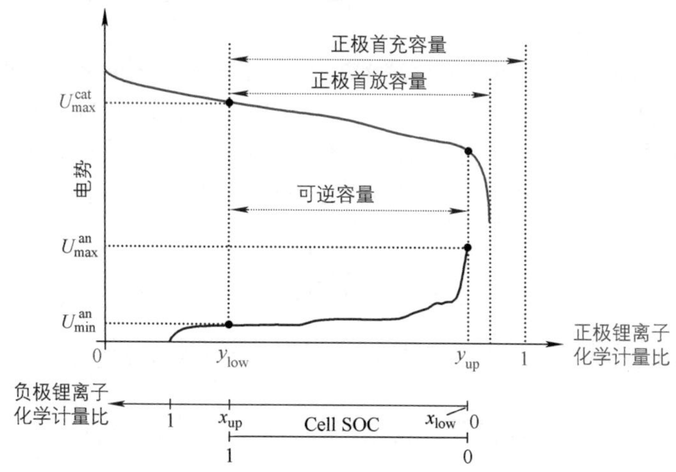

图 3-5　负极限制模式下的电池化成和电池平衡

当图 3-5 中的 y_{low} 为首充时，正极达到最大电势限值（U_{max}^{cat}）时对应的锂离子浓度下限。而其上限为

$$y_{up} = y_{low} + \frac{Q_{return}^{an}}{m^{cat} q_{th}^{cat}} \tag{3-37}$$

式中，q_{th}^{cat} 为正极材料的理论比容量，由法拉第定律获得。

对于负极，x_{low} 为首放时，负极达到最大电势限值（U_{max}^{an}）时对应的锂离子浓度下限。而其上限为

$$x_{up} = x_{low} + \frac{Q_{return}^{an}}{m^{an} q_{th}^{an}} \tag{3-38}$$

式中，q_{th}^{an} 为负极材料的理论比容量。

2. 正极限制模式（$m^{an} q_{irr}^{an} < m^{cat} q_{irr}^{cat}$）

该模式下负极容量不可逆损失低于正极不可逆损失。图 3-6 所示为该模式下电池化成和电池平衡过程。由于 $Q_{accept}^{cat} < Q_{return}^{an}$，即负极无法完全放出锂离子，故可逆容量就是正极能够接收的最大锂离子量 Q_{accept}^{cat}。

当图 3-6 中的 y_{low} 为首充时，正极达到最大电势限值（U_{max}^{cat}）时对应的锂离子浓度下限。而其上限为

$$y_{up} = y_{low} + \frac{Q_{accept}^{cat}}{m^{cat} q_{th}^{cat}} \tag{3-39}$$

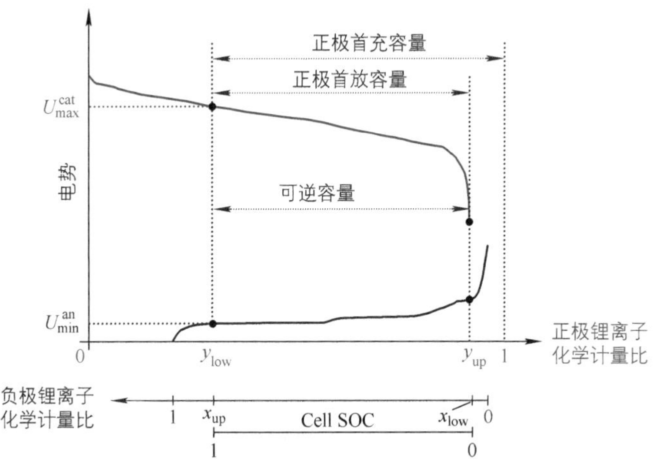

图 3-6　正极限制模式下的电池化成和电池平衡

对于负极为

$$x_{low} = \frac{Q_{return}^{an} - Q_{accept}^{cat}}{m^{an} q_{th}^{an}} \tag{3-40}$$

$$x_{up} = x_{low} + \frac{Q_{return}^{an} - Q_{accept}^{cat}}{m^{an} q_{th}^{an}} \tag{3-41}$$

3.4　老化及膨胀模型

锂离子电池的老化主要由电化学或机械原因所致。目前 GT-AutoLion 考虑了 4 种老化机理，包含负极的 SEI 膜生长、正极的 CEI 膜生长、正负极活性材料的脱落以及析锂。

3.4.1　SEI 膜的生长

试验表明，碳酸亚乙酯（(CH_2O）$_2$CO，EC）扩散到活性颗粒物表面与表面上的 Li^+ 反应，主要生成烷基碳酸锂和碳酸锂，其反应过程为

$$2(CH_2O)_2CO + 2Li^+ + 2e^- \longrightarrow (CH_2OCO_2Li)_2 + C_2H_4$$

$$(CH_2O)_2CO + 2Li^+ + 2e^- \longrightarrow Li_2CO_3 + C_2H_4$$

在上述反应中，两个锂离子和电子被消耗，这降低了库伦效率。目前 GT-AutoLion 仅考虑第一个反应机理，其反应速率方程的表达式为

$$j_{SEI} = -a_s i_{0,SEI} \exp\left[-\frac{a_{c,SEI}F}{RT}\left(\phi_s - \phi_e - U_{SEI} - \frac{j^{Li}}{a_s}R_{SEI}\right)\right] \tag{3-42}$$

式中，j_{SEI} 为 SEI 膜反应电流体积密度；$a_{c,SEI}$ 为 SEI 膜反应的传递系数，默认值为 0.5；U_{SEI} 为 SEI 膜反应的平衡电势，默认值为 0.4V；R_{SEI} 为 SEI 膜的内阻与其面积的乘积；$i_{0,SEI}$ 为交

换电流密度，它是反应表面上 EC 浓度的函数，其表达式为

$$i_{0,\mathrm{SEI}} = Fk_{0,\mathrm{SEI}}c_{\mathrm{EC}}^{\mathrm{s}} \tag{3-43}$$

式中，$k_{0,\mathrm{SEI}}$ 为 SEI 膜反应的速率常数，是一个标定参数；$c_{\mathrm{EC}}^{\mathrm{s}}$ 为反应表面上的 EC 浓度。

EC 为了参与 SEI 膜的反应，需要穿过 SEI 膜到达反应界面。为了描述 EC 在活性颗粒物径向方向的浓度分布，需要描述 EC 浓度的扩散方程，如公式（3-44）所示

$$\frac{\partial c_{\mathrm{EC}}}{\partial t} = D_{\mathrm{EC}}^{\mathrm{eff}}\frac{\partial^2 c_{\mathrm{EC}}}{\partial r^2} \tag{3-44}$$

式中，$D_{\mathrm{EC}}^{\mathrm{eff}}$ 为 EC 在 SEI 膜中的有效扩散系数，其考虑了 SEI 膜孔隙率的修正，如公式（3-45）所示

$$D_{\mathrm{EC}}^{\mathrm{eff}} = D_{\mathrm{EC}}\left(\varepsilon_{\mathrm{SEI}}\right)^n \tag{3-45}$$

式中，$\varepsilon_{\mathrm{SEI}}$ 为 SEI 膜的孔隙率，默认值为 0.03；n 为 Bruggman 常数，这个参数也是重要的标定参数；D_{EC} 为 EC 在 SEI 膜固相中的扩散系数，该项是一个重要的标定参数，可以按照 Arrhenius 方程的形式考虑温度的变化。Arrhenius 方程的表达式为

$$\varphi = \varphi_{\mathrm{ref}}\exp\left[\frac{E_{\mathrm{act}}^{\varphi}}{R}\left(\frac{1}{T_{\mathrm{ref}}} - \frac{1}{T}\right)\right] \tag{3-46}$$

式中，φ 为当前温度下的参数值；φ_{ref} 为参考温度下的参数值；$E_{\mathrm{act}}^{\varphi}$ 为活化能，反映的是该参数随温度变化的敏感性；T_{ref} 为参考温度，默认值为 25℃。

生成的 SEI 膜覆盖在负极颗粒物表面，由于颗粒物假设为球体，且假设表面膜在厚度方向均匀分布，可以得到 SEI 膜厚度的表达式

$$\frac{\mathrm{d}\delta_{\mathrm{SEI}}}{\mathrm{d}t} = -\frac{j_{\mathrm{SEI}}}{2Fa_{\mathrm{s}}}\frac{M_{\mathrm{SEI}}}{\rho_{\mathrm{SEI}}} \tag{3-47}$$

式中，δ_{SEI} 为 SEI 膜厚度；M_{SEI} 为 SEI 膜的摩尔质量，默认值为 162g/mol；ρ_{SEI} 为 SEI 膜的密度，默认值为 $1.69\mathrm{g/cm^3}$。

SEI 膜的电阻的表达式为

$$R_{\mathrm{SEI}} = \frac{\delta_{\mathrm{SEI}}}{k_{\mathrm{SEI}}^{\mathrm{eff}}} \tag{3-48}$$

式中，$k_{\mathrm{SEI}}^{\mathrm{eff}}$ 为通过 SEI 膜中电解液的有效离子电导率，其也考虑孔隙率修正，如公式（3-49）所示

$$k_{\mathrm{SEI}}^{\mathrm{eff}} = k_{\mathrm{SEI}}\left(\varepsilon_{\mathrm{SEI}}\right)^{1.5} \tag{3-49}$$

3.4.2 CEI 膜的生长

对于锂镍钴氧化物的正极材料，表面膜主要由聚碳酸酯、LiF 以及氧化还原产物组成。正极 CEI 膜通过下述化学反应式进行。

$$\mathrm{Li(Ni,Co)O_2 + ROCO_2R' \longrightarrow (Ni,Co)O_2R + R'OCO_2Li}$$

其中，R 为自由基。

上述化学反应的反应速率表达式为

$$J_{s,C} = k_{s,C} c_{EC,s} c_{Li(Ni,Co)O_2} \tag{3-50}$$

式中，$J_{s,C}$ 为每单位面积的反应速率；$k_{s,C}$ 为反应速率常数，可以按照 Arrhenius 方程的形式考虑温度的变化；$c_{EC,s}$ 为正极活性颗粒物表面的 EC 浓度；$c_{Li(Ni,Co)O_2}$ 为正极活性材料的摩尔浓度。

活性材料损耗率的表达式为

$$\frac{\mathrm{d}\varepsilon_{Li(Ni,Co)O_2}}{\mathrm{d}t} = -\frac{a_s J_{s,C}}{c_{Li(Ni,Co)O_2}} \tag{3-51}$$

式中，$\varepsilon_{Li(Ni,Co)O_2}$ 为活性材料在电极中的体积分数。活性材料的损耗导致了电池容量的衰退。CEI 膜厚度的变化通过一个简单的质量守恒方程描述，如公式（3-52）

$$\frac{\mathrm{d}\delta_{CEI}}{\mathrm{d}t} = -J_{s,C}\frac{M_{CEI}}{\rho_{CEI}} \tag{3-52}$$

式中，δ_{CEI} 为 CEI 膜的厚度；M_{CEI} 为 CEI 膜的摩尔质量，默认值为 162g/mol；ρ_{CEI} 为 CEI 膜的密度，默认值为 1.69g/cm^3。CEI 膜的电阻表达式与 SEI 膜相同，其中 CEI 膜的孔隙率默认值为 0.02。

3.4.3　活性材料脱落模型

活性物质在锂离子嵌脱过程中经历了体积和结构的变化。在这些过程中会产生机械应力，并导致开裂或结构损伤。在循环过程中，活性材料会逐渐分离。由于活性材料的脱落，循环锂的数量会减少，从而会导致电池容量的损失。这种机械损耗可以在正负极发生。由于活性材料脱落是嵌锂过程的结果，故将由脱落导致的活性材料损耗率与嵌锂电流联系起来。模型分为线性模型和非线性模型，分别如下

$$\frac{\mathrm{d}\varepsilon_{AM}}{\mathrm{d}t} = -k(T)\left|j^{Li}\right| \tag{3-53}$$

$$\frac{\mathrm{d}\varepsilon_{AM}}{\mathrm{d}t} = -k(T)\left|j^{Li}\right| + k_1(T)f(x)\sqrt{\left|j^{Li}\right|} \tag{3-54}$$

式中，ε_{AM} 为活性材料在电极中的体积分数；$k(T)$ 和 $k_1(T)$ 均为与温度相关的系数项，该系数项亦采用 Arrhenius 方程的形式；x 为锂离子化学计量比，$f(x)$ 用于调整非线性项。

3.4.4　析锂模型

当电池过充时，负极电位过低，后续的锂离子会堆积于负极材料表面形成金属锂。这种金属锂沉积在负极上，降低了负极的孔隙率。随着沉积金属锂的增加，负极表面会逐渐形成锂枝晶，锂枝晶会穿破隔膜，从而导致内短路。析锂的反应式为

$$\mathrm{Li^+ + e^- \longrightarrow Li}$$

另外，析出锂也可以发生可逆反应，即锂剥离。剥离掉的锂金属会部分重新嵌入到活性材料中。锂剥离的反应式为

$$\mathrm{Li \longrightarrow Li^+ + e^-}$$

软件提供了两种析锂模型，一种为不可逆反应，另一种为可逆反应。若析锂过程被考虑为不可逆反应，这意味着，当析锂脱落后，这部分锂就损失掉了，即在放电过程中不再起作用，同时其电阻也被忽略。因此，用负极 Tafel 方程的形式表达该反应速率，表达式为

$$j_{\mathrm{lpl}} = -a_{\mathrm{s}} i_{0,\mathrm{lpl}} \exp\left[-\frac{a_{\mathrm{c,lpl}} F}{RT}(\phi_{\mathrm{s}} - \phi_{\mathrm{e}} - U_{\mathrm{lpl}})\right] \tag{3-55}$$

式中，j_{lpl} 为析锂电流体积密度；$i_{0,\mathrm{lpl}}$ 为交换电流密度，软件通过 Arrhenius 方程的形式考虑其与温度的关系；$a_{\mathrm{c,lpl}}$ 为负极反应传递系数，默认值为 0.5；U_{lpl} 为析锂平衡电位，默认值为 0V。

如果析锂模型被考虑为可逆反应，则电化学反应速率需要由 BV 方程表示，表达式为

$$j_{\mathrm{lplst}} = -a_{\mathrm{s}} i_{0,\mathrm{Li}} \left(\frac{c_{\mathrm{Li}}}{c_{\mathrm{Li}}^*} \exp\left[\frac{a_{\mathrm{a,lplst}} F}{RT}(\phi_{\mathrm{s}} - \phi_{\mathrm{e}} - U_{\mathrm{lplst}})\right] - \frac{c_{\mathrm{e}}}{c_{\mathrm{e}}^*} \exp\left[-\frac{a_{\mathrm{c,lplst}} F}{RT}(\phi_{\mathrm{s}} - \phi_{\mathrm{e}} - U_{\mathrm{lplst}})\right]\right)$$

式中，c_{Li}^* 和 c_{e}^* 分别为参考交换电流密度 $i_{0,\mathrm{Li}}$ 下的参考锂金属浓度和电解液中锂离子的浓度。锂金属的浓度 c_{Li} 可通过下式求解

$$\frac{\partial c_{\mathrm{Li}}}{\partial t} = -\frac{j_{\mathrm{lplst}}}{F}$$

与 SEI 膜类似，析锂膜的厚度表达式为

$$\frac{\mathrm{d}\delta_{\mathrm{lplst}}}{\mathrm{d}t} = -\frac{j_{\mathrm{lplst}}}{F a_{\mathrm{s}}} \frac{M_{\mathrm{Li}}}{\rho_{\mathrm{Li}}} \tag{3-56}$$

式中，δ_{lplst} 为析锂膜厚度；M_{Li} 为金属 Li 的摩尔质量；ρ_{Li} 为锂金属的密度。由于 SEI 膜和析锂膜的出现，负极孔隙率减小了，其表达式为

$$\frac{\mathrm{d}\varepsilon}{\mathrm{d}t} = -a_{\mathrm{s}} \frac{\mathrm{d}(\delta_{\mathrm{SEI}} + \delta_{\mathrm{lplst}})}{\mathrm{d}t} \tag{3-57}$$

随着这些副反应的进行，由于这些膜覆盖了部分颗粒物表面，导致活性颗粒物的有效表面积也减少了，该过程通过公式（3-58）表示

$$a_{\mathrm{s}} = a_{\mathrm{s.0}}\left[1 - \left(\frac{\varepsilon_0 - \varepsilon}{\varepsilon_0}\right)^{\xi}\right] \tag{3-58}$$

式中，ξ 为副反应产物的形态因子（morphology factor），默认值为 0.03，$\xi \in [0,1]$。$\xi = 0$ 表示副反应产物瞬时完全覆盖住了颗粒物表面，阻止了反应发生；$\xi = 1$ 表示副反应产物使得反应面积随孔隙率线性下降，参考值为 0.03。

3.4.5　膨胀模型

GT-AutoLion 能够计算电池中各个组成部分在充放电过程中电池厚度方向上的应力和应变，其基本方程如公式（3-59）所示。

$$\frac{\partial(1-\varepsilon_i)}{\partial t}+(1-\varepsilon_i)\frac{\partial\varphi_i}{\partial t}=-\frac{s_i\Delta\hat{V}_i}{n_iF}J_i \tag{3-59}$$

式中，方程右侧表示活性材料由于脱嵌锂导致的体积变化。下标 i 表示正极、负极或隔膜。$\Delta\hat{V}_i$ 表示摩尔体积变化（m^3/mol），即嵌入 1mol 的锂离子，活性材料的体积变化量。该值与锂离子的化学计量比成非线性关系，需要从试验数据中获取，是一个模型输入量。s_i 为固相中的化学计量比；n_i 为电子传递数。方程右侧活性材料的体积变化引起电池厚度方向的应变 φ_i 以及孔隙率 ε_i 的变化。J_i 为体积电流密度（A/m^3），它将电池的体积变化与电化学和输运过程联系起来。

电池厚度方向的总应变 φ_i 由脱嵌锂导致的内部变形（$\varphi_{\mathrm{inter},i}$）和由外部负载导致的机械变形（$\varphi_{\mathrm{mech},i}$）构成，如公式（3-60）所示。

$$\varphi_i=\varphi_{\mathrm{inter},i}+\varphi_{\mathrm{mech},i} \tag{3-60}$$

其中由脱嵌锂导致的内部变形表达式为

$$\varphi_{\mathrm{inter},i}=\frac{\Delta\hat{V}_i}{\widehat{V_1^0}}(\tau_i) \tag{3-61}$$

式中，$\widehat{V_1^0}$ 为完全脱锂后活性材料的体积；τ_i 为当前锂离子的化学计量比。

由于外部负载（如应力 P）导致的机械变形可以根据正负极以及隔膜材料的本构关系进行计算，其表达式为

$$\varphi_{\mathrm{mech},i}=f(P) \tag{3-62}$$

软件支持 3 类本构关系定义：杨氏模量、岩石压缩系数以及自定义的本构关系。

3.5　GT-AutoLion-3D

GT-AutoLion-3D 可以在三维方向上离散电芯，其网格分为电网格和热网格。热网格是在电网格的基础上进一步划分的子网格。每一个电网格都调用 GT-AutoLion-1D 进行计算，得到放热率和电化学参数；根据每一个电网格的放热率，GT-AutoLion-3D 计算热网格之间的热传递，进而得到电芯温度的三维分布；根据每个电网格的电化学参数，得到电化学参数的 2D 截面分布。

3.6　GT-AutoLion-4D

AutoLion-4D 是 AutoLion-3D 中的新功能，AutoLion-4D 电化学求解采用真正的三维扩散方程。例如，固相液相电荷守恒方程、固相液相锂离子守恒方程、能量方程均为三维扩散方程。

固相电荷守恒方程为

$$\nabla(\sigma_{\mathrm{eff}} \nabla \varphi_{\mathrm{s}}) = j_{\mathrm{tot}} \tag{3-63}$$

液相电荷守恒方程为

$$\nabla(k_{\mathrm{eff}} \nabla \varphi_{\mathrm{e}}) + \nabla(k_{\mathrm{D,eff}} \nabla \ln c_{\mathrm{e}}) = -j_{\mathrm{tot}} \tag{3-64}$$

固相锂离子守恒方程为

$$\frac{\partial c_{\mathrm{s}}}{\partial t} = \frac{1}{r^2} \frac{\partial}{\partial r}\left(D_{\mathrm{s}} r^2 \frac{\partial c_{\mathrm{s}}}{\partial r}\right) \tag{3-65}$$

液相锂离子守恒方程为

$$\frac{\partial}{\partial t}(\varepsilon_{\mathrm{e}} c_{\mathrm{e}}) = \nabla(D_{\mathrm{e,eff}} \nabla c_{\mathrm{e}}) + (1 - t_{+}) \cdot \frac{j_{\mathrm{tot}}}{F} \tag{3-66}$$

能量守恒方程为

$$\rho \cdot c_{\mathrm{p}} \cdot \frac{\partial T}{\partial t} = \frac{\partial}{\partial x}\left(k_x \frac{\partial T}{\partial x}\right) + \frac{\partial}{\partial y}\left(k_y \frac{\partial T}{\partial y}\right) + \frac{\partial}{\partial z}\left(k_z \frac{\partial T}{\partial z}\right) \tag{3-67}$$

第 4 章　GT-AutoLion 常用模板

本章将介绍 GT-AutoLion 模板库中的典型模板，用户可通过模板库（Libraries）或者通过查找模板名称找到对应的模板。

4.1　AutoLion 模板（GT-AutoLion-1D）

4.1.1　主界面

软件主界面如图 4-1 所示。

Main | Model Setup | Cathode | Anode | Assembly | Thermal Behavior | Advanced | Mechanical

Attribute	Unit	Object Value
Battery Type and Geometry		
Battery Type		Lithium Ion
Cell Geometry		CylindricalGeometry ...
Pack Model		
☐ Build Lumped Pack Model		
Analysis Mode		
Analysis Mode		Time Simulation
Time Simulation		
Load Type		Current
Current Request	A	2.2 ...
Initialization		
Initial State of Charge	fraction	1 ...
◉ Initialize as Fresh Cell		
○ Initialize as Aged Cell From Cellstate File		
○ Initialize Manually as Aged Cell		

图 4-1　主界面

（1）电池类型（Battery Type）　Lithium Ion 为液态锂电池，Solid State 为固态锂电池。

（2）电芯几何（Cell Geometry）　对于液态锂电池建模，软件支持 4 种电芯几何类型：圆柱形（Cylindrical）、叠片式（Stacked Prismatic）、方形卷绕式（Rolled Prismatic）和纽扣电池（Coin）。对于固态锂电池建模，软件支持叠片型（Stacked Prismatic）和纽扣电池（Coin）。用户可通过值选择按钮...进行选择。关于各类电芯几何的详细介绍，请参考 4.1.2 节。

（3）电池包模型（Pack Model）　可输入电池包的串并联数，各电芯完全相同。

（4）分析模式（Analysis Mode）　下拉框中有 4 种分析模式：

1）Time Simulation：时间仿真模式。这是最常用的仿真模式，表示电池的负载（如电流、电压和功率）随时间变化。

2）Frequency Analysis (EIS)：频域分析模式。这一模式进行虚拟的电化学阻抗谱测试，具体应用请参考 6.4 节。

3）Capacity Fade Analysis：容量退化分析模式。经过寿命分析计算后，模型所在目录下会生成一个 .state 文件，该文件包含了电池老化状态的信息。在容量退化分析模式中，模型会调用该文件，针对不同老化程度（不同循环）的电池，进行用户指定的恒流放电工况，得到实际容量随循环数衰退的曲线。具体应用请参考 7.3 节。

4）Power Fade Analysis：功率退化分析模式。经过寿命分析计算后，模型所在目录下会生成一个 .state 文件，该文件包含了电池老化状态的信息。在容量退化分析模式中，模型会调用该文件，针对不同老化程度（不同循环）的电池，进行用户指定的脉冲放电测试，得到功率随循环数的衰退曲线。具体应用请参考 7.4 节。

（5）时间仿真模式（Time Simulation） 当分析模式（Analysis Mode）为 Time Simulation 时，需要用户指定电池的工况。负荷类型（Load Type）下拉框中有以下 6 种类型：

1）Voltage：要求指定电池的端电压。

2）Current：要求指定电池的电流。

3）Power：要求指定电池的功率需求。

4）Resistor：要求指定电池的外电路电阻。

5）Mixed Requests：允许用户可以在上述 4 种类型间进行切换。切换时需要用户从电池外部设置“Load Type”的输入信号，该信号的规则是：1 代表 Voltage；2 代表 Current；3 代表 Power；4 代表 Resistor。该类型常用于循环寿命仿真，因为循环逻辑中存在多种负荷类型。

6）Electrical Connections：允许用户通过电路连接将多个电芯串并联。该类型中，电芯可以不同。

根据不同的负荷类型，需要用户输入相应的负荷，包括 Voltage Request、Current Request、Power Request、Resistance。

（6）频域分析模式（Frequency Analysis） 当分析模式（Analysis Mode）为 Frequency Analysis (EIS) 时，需要用户指定电化学阻抗谱测试的频域范围以及每个频率数量级下需要分析的频率点个数。

Low Frequency Limit：分析的频域下限。

High Frequency Limit：分析的频域上限。

Number of Frequency Values per Decade：每个频率数量级下需要分析的频率点个数。

（7）初始化（Initialization）

Initial State of Charge：初始 SOC。

Initialize as Aged Model：勾选该选项表示当前电池不是新电池。

Life State Filename：指定包含电池老化信息的 .state 文件。寿命计算后会自动生成 .state 文件。

Cycle Number used for Initialization：指定 .state 文件中第几个循环的电池作为当前的电池。

（8）容量退化分析（Capacity Fade Analysis） 当分析模式（Analysis Mode）为容量退化分析时，需要用户指定放电电流。

Discharge Current：放电电流。

Frequency of Analysis (Cycles)：指定每隔多少个循环进行一次恒流放电。

Last Cycle of Analysis：需要分析的循环数。

（9）功率退化分析（Power Fade Analysis） 当分析模式（Analysis Mode）为功率退化分析时，需要用户指定脉冲电流。

State of Charge：每一次脉冲放电开始时电池的 SOC。

Discharge Current Pulse Amplitude：脉冲电流的幅值。

Discharge Current Pulse Duration：脉冲电流的持续期。

Frequency of Analysis (Cycles)：指定每隔多少个循环进行一次脉冲放电。

Last Cycle of Analysis：需要分析的循环数。

图 4-2 所示为功率退化分析模式中功率的定义，即脉冲电流幅值与放电过程中最小电压的乘积。

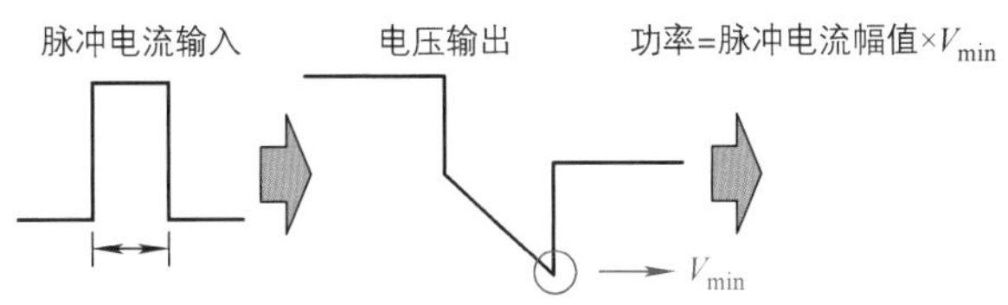

图 4-2　功率退化分析模式中功率的定义

4.1.2　电芯几何

1. 圆柱形电芯（Cylindrical）

圆柱形电芯的几何设置主界面如图 4-3 所示。

Object Usage

CylindricalGeometry
- CylindricalGeometry
  - Objects
    - AutoLion

Main

Attribute	Unit	Object Value
Cell Dimensions		
Outer Diameter	mm	18.6
Outer Height	mm	65.2
Wall Thickness	mm	0.3
Jelly Roll Dimensions		
Jelly Roll Inner Diameter	mm	4
Jelly Roll Outer Diameter	mm	17.2
Jelly Roll Details		
Cathode Uncoated Length	mm	15
Anode Uncoated Length	mm	52
Anode Extra Length	mm	40
Thicknesses		
Cathode	micron	77.5
Anode	micron	81
Separator	micron	20
Cathode Foil	micron	15
Anode Foil	micron	8
Heights		
Cathode	mm	57.5
Anode	mm	58
Separator	mm	59.7
Cathode Foil	mm	59.7
Anode Foil	mm	59.7
Tab Configuration		
Cathode		Continuous
Anode		Continuous
Weights		
Enclosure Weight	g	10
AutoLion3D Related		
Generate Mesh of 3D Jelly Roll		☐

图 4-3　圆柱形电芯几何界面

（1）电芯尺寸（Cell Dimensions）

Outer Diameter：电芯（包含外壳）外径。

Outer Height：电芯高度。

Wall Thickness：外壳厚度。

（2）卷芯尺寸（Jelly Roll Dimensions）

Jelly Roll Inner Diameter：卷芯内径。

Jelly Roll Outer Diameter：卷芯外径。

（3）卷芯细节（Jelly Roll Details）

Cathode Uncoated Length：正极上部未涂覆的长度。

Anode Uncoated Length：负极下部未涂覆的长度。

Anode Extra Length：负极长于正极的部分，如图 4-4 所示。

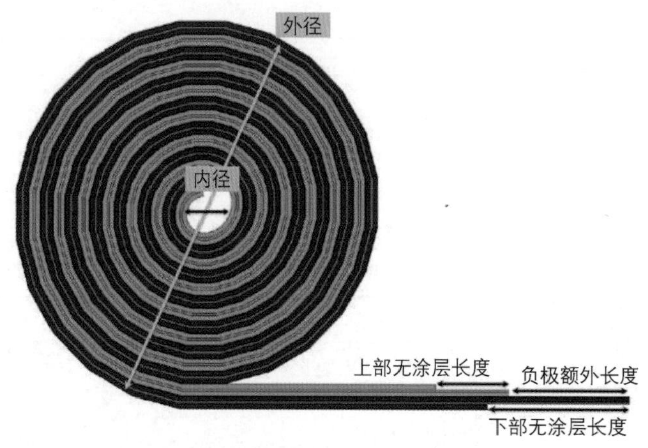

图 4-4　卷芯尺寸

（4）厚度（Thicknesses）　电极厚度的定义如图 4-5 所示，该部分定义正负极单层涂覆、隔膜以及集电体的厚度。

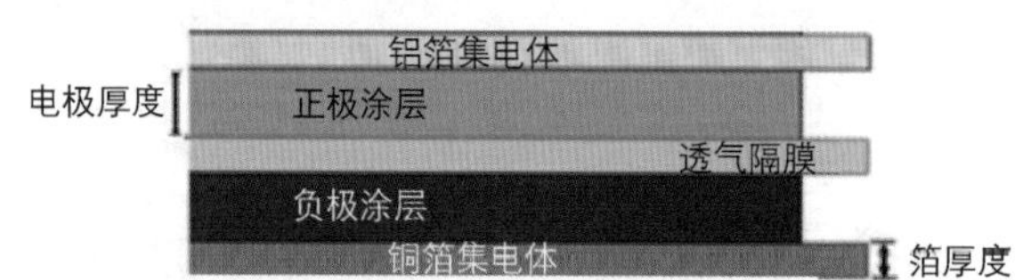

图 4-5　电极厚度定义

（5）高度（Heights）　该部分定义正负极涂覆、隔膜以及集电体的高度。

（6）极耳类型（Tab Configuration）　定义正负极极耳类型。

Continuous：连续型，一般采用该类型。

One per electrode：电子须流经长的集电体，均匀地分布于电极上，该选项会使软件自动估计该过程导致的额外的电压降。

（7）质量（Weights）

Enclosure Weight：定义外壳质量。

（8）AutoLion3D 相关内容（AutoLion3D Related）

Generate Mesh of 3D Jelly Roll：勾选此选项，可打开 GT-Autolion-3D 的设置窗口。

2. 方形卷绕式电芯（Rolled Prismatic）

方形卷绕式电芯的几何设置如图 4-6 所示。

Main

Attribute	Unit	Object Value
Cell Dimensions		
Outer Width	mm	420
Outer Height	mm	65.2
Outer Thickness	mm	100
Wall Thickness	mm	0.3
Jelly Roll Dimensions		
Winding Axis Direction		Cell Height
Number of Jelly Rolls		1
Jelly Roll Width	mm	200
Jelly Roll Thickness	mm	15.3
Jelly Roll Details		
Cathode Uncoated Length	mm	15
Anode Uncoated Length	mm	52
Anode Extra Length	mm	40
Thicknesses		
Cathode	micron	77.5
Anode	micron	81
Separator	micron	20
Cathode Foil	micron	15
Anode Foil	micron	8
Heights		
Cathode	mm	57.5
Anode	mm	58
Separator	mm	59.7
Cathode Foil	mm	57.5
Anode Foil	mm	58
Tab Configuration		
Cathode		Continuous
Anode		Continuous
Weights		
Enclosure Weight	g	123

图 4-6　方形卷绕式电芯的几何设置

（1）电芯尺寸（Cell Dimensions）　该部分定义电芯（包含外壳）宽、高和厚度，以及外壳的厚度。

（2）卷芯尺寸（Jelly Roll Dimensions）

Winding Axis Direction：将卷轴方向定义为电芯高度方向或宽度方向。

Number of Jelly Rolls：卷芯个数。

Jelly Roll Width：卷芯宽度。

Jelly Roll Thickness：卷芯厚度。

其他设置与圆柱形电芯相同，此处不再赘述。

3. 叠片式电芯（Stacked Prismatic）

叠片式电芯的几何设置如图 4-7 所示。

	Attribute	Unit	Object Value
Cell Dimensions			
	Outer Width	mm	51
	Outer Height	mm	71
	Outer Thickness	mm	10.6
	Wall Thickness	mm	0.3
Jelly Roll Dimensions			
	Stacking Configuration		Monopolar
	Jelly Roll Width	mm	50
●	Jelly Roll Thickness	mm	10
○	Number of Anode Foil Plates		26
Thicknesses			
	Cathode	micron	77.5
	Anode	micron	81
	Separator	micron	20
	Cathode Foil	micron	15
	Anode Foil	micron	8
Heights			
	Cathode	mm	68
	Anode	mm	68
	Separator	mm	70
	Cathode Foil	mm	68
	Anode Foil	mm	68
Widths			
	Cathode	mm	50
	Anode	mm	50
End Plate Type			
	End Plate Coating Type		Double-side Anode
Weights			
●	Enclosure Weight	g	20
○	Cell Weight	g	
	Generate Mesh of 3D Jelly Roll		☐

图 4-7　叠片式电芯的几何设置

（1）电芯尺寸（Cell Dimensions）　叠片式电芯高度和宽度示意如图 4-8 所示。

Outer Width：电芯（包含外壳）宽度。

Outer Height：电芯高度。

Outer Thickness：电芯厚度。

Wall Thickness：外壳厚度。

（2）卷芯尺寸（Jelly Roll Dimensions）

Jelly Roll Width：卷芯宽度。

Jelly Roll Thickness：卷芯厚度。

Number of Anode Foil Plates：负极集电体的个数。

（3）厚度（Thicknesses）　该部分定义正负极单层涂覆、隔膜以及集电体的厚度。

（4）高度（Heights）　该部分定义正负极涂覆、隔膜以及集电体的高度。

（5）宽度（Widths）　该部分定义正负极的宽度。

（6）端板涂覆类型（End Plate Type）　如图 4-9 所示，端板涂覆类型可在下拉框中选择。

（7）AutoLion-3D Related

Generate Mesh of 3D Jelly Roll：勾选此选项，可打开 GT-Autolion-3D 的设置界面。

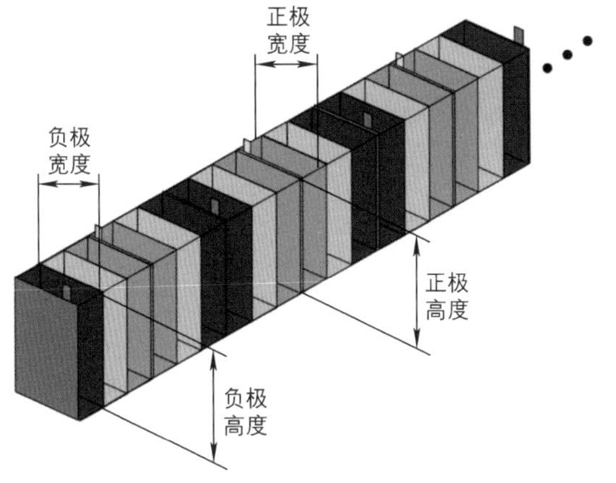

图 4-8　叠片式电芯高度和宽度示意图

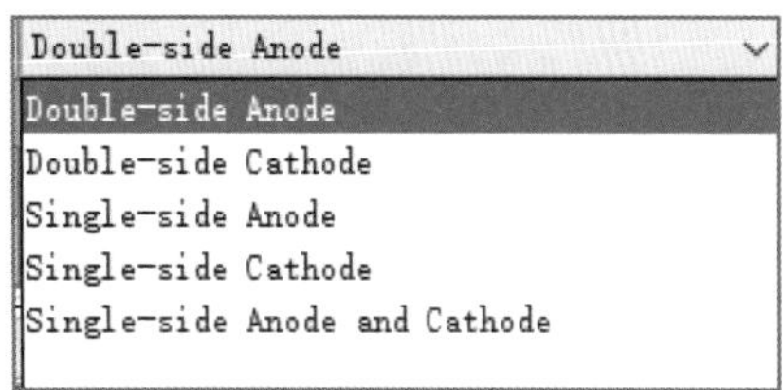

图 4-9　端板涂覆类型

4. 纽扣电池（Coin）

如图 4-10 所示，纽扣电池的几何设置较简单，故此处不再赘述。如有疑问，请参考在线帮助（Template Help）。

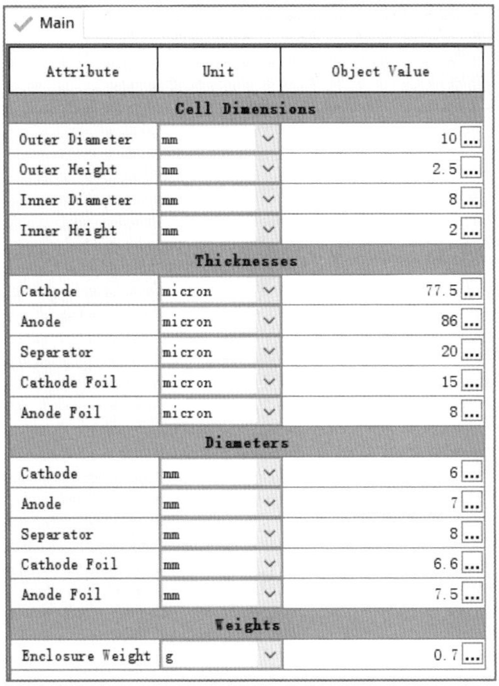

Main

Attribute	Unit	Object Value
Cell Dimensions		
Outer Diameter	mm	10
Outer Height	mm	2.5
Inner Diameter	mm	8
Inner Height	mm	2
Thicknesses		
Cathode	micron	77.5
Anode	micron	86
Separator	micron	20
Cathode Foil	micron	15
Anode Foil	micron	8
Diameters		
Cathode	mm	6
Anode	mm	7
Separator	mm	8
Cathode Foil	mm	6.6
Anode Foil	mm	7.5
Weights		
Enclosure Weight	g	0.7

图 4-10　纽扣电池的几何设置

4.1.3 模型设置

图 4-11 所示为模型设置界面，通过该界面来设置电芯 1D 网格、工况限值以及求解器参数。

Main | Model Setup | Cathode | Anode | Assembly | Thermal Behavior

	Attribute	Unit	Object Value
	Control Volumes in the x-direction		
	Cathode		
●	Mesh Type		Uniform
	Number of Control Volumes		6
○	Single Particle Model		
	Anode		
●	Mesh Type		Uniform
	Number of Control Volumes		6
○	Single Particle Model		
	Separator		
	Mesh Type		Uniform
	Number of Control Volumes		4
	Control Volumes in the r-direction		
	Cathode Particle		
●	Standard Fickian Diffusion		12
○	Polynomial Approximation		
	Anode Particle		
●	Standard Fickian Diffusion		12
○	Polynomial Approximation		

	Cell Operating Conditions		
	Open Circuit Voltage of Full Cell (100% SOC)	V	4.2
	Open Circuit Voltage of Empty Cell (0% SOC)	V	def (=Calculated)
☑	Stop Simulation at Upper Cutoff Voltage	V	4.3
☑	Stop Simulation at Lower Cutoff Voltage	V	2.48
	Solver Settings		
	Spatial Plot Storage Frequency	s	100
	Solver Settings		AutoLion_solver

图 4-11 模型设置

1. 网格类型（Mesh Type）

Uniform：均匀网格。

Geometric Progression：等比数列网格。

User Defined：用户自定义。

2. 网格数量（Number of Control Volumcs）

Cathode：正极厚度方向网格数。

Separator：隔膜厚度方向网格数。

Anode：负极厚度方向网格数。

Cathode Particle：正极活性材料径向方向网格数。

Anode Particle：负极活性材料径向方向网格数。

3. 电芯工况（Cell Operating Conditions）

Lower Cutoff Voltage：电芯下限截止电压。

Upper Cutoff Voltage：电芯上限截止电压。

Open Circuit Voltage of Full Cell (100% SOC)：100% SOC 时对应的电芯开路电压。

Open Circuit Voltage of Empty Cell (0% SOC)：0% SOC 时对应的电芯开路电压。

4. 求解器设置（Solver Settings）

该部分设置电化学电池偏微分方程组求解器的相关参数。在 GT-Autolion 中还需要设置电化学电池之外部件的求解器，一般是常微分方程组，如果有复杂热管理系统（如水冷），还需要设置流体求解器。

Time Step Size：时间步长。

Spatial Plot Storage Frequency：定义每隔多长时间输出一个空间分布图。

Maximum Iteration per TimeStep：每个时间步的最大迭代次数。

Convergence Criteria：迭代收敛标准。

4.1.4 正极设置

正极的设置如图 4-12 所示。

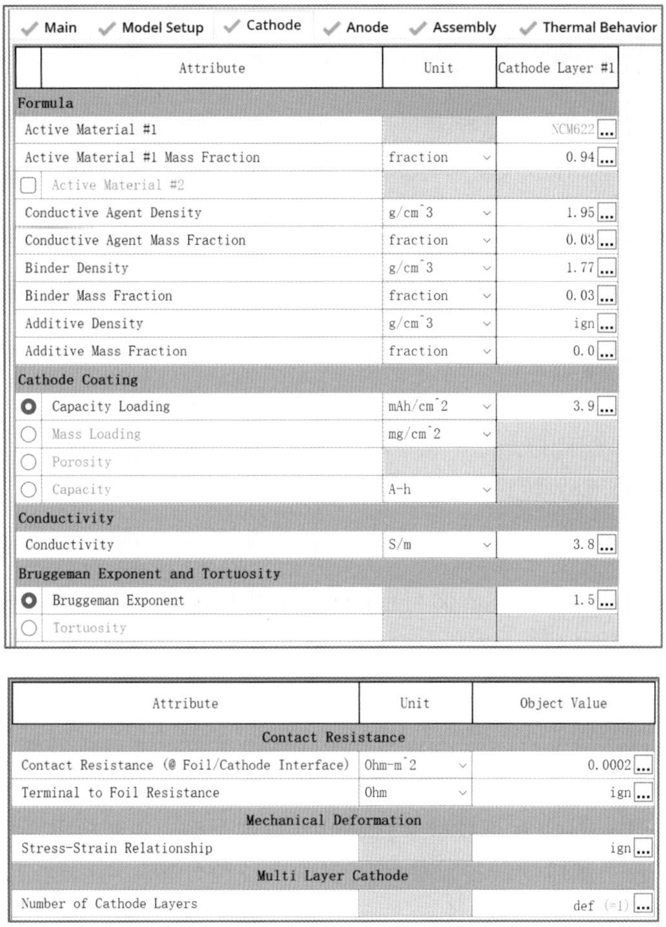

Main | Model Setup | Cathode | Anode | Assembly | Thermal Behavior

Attribute	Unit	Cathode Layer #1
Formula		
Active Material #1		NCM622
Active Material #1 Mass Fraction	fraction	0.94
☐ Active Material #2		
Conductive Agent Density	g/cm^3	1.95
Conductive Agent Mass Fraction	fraction	0.03
Binder Density	g/cm^3	1.77
Binder Mass Fraction	fraction	0.03
Additive Density	g/cm^3	ign
Additive Mass Fraction	fraction	0.0
Cathode Coating		
◉ Capacity Loading	mAh/cm^2	3.9
○ Mass Loading	mg/cm^2	
○ Porosity		
○ Capacity	A-h	
Conductivity		
Conductivity	S/m	3.8
Bruggeman Exponent and Tortuosity		
◉ Bruggeman Exponent		1.5
○ Tortuosity		

Attribute	Unit	Object Value
Contact Resistance		
Contact Resistance (@ Foil/Cathode Interface)	Ohm-m^2	0.0002
Terminal to Foil Resistance	Ohm	ign
Mechanical Deformation		
Stress-Strain Relationship		ign
Multi Layer Cathode		
Number of Cathode Layers		def (=1)

图 4-12 正极设置

1. 配方（Formula）

Active Material #1：第 1 种活性材料类型。可以通过值选择按钮选择数据库中的材料，或者新建一个新的材料。

Active Material #1 Mass Fraction：第 1 种活性材料的质量分数。通过激活第 2 种材料可以定义混合材料，软件最多支持 6 种混合活性材料。

Conductive Agent Density：导电剂密度。

Conductive Agent Mass Fraction：导电剂质量分数。

Binder Density：黏结剂密度。

Binder Mass Fraction：黏结剂质量分数。

Additive Density：其他添加剂密度。

Additive Mass Fraction：其他添加剂质量分数。

2. 正极载量（Cathode Coating）

此处可以通过 4 种等价的方式定义涂覆量。

Capacity Loading：单位面积容量载量。

Mass Loading：单位面积质量载量。

Porosity：孔隙率。

Capacity：容量。

3. 电导率（Conductivity）

Conductivity：正极涂覆的电导率

4. Bruggeman 指数和弯曲度（Bruggeman Exponent and Tortuosity）

Bruggeman Exponent 和 Tortuosity 是两种等价的定义方式，选其一即可。

5. 接触电阻（Contact Resistance）

Contact Resistance (@ Foil/Cathode Interface)：正极涂覆与集电体之间的接触电阻。

Terminal to Foil Resistance：外部电路和集电体之间的接触电阻。

6. 机械形变（Mechanical Deformation）

定义正极极片应力 - 应变关系。

7. 多层极片定义（Multi Layer Cathode）

Number of Cathode Layers 可以将正极定义为多层。

4.1.5 负极设置

如图 4-13 所示，负极的设置界面与正极的设置界面基本一样，故此处仅介绍不同之处。负极载量（Anode Coating）除了通过载量和孔隙率定义外，还可以通过 N/P 比定义。

4.1.6 活性材料设置

由于正负极材料的设置界面完全相同，故此处仅介绍正极材料设置。图 4-14 所示为活性材料设置主界面（Main）。

（1）AutoLion Material　在下拉框中选择活性材料类型。正负极共 13 种。

（2）Particle Size　颗粒物粒径。如果需要输入粒径分布，可以通过混合活性材料功能进行设置，每一种材料具有一种粒径。

（3）Molecular Weight　活性材料摩尔质量。

（4）Electrons Transferred　传递电子数。

（5）Density　活性材料颗粒物密度。

（6）First Charge Capacity　首充质量比容量。

（7）First Discharge Capacity　首放质量比容量。

Main | Model Setup | Cathode | Anode | Assembly | Thermal Behavio

Attribute	Unit	Anode Layer #1
Formula		
Active Material #1		Graphite
Active Material #1 Mass Fraction	fraction	0.94
☐ Active Material #2		
Conductive Agent Density	g/cm^3	1.95
Conductive Agent Mass Fraction	fraction	0.03
Binder Density	g/cm^3	1.77
Binder Mass Fraction	fraction	0.03
Additive Density	g/cm^3	ign
Additive Mass Fraction	fraction	0.0
Anode Coating		
◉ N/P Ratio	fraction	1.15
○ Capacity Loading	mAh/cm^2	
○ Mass Loading	mg/cm^2	
○ Porosity		
○ Capacity	A-h	
Conductivity		
Conductivity	S/m	100.0
Bruggeman Exponent and Tortuosity		
◉ Bruggeman Exponent		1.5
○ Tortuosity		

Attribute	Unit	Object Value
Contact Resistance		
Contact Resistance (@ Foil/Anode Interface)	Ohm-m^2	0.0002
Terminal to Foil Resistance	Ohm	ign
Mechanical Deformation		
Stress-Strain Relationship		ign
Multi Layer Anode		
Number of Anode Layers		def (=1)

图 4-13 负极设置

（8）Umax 活性材料最大开路电势。

（9）Swelling Coefficient 活性材料膨胀系数。

（10）Open Circuit Potential 活性材料开路电势。软件数据库（Database Value）中拟合为温度和锂离子化学计量比的函数。用户也可通过 User Value 选项自定义活性材料的开路电势。

（11）Solid Diffusivity 固相扩散系数。软件数据库（Database Value）中拟合为温度和锂离子化学计量比的函数。用户也可通过 User Value 选项自定义活性材料的固相扩散系数。此处的 Multiplier 是一个对数据库中固相扩散系数的修正系数，可用于标定模型。

（12）Exchange Current Density 交换电流密度。软件数据库（Database Value）中拟合为温度和锂离子化学计量比的函数。用户也可通过 User Value 选项自定义活性材料的交换电流密度。此处的 Multiplier 是一个对数据库中交换电流密度的修正系数，可用于标定模型。

（13）Entropic Heat 熵热系数。软件数据库（Database Value）中拟合为锂离子化学计量比的函数。用户也可通过 User Value 选项自定义活性材料的熵热系数。此处的 Multiplier 是一个对数据库中熵热系数的修正系数，可用于标定模型。

图 4-15 所示为活性材料老化模型（Degradation）的设置界面。

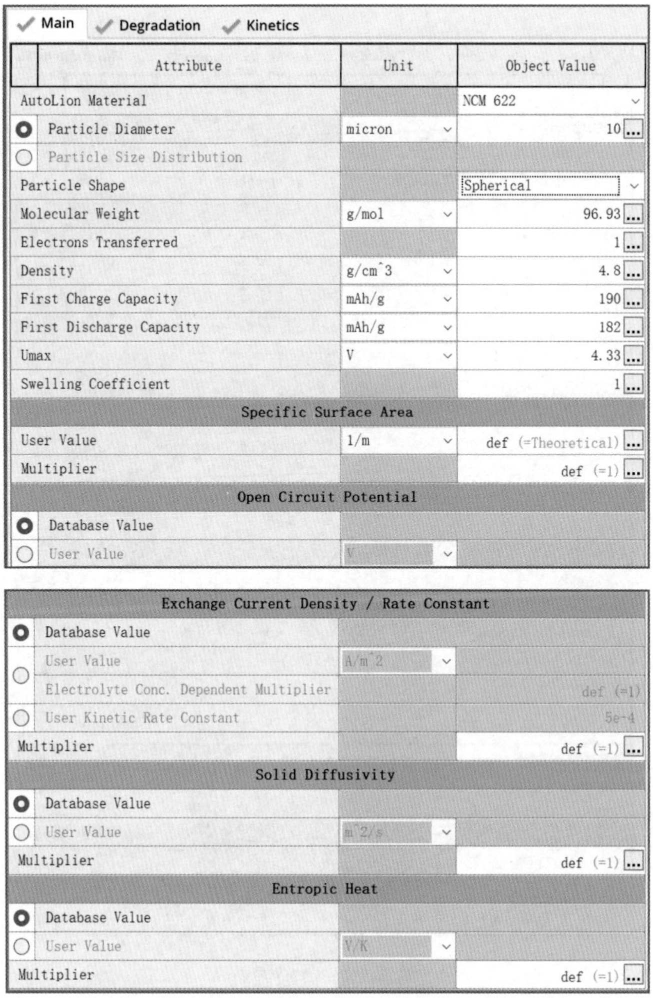

Main | Degradation | Kinetics

Attribute	Unit	Object Value
AutoLion Material		NCM 622
◉ Particle Diameter	micron	10
○ Particle Size Distribution		
Particle Shape		Spherical
Molecular Weight	g/mol	96.93
Electrons Transferred		1
Density	g/cm^3	4.8
First Charge Capacity	mAh/g	190
First Discharge Capacity	mAh/g	182
Umax	V	4.33
Swelling Coefficient		1
Specific Surface Area		
User Value	1/m	def (=Theoretical)
Multiplier		def (=1)
Open Circuit Potential		
◉ Database Value		
○ User Value	V	
Exchange Current Density / Rate Constant		
◉ Database Value		
○ User Value	A/m^2	
Electrolyte Conc. Dependent Multiplier		def (=1)
○ User Kinetic Rate Constant		5e-4
Multiplier		def (=1)
Solid Diffusivity		
◉ Database Value		
○ User Value	m^2/s	
Multiplier		def (=1)
Entropic Heat		
◉ Database Value		
○ User Value	V/K	
Multiplier		def (=1)

图 4-14 活性材料设置主界面

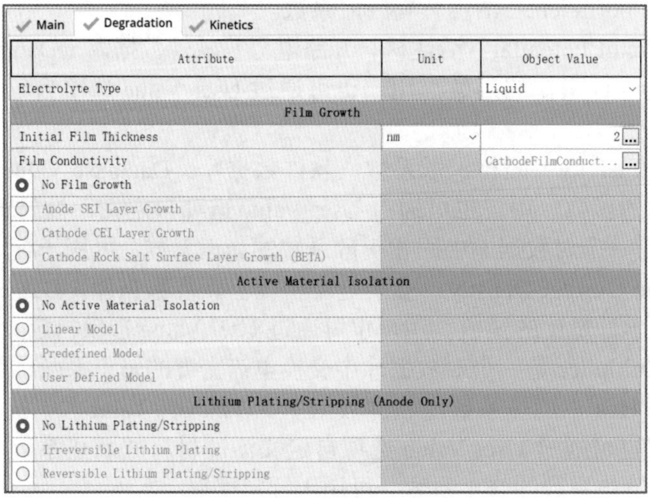

Main | Degradation | Kinetics

Attribute	Unit	Object Value
Electrolyte Type		Liquid
Film Growth		
Initial Film Thickness	nm	2
Film Conductivity		CathodeFilmConduct...
◉ No Film Growth		
○ Anode SEI Layer Growth		
○ Cathode CEI Layer Growth		
○ Cathode Rock Salt Surface Layer Growth (BETA)		
Active Material Isolation		
◉ No Active Material Isolation		
○ Linear Model		
○ Predefined Model		
○ User Defined Model		
Lithium Plating/Stripping (Anode Only)		
◉ No Lithium Plating/Stripping		
○ Irreversible Lithium Plating		
○ Reversible Lithium Plating/Stripping		

图 4-15 活性材料老化模型设置界面

（1）Electrolyte Type　电解质类型。首先选择电解质类型。Liquid 为液态电解质，Solid 为固态电解质。

（2）Initial Film Thickness　初始膜（SEI/CEI）厚度。

（3）Film Conductivity　膜的电导率，可以输入一个常数，也可以通过一个指针变量定义为与温度相关的 Arrhenius 形式的函数。

（4）No Film Growth　不考虑膜生长模型。

（5）Anode SEI Layer Growth　打开 SEI 膜生长模型，包含以下内容：

EC Diffusivity：EC 通过 SEI 膜的扩散系数。也可以通过一个指针变量定义为与温度相关的 Arrhenius 形式的函数。

SEI Reaction Rate Coefficient：SEI 膜反应的速率常数。也可以通过一个指针变量定义为与温度相关的 Arrhenius 形式的函数。

SEI Equilibrium Potential：SEI 膜反应的平衡电位。

SEI Charge Transfer Coefficient：SEI 膜反应的传递系数。

SEI Molecular Weight：SEI 膜的摩尔质量。

SEI Density：SEI 膜的密度。

SEI Porosity：SEI 膜的孔隙率。

（6）Cathode CEI Layer Growth　打开 CEI 膜生长模型，包含以下内容：

EC Diffusivity：EC 通过 CEI 膜的扩散系数。也可以通过一个指针变量定义为与温度相关的 Arrhenius 形式的函数。

CEI Reaction Rate Coefficient：CEI 膜反应的速率常数。也可以通过一个指针变量定义为与温度相关的 Arrhenius 形式的函数。

CEI Molecular Weight：CEI 膜摩尔质量。

CEI Density：CEI 膜密度。

CEI Porosity：CEI 膜孔隙率。

（7）Active Material Isolation　打开活性材料脱落模型。

Isolation Rate：脱落模型速率常数。可以输入一个常数，也可以通过一个指针变量，定义为与温度相关的 Arrhenius 形式的函数。

（8）Lithium Plating　打开析锂模型，包含以下内容：

Exchange Current Density：析锂反应的交换电流密度。可以输入一个常数，也可以通过一个指针变量，定义为与温度相关的 Arrhenius 形式的函数。

Equilibrium Potential：析锂反应的平衡电位。

Charge Transfer Coefficient：传递系数。

Morphology Factor：形态因子。

图 4-16 所示为电荷转移动力学（Kinetics）的设置界面，可以选择“Butler-Volmer Model”动力学模型，或者选择“Marcus-Hush-Chidsey Model”动力学模型。

4.1.7　组装设置

组装设置界面如图 4-17 所示，通过该界面来定义集电体、隔膜以及电解液的参数。

Cathode Foil：正极集电体，用户可通过指针变量定义集电体的材料特性，包括密度、电导率、热导率、比热容。

Main | Degradation | Kinetics

	Attribute	Unit	Object Value
Main Reaction Electron Transfer Kinetics			
	Butler-Volmer Model		
●	Anodic Charge Transfer Coefficient		0.5 ...
	Cathodic Charge Transfer Coefficient		0.5 ...
○	Marcus-Hush-Chidsey Model		

图 4-16　电荷转移动力学设置界面

Main | Model Setup | Cathode | Anode | Assembly | Thermal Behavior

Attribute	Unit	Object Value
Cathode and Anode Foils		
Cathode Foil		Aluminum ...
Anode Foil		Copper ...
Separator		
Separator Layer #1		PolymericMembrane ...
● Fractional Thickness of Layer #1	fraction	def (=1) ...
○ Thickness of Layer #1	micron	
☐ Separator Layer #2		
Stress-Strain Relationship		ign ...
Electrolyte		
Electrolyte		Electrolyte ...
Excess Ratio		1.3 ...

图 4-17　组装设置

Anode Foil：负极集电体，用户可通过指针变量定义集电体的材料特性，包括密度、电导率、热导率、比热容。

Separator：隔膜参数，用户可通过指针变量定义隔膜的参数，包括密度和孔隙率。

Electrolyte：电解液，用户可通过指针变量定义电解液参数。

Excess Ratio：电解液过量系数，deg 表示除卷芯外，电芯所有空隙均注满电解液。

4.1.8　电解液参数设置

电解液参数设置如图 4-18 所示。

AutoLion Electrolyte：电解液类型。下拉框中有两种电解液，分别是 LiPF6 in EC-EMC 和 LiPF6 in EC-EMC-DMC。

Charge Number：传递数。

Concentration：电解液的摩尔浓度。

Density：电解液密度。

EC Volume Fraction：电解液中 EC 体积分数。

Ionic Conductivity：离子电导率。软件数据库（Database Value）中拟合为温度和电解液浓度的函数。用户也可通过 User Value 选项自定义电解液的离子电导率。此处的 Multiplier 是一个对数据库中离子电导率的修正系数，可用于标定模型。

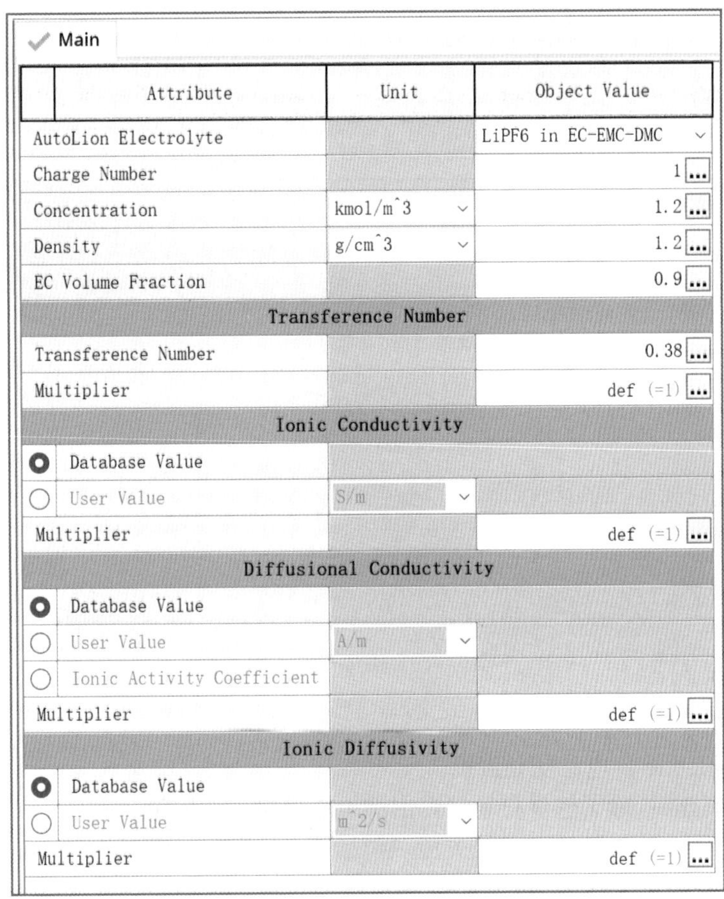

	Attribute	Unit	Object Value
AutoLion Electrolyte			LiPF6 in EC-EMC-DMC
Charge Number			1
Concentration		kmol/m^3	1.2
Density		g/cm^3	1.2
EC Volume Fraction			0.9
Transference Number			
Transference Number			0.38
Multiplier			def (=1)
Ionic Conductivity			
◉	Database Value		
○	User Value	S/m	
Multiplier			def (=1)
Diffusional Conductivity			
◉	Database Value		
○	User Value	A/m	
○	Ionic Activity Coefficient		
Multiplier			def (=1)
Ionic Diffusivity			
◉	Database Value		
○	User Value	m^2/s	
Multiplier			def (=1)

图 4-18　电解液参数设置

Diffusional Conductivity：扩散电导率。软件数据库（Database Value）中拟合为温度和电解液浓度的函数。用户也可通过 User Value 选项自定义电解液的扩散电导率。此处的 Multiplier 是一个对数据库中扩散电导率的修正系数，可用于标定模型。

Ionic Diffusivity：离子扩散率。软件数据库（Database Value）中拟合为温度和电解液浓度的函数。用户也可通过 User Value 选项自定义电解液的离子扩散率。此处的 Multiplier 是一个对数据库中离子扩散率的修正系数，可用于标定模型。

4.1.9　传热模型设置

传热模型设置如图 4-19 所示。

GT-AutoLion 有以下 5 种传热模型：

1）Imposed Temperature：直接给定电芯温度。

2）External Thermal Connection：通过 Thermal Comp Conn 热连接将电芯与外部 Thermal Mass 或 Temperature 部件建立热交换，需要设置电池的初始温度。

3）Internal Thermal Node with External Connections：该属性使 AutoLion 部件能够有效地在其内部构建 Thermal Node 部件。然后，这个热节点可以通过导热连接 Conductance Conn 或对流热连接 Convection Conn 连接到其他热质点甚至流动回路上。

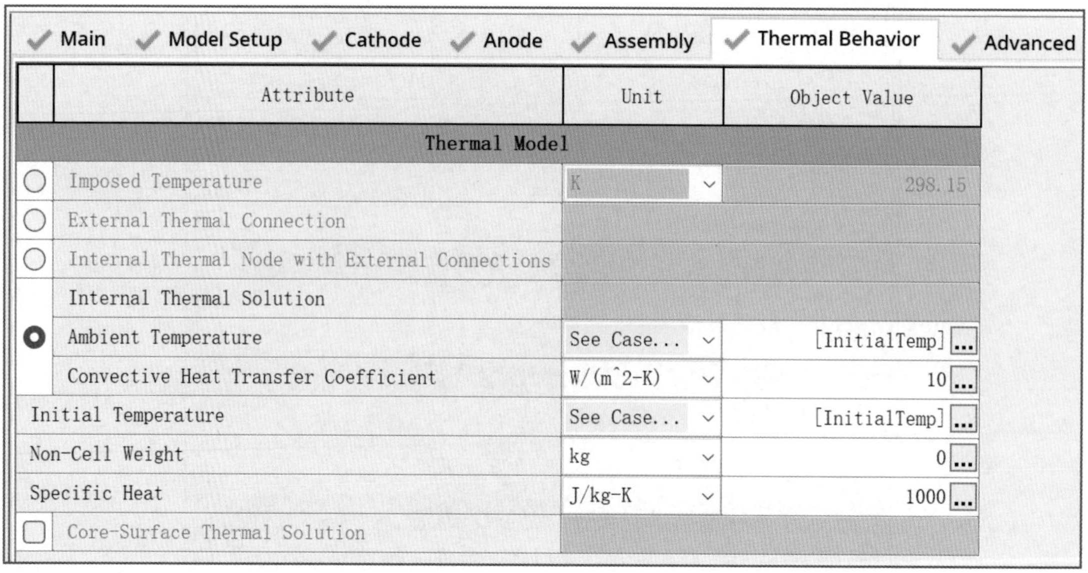

Main | Model Setup | Cathode | Anode | Assembly | Thermal Behavior | Advanced

	Attribute	Unit	Object Value
	Thermal Model		
○	Imposed Temperature	K	298.15
○	External Thermal Connection		
○	Internal Thermal Node with External Connections		
	Internal Thermal Solution		
●	Ambient Temperature	See Case...	[InitialTemp]
	Convective Heat Transfer Coefficient	W/(m^2-K)	10
	Initial Temperature	See Case...	[InitialTemp]
	Non-Cell Weight	kg	0
	Specific Heat	J/kg-K	1000
☐	Core-Surface Thermal Solution		

图 4-19　传热模型设置

Specific Heat：比热容。

Initial Temperature：电芯初始温度。

Non-Cell Weight：除了软件自动计算出的电芯质量外的质量。

4）Internal Thermal Solution：该类传热模型表示电芯与外部环境进行对流换热。

① Ambient Temperature：环境温度。

② Convective Heat Transfer Coefficient：对流换热系数，常用于电芯温度的标定。

③ Initial Temperature：电芯初始温度。

④ Non-Cell Weight：除了软件自动计算出的电芯质量外的质量。

⑤ Specific Heat：比热容。

5）Core-Surface Thermal Solution：将电芯处理为 Core、Surface 两个热质点。电化学反应、电阻损耗和熵热产生的热量将用来增加电池的核心 Core 温度，热传导边界将用于模拟核心和表面集总节点之间的相互作用。

4.1.10　高级设置

高级设置如图 4-20 所示。

Double Layer Capacitance：正负极的双电层电容。

Aging State File Export Settings：老化状态文件输出设置。默认勾选，将在模型计算完成后输出 .cellstate 文件。

Cell Balancing：电池平衡。图 4-20 所示的设置界面将会根据正负极参数自动计算电池平衡。若勾选“Override Cell Balancing”，则将手动设置正极、负极 100%SOC 和 0%SOC 时的 Li^+ 化学计量比。

Thermal Runaway：热失控设置。

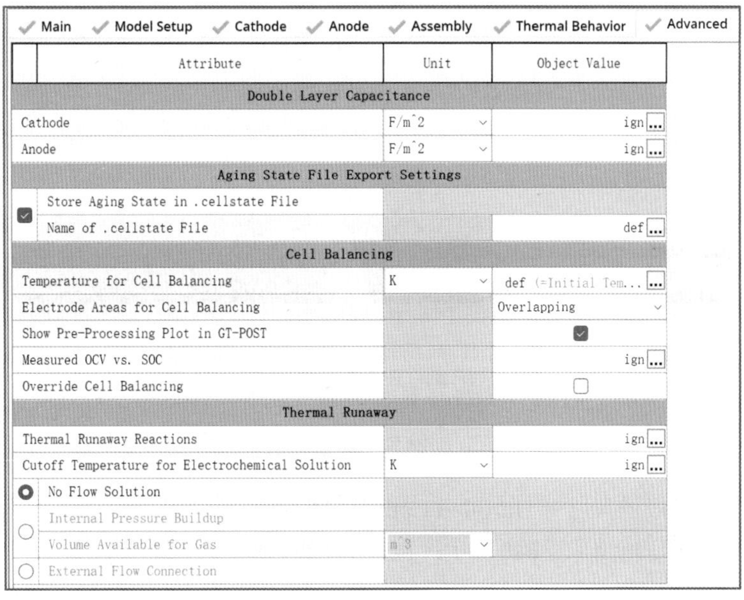

Main | Model Setup | Cathode | Anode | Assembly | Thermal Behavior | Advanced

Attribute	Unit	Object Value
Double Layer Capacitance		
Cathode	F/m^2	ign
Anode	F/m^2	ign
Aging State File Export Settings		
☑ Store Aging State in .cellstate File		
Name of .cellstate File		def
Cell Balancing		
Temperature for Cell Balancing	K	def (=Initial Tem...
Electrode Areas for Cell Balancing		Overlapping
Show Pre-Processing Plot in GT-POST		☑
Measured OCV vs. SOC		ign
Override Cell Balancing		☐
Thermal Runaway		
Thermal Runaway Reactions		ign
Cutoff Temperature for Electrochemical Solution	K	ign
◉ No Flow Solution		
○ Internal Pressure Buildup		
Volume Available for Gas	m^3	
○ External Flow Connection		

图 4-20　高级设置

4.2　AutoLion-3D 模板（GT-AutoLion 3D）

GT-AutoLion-3D 与 GT-AutoLion-1D 模型的主要差别在于对电芯的几何定义上。故本节将重点介绍 3D 电芯的几何定义，与 1D 相同部分将不再赘述。2024 版本的 GT-AutoLion-3D 可以支持圆柱形、叠片式、方形卷绕式电芯的建模。

4.2.1　圆柱形电芯几何设置

圆柱形电芯几何设置的主界面（Main）与 GT-AutoLion-1D 类似，但需要勾选“Generate Mesh of 3D Jelly Roll”，并打开 GT-AutoLion-3D 的设置界面。

1. 卷芯（Jelly Roll）

卷芯设置界面如图 4-21 所示。卷绕起始端和末端示意图如图 4-22 所示。

Main | Jelly Roll | Tab Details | Assembly | Material Properties | Meshing | Thermal Ports | Safety

Attribute	Unit	Object Value
Unrolled Cathode Dimension		
Upper Uncoated Length at First End	mm	30
Upper Uncoated Length at Second End	mm	50
Lower Uncoated Length at First End	mm	30
Lower Uncoated Length at Second End	mm	50
Total Foil Length	mm	def
Unrolled Anode Dimension		
Upper Uncoated Length at First End	mm	30
Upper Uncoated Length at Second End	mm	80
Lower Uncoated Length at First End	mm	30
Lower Uncoated Length at Second End	mm	80
Total Foil Length	mm	def

图 4-21　卷芯设置界面

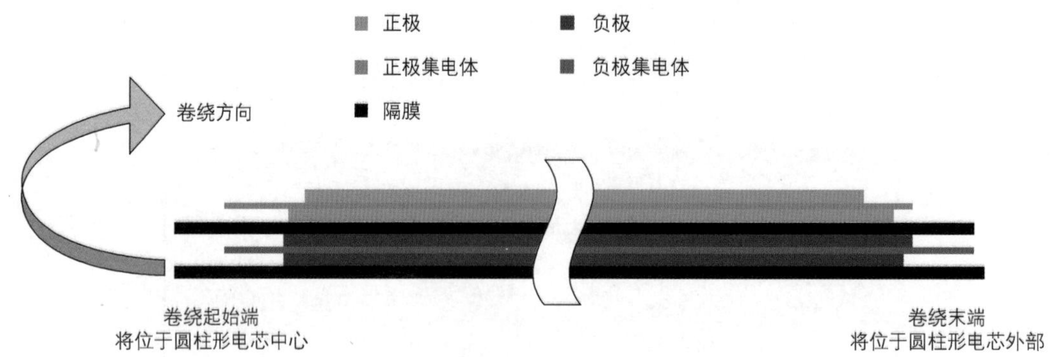

图 4-22　卷绕起始端和末端示意图

（1）未卷绕时正极的尺寸（Unrolled Cathode Dimension）

Upper Uncoated Length at First End：正极卷绕起始端上部的未涂覆长度，即图 4-23 中的 Cat1,Top。

Upper Uncoated Length at Second End：正极卷绕末端上部的未涂覆长度，即图 4-23 中的 Cat2,Top。

Lower Uncoated Length at First End：正极卷绕起始端下部的未涂覆长度，即图 4-23 中的 Cat1,Bot。

Lower Uncoated Length at Second End：正极卷绕末端下部的未涂覆长度，即图 4-23 中的 Cat2,Bot。

Total Foil Length：正极集电体的总长度。Def 值表示软件将自行计算。

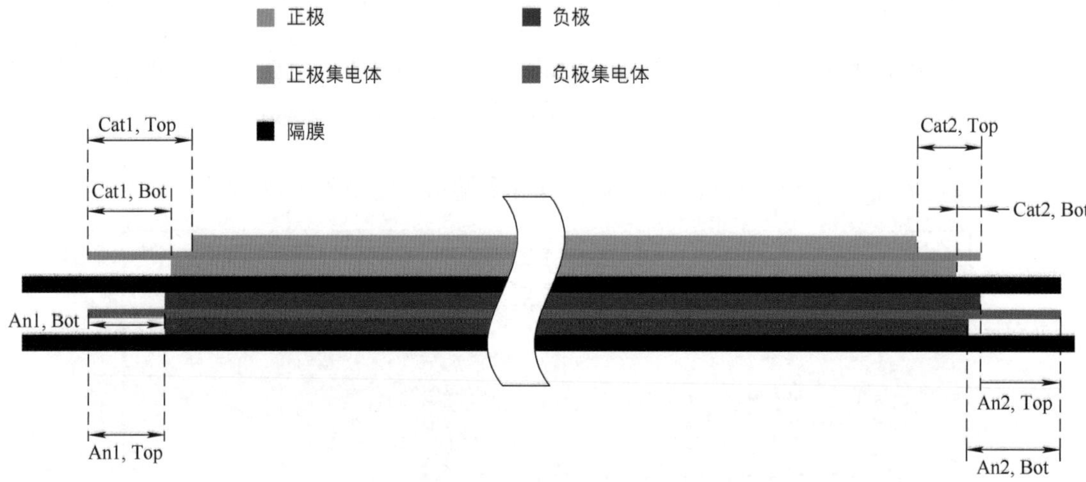

图 4-23　未涂敷长度定义

（2）未卷绕时负极的尺寸（Unrolled Anode Dimension）

Upper Uncoated Length at First End：负极卷绕起始端上部的未涂覆长度，即图 4-23 中的 Cat1,Top。

Upper Uncoated Length at Second End：负极卷绕末端上部的未涂覆长度，即图 4-23 中的 Cat2,Top。

Lower Uncoated Length at First End：负极卷绕起始端下部的未涂覆长度，即图 4-23 中的 Cat1,Bot。

Lower Uncoated Length at Second End：负极卷绕末端下部的未涂覆长度，即图 4-23 中的 Cat2,Bot。

Total Foil Length：负极集电体的总长度。Def 值表示软件将自行进行计算。

2. 极耳（Tab Details）

极耳设置如图 4-24 所示。

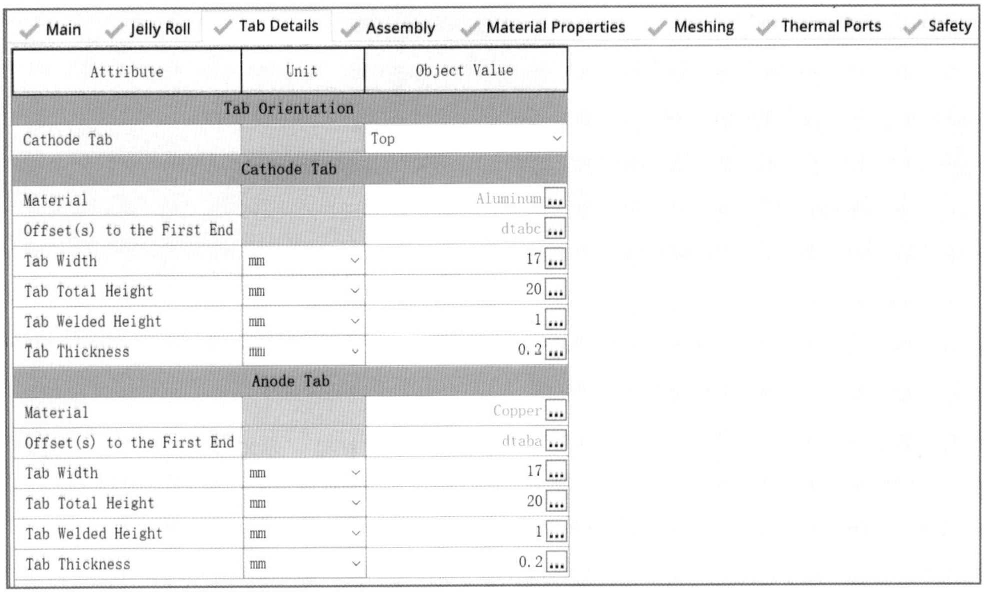

Main　Jelly Roll　Tab Details　Assembly　Material Properties　Meshing　Thermal Ports　Safety

Attribute	Unit	Object Value
Tab Orientation		
Cathode Tab		Top
Cathode Tab		
Material		Aluminum
Offset(s) to the First End		dtabc
Tab Width	mm	17
Tab Total Height	mm	20
Tab Welded Height	mm	1
Tab Thickness	mm	0.2
Anode Tab		
Material		Copper
Offset(s) to the First End		dtaba
Tab Width	mm	17
Tab Total Height	mm	20
Tab Welded Height	mm	1
Tab Thickness	mm	0.2

图 4-24　极耳设置

（1）极耳方位（Tab Orientation）

Cathode Tab：正极极耳方位。可以从下拉框中选择“Top”或者“Bottom”。

（2）正 / 负极极耳（Cathode/Anode Tab）

Material：极耳材料，可从数据库中选择，或者新建一个材料对象“EChemFoilMaterial”。

Offset(s) to the First End：极耳左侧与卷绕起始端的距离，即图 4-25 中的 Tab Offset。如果有多个正 / 负极极耳，可以通过 Array 对象定义多个 Offset。

Tab Width：极耳宽度，即图 4-25 中的 Tab Width。如果有多个正 / 负极极耳，可以通过 Array 对象定义多个极耳宽度。

Tab Total Height：极耳总高度。如果有多个正 / 负极极耳，可以通过 Array 对象定义多个极耳总高度。

Tab Welded Height：极耳焊接高度。如果有多个正 / 负极极耳，可以通过 Array 对象定义多个极耳焊接高度。

Tab Thickness：极耳厚度。如果有多个正 / 负极极耳，可以通过 Array 对象定义多个极耳厚度。

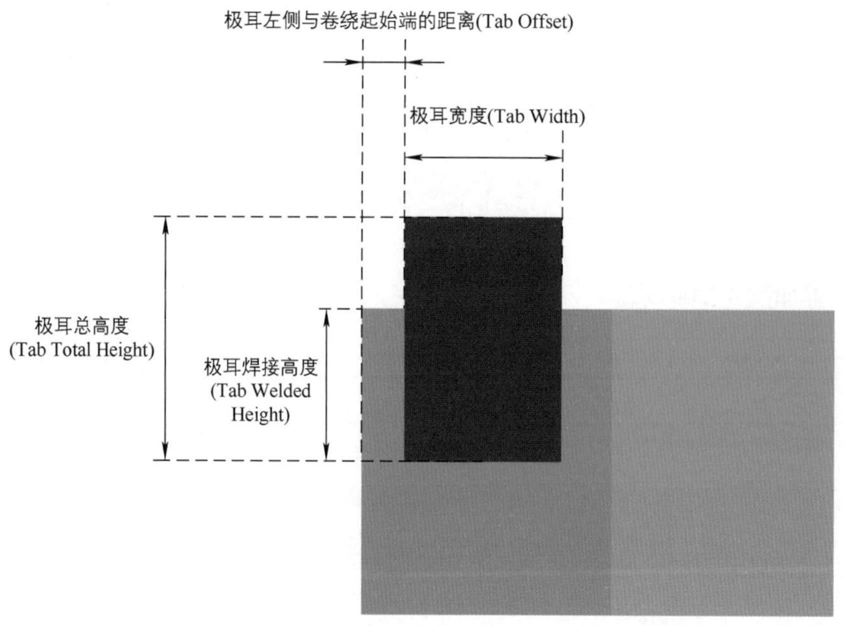

图 4-25 极耳几何定义

3. 组装（Assembly）

图 4-26 所示为电芯组装体设置界面。用于定义电池上盖、绝缘板高度以及上盖垫片的厚度。中心轴的材料若与卷芯不同，则需勾选中心针（Center Pin）选项，后续会在材料特性（Material Properties）中定义。关于组装体中的几何定义，如图 4-27 所示。

Main | Jelly Roll | Tab Details | Assembly | Material Properties | Meshing | Thermal Ports | Safety

	Attribute	Unit	Object Value
	Heights		
	Top Gap Height	mm	def (=Fill the rest)
☑	Top Cap Assembly		
	Height	mm	3
☑	Top Insulating Plate		
	Height	mm	0.5
☑	Bottom Insulating Plate		
	Height	mm	0.5
☑	Bottom Gap		
	Height	mm	0.1
☐	Bottom Cap Assembly		
	Thickness		
	Top Cap Gasket	mm	0.2
	Center Pin		
☐	Center Pin		

图 4-26 电芯组装体设置界面

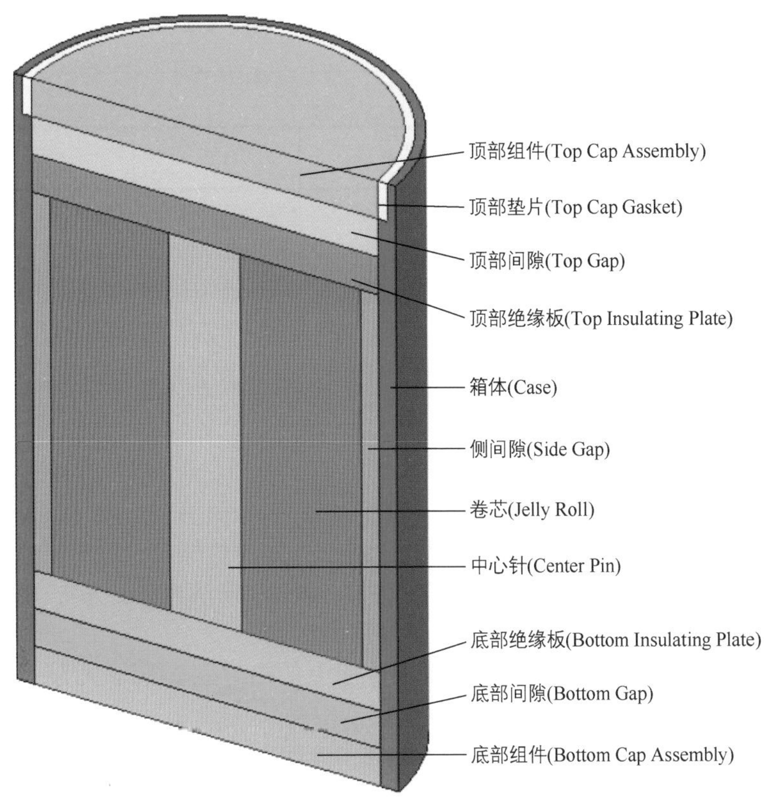

图 4-27　组装体几何定义

4. 材料特性（Material Properties）

电池内部的结构通过指针变量定义其材料特性，如图 4-28 所示。单击右侧值选择按钮，选择 Material Thermal Prop Anisotropic，即可新建材料的指针变量。

Main　Jelly Roll　Tab Details　Assembly　Material Properties　Meshing　Thermal Ports　Safety

Attribute	Unit	Object Value
Thermal Properties		
Jelly Roll with Electrolyte		JR_Aniso
Cell Case		Stainless_Steel
Side Gap		Side_gap
Top Cap Assembly		Stainless_Steel
Top Cap Gasket		Gasket
Top Gap		top_gap
Top Insulating Plate		Disk
Bottom Insulating Plate		Disk
Bottom Gap		top_gap
Electrical Properties		
Top Cap Resistance	Ohm	ign

图 4-28　材料特性

（1）热导率（Conductivity） 材料热导率指针变量如图 4-29 所示。

Conductivity | Density | Specific Heat

	Attribute	Unit	Object Value
Number of Axes			TwoAxis
●	Constant Conductivity (Axis 1)	W/(m-K)	3
	Constant Conductivity (Axis 2)	W/(m-K)	30
○	Conductivity Table vs Temperature		
○	Conductivity as a Function of 2 Variables (Axis 1)	W/(m-K)	

图 4-29 材料热导率指针变量

Number of Axes：可以在下拉菜单中设置热导率各向异性，如 OneAxis、TwoAxis、ThreeAxis。如果选择 TwoAxis，则需要输入这两个方向的热导率。对于圆柱形电池，最多设置两个方向异性，Axis1 默认为垂直于平面方向，Axis2 默认为平面方向。

Constant Conductivity：每个方向上的热导率为常数。

Conductivity Table vs Temperature：每个方向上的热导率可以定义为一个随温度变化的表。

Conductivity as a Function of 2 Variables：每个方向上的热导率可以定义为一个二元的查表函数。

（2）密度（Density） 与热导率相同，有 3 种方法定义密度参数，如图 4-30 所示。

Conductivity | Density | Specific Heat

	Attribute	Unit	Object Value
●	Constant Density	kg/m^3	3000
○	Density Table vs Temperature		
○	Density as a Function of 2 Variables	kg/m^3	

图 4-30 材料密度定义

（3）比热容（Specific Heat） 如图 4-31 所示，有 3 种方法定义比热容参数。

Conductivity | Density | Specific Heat

	Attribute	Unit	Object Value
●	Constant Specific Heat	J/kg-K	1000
○	Specific Heat Table vs Temperature		
○	Specific Heat as a Function of 2 Variables	J/kg-K	

图 4-31 材料比热容定义

5. 网格划分（Meshing）

网格划分设置如图 4-32 所示。

Main | Jelly Roll | Tab Details | Assembly | Material Properties | Meshing | Thermal Ports | Safety

Attribute	Object Value
Electrical Meshing	
Number of Elements in Length Direction	10
Number of Elements in Height Direction	4
Number of Representative Battery Layers	Single
Electrical Meshing for Safety Event	
Number of Elements for Shorted Region	2
Mesh Type for Non-shorted Region	Geometric Progres...
Largest to Smallest Mesh Ratio	3
Electrochemical Element Used for Electrochemical Plots	
Element Index in Length Direction (1=First End)	def (=1)
Element Index in Height Direction (1=Bottom)	def (=1)
Battery Layer	Inner
Thermal Meshing	
Number of Elements in Circumference	30
Height Elements per Sub-Cell	1
Show Plot of 3D Mesh in GT-POST?	☑

图 4-32　网格划分设置

电网格划分（Electrical Meshing）：定义为未卷绕之前，卷芯长度、高度和厚度方向的网格数。厚度方向的网格数可以从下拉框中选择单层（Single）或双层（Double）。电池层由正负极和之间的隔膜构成。

Electrochemical Element Used for Electrochemical Plots ：用于定义后处理中输出哪一个电池层（battery layer）的电化学图（Plots）。

Thermal Meshing：定义圆周方向的热网格数，以及高度方向每个电网格中的热网格（子网格）数。其中厚度方向的热网格数默认与电池层（battery layers）数相同，不需要输入。

6. 传热端口（Thermal Ports）

为了能够更详细地模拟圆柱形电芯的传热过程，需要定义多个传热端口，电芯通过这些端口与外界进行热量传递。图 4-33 所示为传热端口设置界面。

Main | Jelly Roll | Tab Details | Assembly | Material Properties | Meshing | Thermal Ports

Attribute	Unit	Object Value
Height of High Port	mm	15
Height of Low Port	mm	15
Number of Theta Ports		4
Port 1 Start Angle	deg	45
Port 1 Span Angle	deg	90
Port 2 Span Angle	deg	90
Port 3 Span Angle	deg	90

图 4-33　传热端口设置界面

圆柱形电芯的传热端口在二维方向上进行划分。其中在高度方向分为三个区域：High Port、Low Port、Middle Port（高低端口中间区域），如图 4-34 所示；在圆周方向上通过

“Number of Theta Ports”选项分为多个区域（可以从下拉框中选择 1/2/4/8）。如图 4-35 所示，如果“Number of Theta Ports”为 4，则 port4 的 Span Angle 将不会出现在界面中，其值将自动计算。

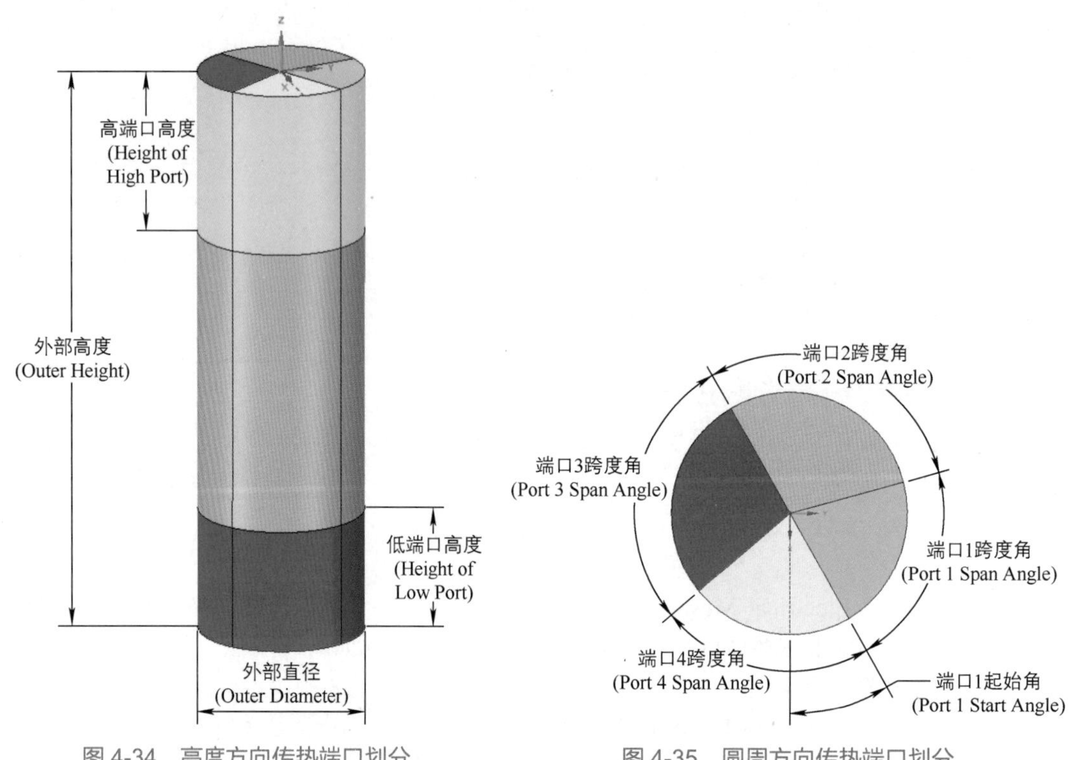

图 4-34　高度方向传热端口划分　　　　图 4-35　圆周方向传热端口划分

Port 1 Start Angle：根据用户指定的参考坐标轴（Cylinder Reference Direction），指定 Port1 的起始位置。

Port 1 Span Angle：Port1 所占角度。其他端口的定义与此相同。

7. 电芯安全（Safety）

2024 版本 GT-AutoLion-3D 中新增了电芯安全的设置，如图 4-36 所示。

Main | Jelly Roll | Tab Details | Assembly | Material Properties | Meshing | Thermal Ports | Safety

Attribute	Unit	Object Value
Safety Event		Internal Short
Particle Diameter	See Case Setup	[dSCO]
Radial Distance	mm	=(17.2-[dSCO(mm)])/2
Distance from Bottom	mm	=(61.8-[dSCO(mm)])/2
Angular Position	deg	0
Short Contact Resistance	See Case Setup	[rSCO]

图 4-36　电芯安全设置

Safety Event：安全事件。下拉菜单中有“off ”和“Internal Short”。如果不考虑电池安全，需要选择“off ”；如果电池发生内部短路，需要选择“Internal Short”。

Particle Diameter：引起内部短路的颗粒直径。

Radial Distance：引起内部短路的颗粒物径向位置。

Distance from Bottom：引起内部短路的颗粒物距底部的位置。

Angular Position：颗粒物角度位置。

Short Contact Resistance：该属性用来定义短路对象引起的短路接触电阻。

4.2.2 叠片式电芯几何设置

1. 几何设置主界面（Main）

图 4-37 所示为叠片式电芯几何设置主界面，勾选“Generate Mesh of 3D Jelly Roll”，进而可以定义 3D 几何特征。

Main　Tab Details　Meshing　Material Properties　Safety

Attribute	Unit	Object Value
Cell Dimensions		
Outer Width	mm	51
Outer Height	mm	71
Outer Thickness	mm	10.6
Wall Thickness	mm	0.3
Jelly Roll Dimensions		
Jelly Roll Width	mm	50
◉ Jelly Roll Thickness	mm	10
○ Number of Anode Foil Plates		26
Thicknesses		
Cathode	micron	77.5
Anode	micron	81
Separator	micron	20
Cathode Foil	micron	15
Anode Foil	micron	8
Heights		
Cathode	mm	68
Anode	mm	68
Separator	mm	70
Cathode Foil	mm	68
Anode Foil	mm	68
Widths		
Cathode	mm	50
Anode	mm	50
End Plate Type		
End Plate Coating Type		Double-side Anode
Weights		
◉ Enclosure Weight	g	20
○ Cell Weight	g	
Generate Mesh of 3D Jelly Roll		☑

图 4-37 叠片式电芯几何设置主界面

2. 极耳（Tab Details）

图 4-38 所示为极耳几何设置界面。正负极极耳的材料通过值选择按钮从数据库中选择。

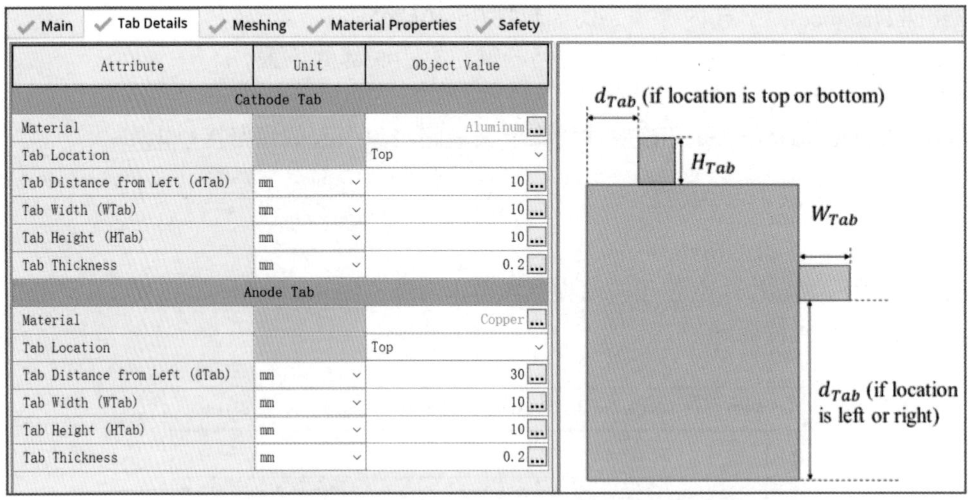

Main | Tab Details | Meshing | Material Properties | Safety

Attribute	Unit	Object Value
Cathode Tab		
Material		Aluminum
Tab Location		Top
Tab Distance from Left (dTab)	mm	10
Tab Width (WTab)	mm	10
Tab Height (HTab)	mm	10
Tab Thickness	mm	0.2
Anode Tab		
Material		Copper
Tab Location		Top
Tab Distance from Left (dTab)	mm	30
Tab Width (WTab)	mm	10
Tab Height (HTab)	mm	10
Tab Thickness	mm	0.2

图 4-38　叠片式电芯极耳几何设置界面

Material：极耳材料，可从数据库中选择，或者新建一个材料对象“EChemFoilMaterial”。

Tab Location：从下拉框中可以选择上下左右 4 个方位。

Tab Distance from Left (dTab)：当 Tab Location 为上下方位时，会出现该选项。

Tab Distance from Bottom (dTab)：当 Tab Location 为左右方位时，会出现该选项。

Tab Width (WTab)：极耳宽度。

Tab Height (HTab)：极耳高度。

3. 网格划分（Meshing）

叠片式电芯网格划分设置如图 4-39 所示。

Main | Tab Details | Meshing | Material Properties | Safety

Attribute	Object Value
Electrical Meshing	
Number of Elements in Width Direction	5
Number of Elements in Height Direction	4
Number of Representative Battery Layers	3
Electrochemical Element Used for Electrochemical Plots	
Element Index in Width Direction (1=Left)	1
Element Index in Height Direction (1=Bottom)	1
Element Index in Thickness Direction (1=Back)	25
Thermal Meshing	
Width Elements per Sub-Cell	1
Height Elements per Sub-Cell	1
Number of Elements in Thickness Direction	def
Show Plot of 3D Mesh in GT-POST?	☑
Mechanical Meshing	
Width Elements per Sub-Cell	1
Height Elements per Sub-Cell	1
Number of Elements in Thickness Direction	def
Show Plot of 3D Mesh in GT-POST?	☐

图 4-39　叠片式电芯网格划分设置

Electrical Meshing：定义宽、高、厚三个方向上的电网格数量。

Electrochemical Element Used for Electrochemical Plots：用于定义后处理中输出哪一个电池层（battery layer）的电化学图（Plots）。

Thermal Meshing：定义每个电网格在宽、高方向的热网格数，其中厚度方向的热网格数默认与电池层（battery layers）数相同，不需要输入。

这里需要区分两个概念：电池层（battery layers）和典型电池层（representative battery layers）。电池层是由正极、隔膜和负极所构成，例如一个具有 72 个电池层的叠片电池，对于 GT-AutoLion-1D 来说，所有电池层没有差异；而典型电池层表示 GT-AutoLion-3D 在电芯厚度方向离散的电网格数。对于同一个电池，如果典型电池层数设置为 3，意味着厚度方向上每一个电网格有 24 个电池层。

4. 材料特性（Material Properties）

图 4-40 所示为电池材料特性设置界面，在该界面需要输入电池材料的传热物性参数。

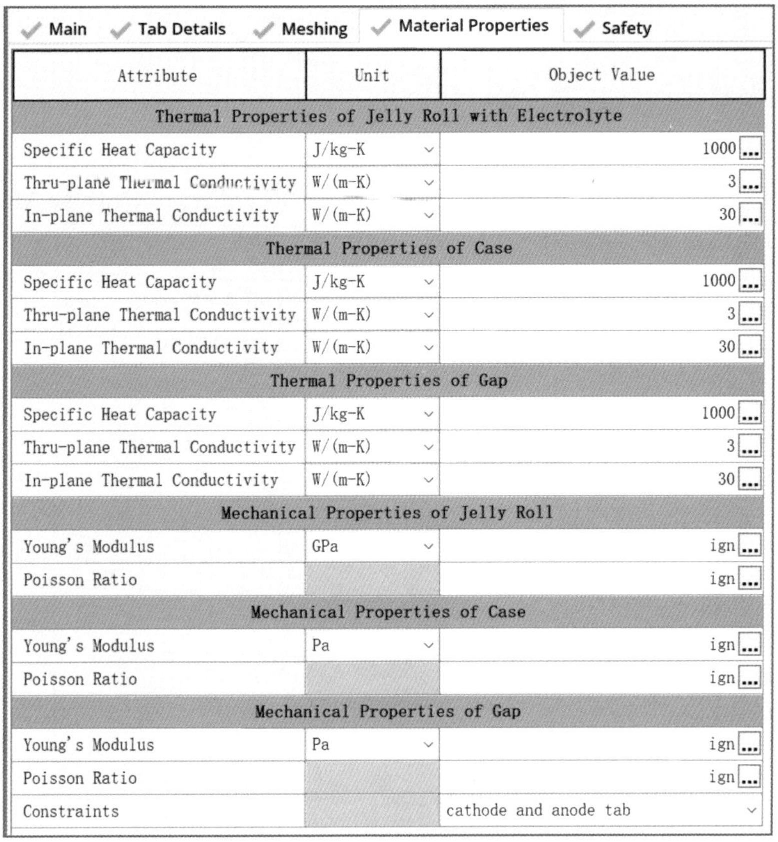

Main | Tab Details | Meshing | Material Properties | Safety

Attribute	Unit	Object Value
Thermal Properties of Jelly Roll with Electrolyte		
Specific Heat Capacity	J/kg-K	1000
Thru-plane Thermal Conductivity	W/(m-K)	3
In-plane Thermal Conductivity	W/(m-K)	30
Thermal Properties of Case		
Specific Heat Capacity	J/kg-K	1000
Thru-plane Thermal Conductivity	W/(m-K)	3
In-plane Thermal Conductivity	W/(m-K)	30
Thermal Properties of Gap		
Specific Heat Capacity	J/kg-K	1000
Thru-plane Thermal Conductivity	W/(m-K)	3
In-plane Thermal Conductivity	W/(m-K)	30
Mechanical Properties of Jelly Roll		
Young's Modulus	GPa	ign
Poisson Ratio		ign
Mechanical Properties of Case		
Young's Modulus	Pa	ign
Poisson Ratio		ign
Mechanical Properties of Gap		
Young's Modulus	Pa	ign
Poisson Ratio		ign
Constraints		cathode and anode tab

图 4-40　电池材料特性设置

Thermal Properties of Jelly Roll with Electrolyte：用于指定卷芯及其内部电解液的传热物性参数，包括比热容、垂直于平面（Thru-plane）方向的热导率以及平面（In-plane）方向的热导率。

Thermal Properties of Case：用于指定外壳的传热物性参数。

Thermal Properties of Gap：用于指定外壳和卷芯之间材料的传热物性参数。

5. 电芯安全（Safety）

叠片式电芯安全事件包括下电（off）、内部短路（Internal Short）和穿刺（Nail Penetration）三种，如图 4-41 所示。

Main | Tab Details | Meshing | Material Properties | Safety

Attribute	Unit	Object Value
Safety Event		Internal Short
Particle Diameter	See Case...	Off
Distance from Left	mm	Nail Penetration
Distance from Bottom	mm	Internal Short
		[Create Parameter...]
Shorted Battery Layer(s)		25
Short Contact Resistance	See Case...	[rSCO]

图 4-41　电芯安全设置

4.2.3　方形卷绕式电芯几何设置

1. 几何设置主界面（Main）

图 4-42 所示为方形卷绕式电芯几何设置主界面，勾选“Generate Mesh of 3D Jelly Roll”，进而可以设置 3D 几何特征。

Main | Jelly Roll | Tab Details | Material Properties | Meshing | Safety

Attribute	Unit	Object Value
Cell Dimensions		
Outer Width	mm	46.2
Outer Height	mm	72
Outer Thickness	mm	13.2
Wall Thickness	mm	0.6
Jelly Roll Dimensions		
Winding Axis Direction		Cell Height
Number of Jelly Rolls		1
Jelly Roll Width	mm	45
Jelly Roll Thickness	mm	12
Thicknesses		
Cathode	micron	77.5
Anode	micron	81
Separator	micron	20
Cathode Foil	micron	15
Anode Foil	micron	8
Heights		
Cathode	mm	68
Anode	mm	69
Separator	mm	70
Cathode Foil	mm	68
Anode Foil	mm	69
AutoLion3D Related		
Generate Mesh of 3D Jelly Roll		☑

图 4-42　几何设置主界面

2. 卷芯（Jelly Roll）

图 4-43 所示为方形卷绕式电芯卷芯的设置参数，与圆柱形电芯相同，在此不再赘述。

Main | Jelly Roll | Tab Details | Material Properties | Meshing | Safety

Attribute	Unit	Object Value
Unrolled Cathode Dimension		
Upper Uncoated Length at First End	mm	80
Upper Uncoated Length at Second End	mm	100
Lower Uncoated Length at First End	mm	80
Lower Uncoated Length at Second End	mm	100
Total Foil Length	mm	def
Unrolled Anode Dimension		
Upper Uncoated Length at First End	mm	80
Upper Uncoated Length at Second End	mm	180
Lower Uncoated Length at First End	mm	80
Lower Uncoated Length at Second End	mm	180
Total Foil Length	mm	def

图 4-43　卷芯设置

3. 极耳（Tab Details）

图 4-44 所示为方形卷绕式电芯极耳的设置参数，与圆柱形电芯相同，在此不再赘述。

Main | Jelly Roll | Tab Details | Material Properties | Meshing | Safety

Attribute	Unit	Object Value
Tab Configuration		
Tab Type		Continuous
Cathode Tab Orientation		Top
Cathode Tab		
Material		Aluminum
Tab Distance from Left (dTab)	mm	7
Tab Width (WTab)	mm	31
Tab Height (HTab)	mm	5
Tab Thickness	mm	1
Anode Tab		
Material		Copper
Tab Distance from Left (dTab)	mm	7
Tab Width (WTab)	mm	31
Tab Height (HTab)	mm	5
Tab Thickness	mm	1

图 4-44　极耳设置

4. 材料属性（Material Properties）

材料特性可通过指针变量 Material Thermal Prop Anisotropic 进行设置，如图 4-45 所示。

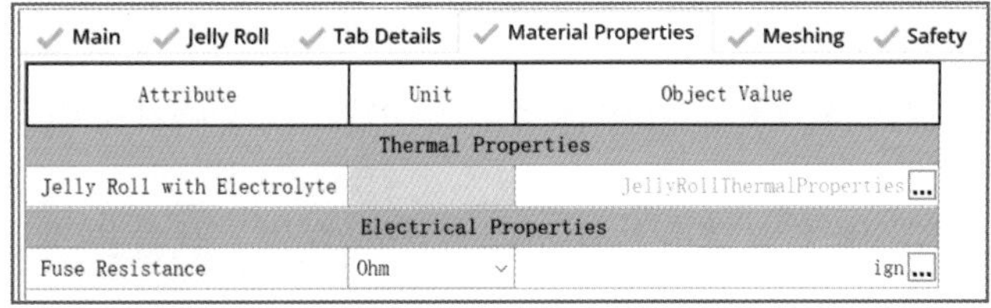

Main | Jelly Roll | Tab Details | Material Properties | Meshing | Safety

Attribute	Unit	Object Value
Thermal Properties		
Jelly Roll with Electrolyte		JellyRollThermalProperties
Electrical Properties		
Fuse Resistance	Ohm	ign

图 4-45　材料属性设置

5. 网格划分（Meshing）

方形卷绕式电芯网格划分设置参数与圆柱形电芯相同，如图 4-46 所示，在此不再赘述。

Main | Jelly Roll | Tab Details | Material Properties | Meshing | Safety

Attribute	Object Value
Electrical Meshing	
Number of Elements in Length Direction	5
Number of Elements in Height Direction	4
Number of Representative Battery Layers	Single
Electrical Meshing for Safety Event	
Number of Elements for Shorted Region	2
Mesh Type for Non-shorted Region	Geometric Progres...
Largest to Smallest Mesh Ratio	3
Electrochemical Element Used for Electrochemical Plots	
Element Index in Length Direction (1=First End)	1
Element Index in Height Direction (1=Bottom)	1
Battery Layer	Inner
Thermal Meshing	
Number of Elements in Circumference	10
Number of Elements in Width Direction	6
Height Elements per Sub-Cell	1
Show Plot of Thermal/Electrical Mesh in GT-POST?	☑

图 4-46　网格划分设置

6. 电芯安全（Safety）

方形卷绕式电芯安全设置参数与圆柱形电芯相同，如图 4-47 所示，在此不再赘述。

Main | Jelly Roll | Tab Details | Material Properties | Meshing | Safety

Attribute	Unit	Object Value
Safety Event		Internal Short
Particle Diameter	See Case...	[dSCO]
Distance from Left	mm	=(45-[dSCO(mm)])/2
Distance from Bottom	mm	=(68-[dSCO(mm)])/2
Distance from Back	mm	=(12-[dSCO(mm)])/2
Short Contact Resistance	See Case...	[rSCO]

图 4-47　电芯安全设置

4.2.4　电芯三维位置设置

AutoLion-3D 模板还增加了一个 Position 的界面，该界面用于指定电芯的三维有限元网格在坐标系中的位置和方位，主要用于调整显示的效果。图 4-48 所示为圆柱形电芯的位置设置。

位置（Position）：用于定义电芯在坐标系中的位置。对于圆柱形电芯，即定义圆柱形电芯底部中心的坐标。

方位（Orientation）：用于定义电芯在坐标系中的方位。软件提供两种方式定义方位：欧拉角和坐标轴。

Use Euler Angles for Rotation：勾选该选项，需要用户输入三个欧拉角。

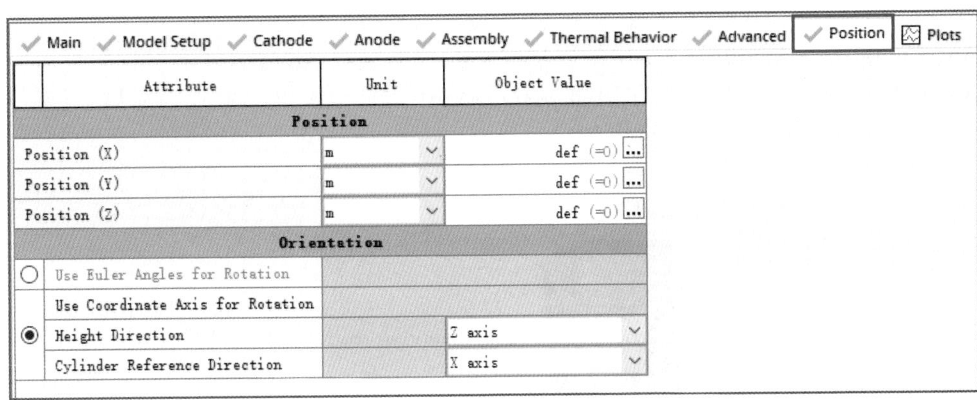

图 4-48　圆柱形电芯的位置设置

Use Coordinate Axis for Rotation：勾选该选项，需要用户根据电芯的坐标轴定义方位。如图 4-48 所示，电芯高度方向为 Z 轴，电芯参考坐标轴为 X 轴。电芯参考坐标轴是用户指定的圆周方向角度的参考位置。

4.2.5　图设置

AutoLion-3D 模板的 Plots 界面增加了 2D 和 3D 的结果输出选项。如图 4-49 所示，在图（Plots）中的 2D Spatial Plots 界面中，可以设置 SOC 等高线图在厚度方向的截面位置。根据厚度方向上的网格数，用户可以自定义等高线图的输出位置，Def 默认位置为 1。

Main　Model Setup　Cathode　Anode　Assembly　Thermal Behavior　Advanced　Position　Plots

Main　Aging　Details　Spatial Plots (Time)　Spatial Plots (Cycle)　Special Analyses　Anode　Cathode　Separator　2D Spatial Plots　3D Plots

Select / Unselect All Plots	☐	Location	Max Plot Points	Plot Range	X-Axis	Sampling Type	Sampling Inte...
2D SOC Distribution	☑	1 2	def				
2D Current Distribution	☑	1 2	def				
2D Voltage Distribution	☐	def	def				
2D Cathode Foil Potential	☐	def	def				
2D Cathode Foil Potential with Tab	☑	1 2	def				
2D Anode Foil Potential	☐	def	def				
2D Anode Foil Potential with Tab	☑	1 2	def				
2D Cathode Half Cell Potential	☑	1 2	def				
2D Anode Half Cell Potential	☑	1 2	def				
2D Lithium Plating Potential	☐	def	def				
2D Heat Generation	☑	1 2	def				
2D Temperature	☑	1 2	def				

图 4-49　2D Plots

如图 4-50 所示，在 3D Plots 界面中可以勾选 3D 温度输出结果。

Main　Model Setup　Cathode　Anode　Assembly　Thermal Behavior　Advanced　Position　Plots

Main　Aging　Details　Spatial Plots (Time)　Spatial Plots (Cycle)　Special Analyses　Anode　Cathode　Separator　2D Spatial Plots　3D Plots

Select / Unselect All Plots	☑	Max Plot Points	Plot Range	X-Axis	Sampling Type	Sampling Inte...
Temperature Solution 3D	☑	def				

图 4-50　3D Plots

4.3 AutoLion-4D 模板

AutoLion-4D 是 AutoLion-3D 中的新功能，以空间 3D + 1D 活性颗粒径向维度对电化学电池进行建模，如图 4-51 所示。Li^+ 在固相和电解质中的扩散，可以在所有维度上进行求解，老化和析锂现象也可以在各个方向上建模。

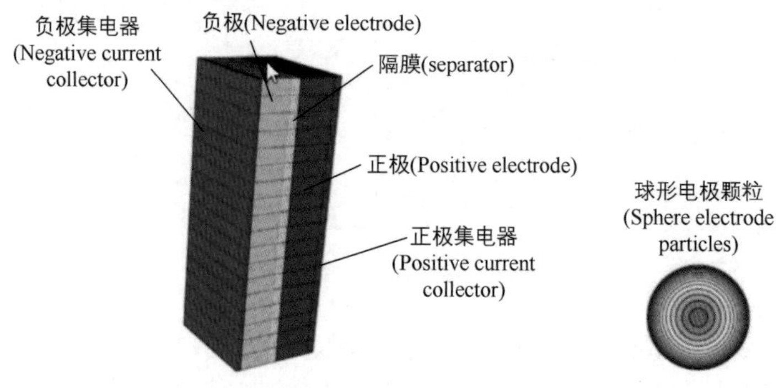

图 4-51　AutoLion-4D 电池模型

1. 主界面（Main）

AutoLion-4D 模板主界面（Main）设置如图 4-52 所示。

Main | Model Setup | Cathode | Anode | Electrolyte-Separator | Current Collectors | Thermal Behavior | Plot Options | Plots

Attribute	Unit	Object Value
Show Pre-Processing Plot in GT-POST		☑
Cell Type		
Cell Geometry		microSED
☐ Build Lumped Pack Model		
Cell Load		
Load Type		Current
Current Request	A	1.5e-6
Cell Initialization		
Initial State of Charge	fraction	1
☐ Initialize as Aged Model from Cellstate File		

Show Preprocess Plot

图 4-52　AutoLion-4D 模型主界面设置

Show Pre-Processing Plot in GT-POST：激活这个选项将会在 GT-Post 中显示预处理图。

Cell Geometry：该属性定义了一个 4D Cell Geometry-PrismaticSED 引用对象，用于指定电芯层宽度和高度、电芯配置、电芯外壳以及安全事件。该模板目前只支持叠片式电芯建模。

Build Lumped Pack Model：通过指定串联、并联电芯个数建立总电池包模型。

Load Type：负载类型有 6 种，分别是 Voltage、Current、Power、Resistor、Mixed Requests（External Signal）、Electrical Connections。

Initial State of Charge：电芯初始 SOC。

Initialize as Aged Model from Cellstate File：激活此选项，可以使用 .cellstate 文件定义电芯的老化初始状态。

2. 模型设置（Model Setup）

AutoLion-4D 电池模型设置界面如图 4-53 所示。

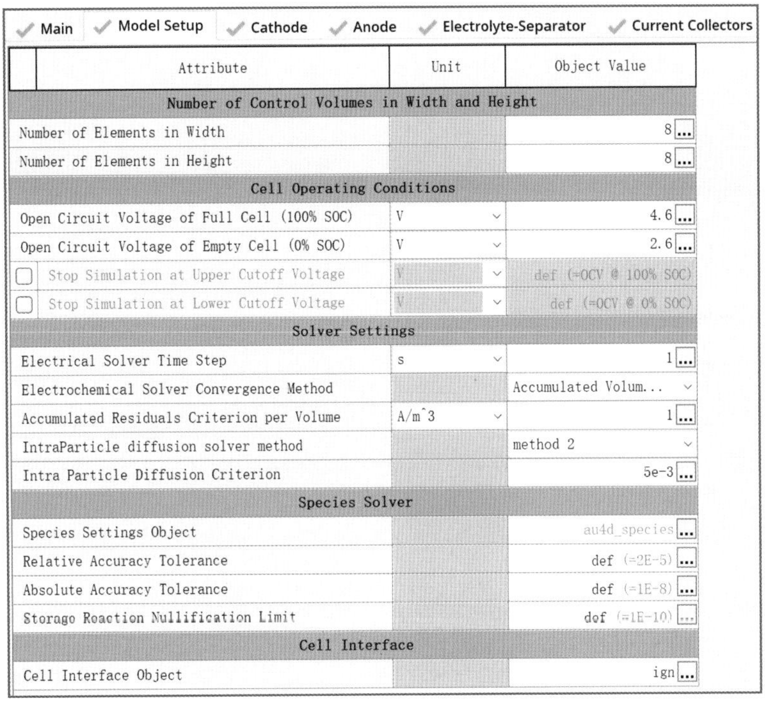

Main | Model Setup | Cathode | Anode | Electrolyte-Separator | Current Collectors

Attribute	Unit	Object Value
Number of Control Volumes in Width and Height		
Number of Elements in Width		8
Number of Elements in Height		8
Cell Operating Conditions		
Open Circuit Voltage of Full Cell (100% SOC)	V	4.6
Open Circuit Voltage of Empty Cell (0% SOC)	V	2.6
☐ Stop Simulation at Upper Cutoff Voltage	V	def (=OCV @ 100% SOC)
☐ Stop Simulation at Lower Cutoff Voltage	V	def (=OCV @ 0% SOC)
Solver Settings		
Electrical Solver Time Step	s	1
Electrochemical Solver Convergence Method		Accumulated Volum...
Accumulated Residuals Criterion per Volume	A/m^3	1
IntraParticle diffusion solver method		method 2
Intra Particle Diffusion Criterion		5e-3
Species Solver		
Species Settings Object		au4d_species
Relative Accuracy Tolerance		def (=2E-5)
Absolute Accuracy Tolerance		def (=1E-8)
Storage Reaction Nullification Limit		def (=1E-10)
Cell Interface		
Cell Interface Object		ign

图 4-53　AutoLion-4D 电池模型设置

Number of Control Volumes in Width and Height：通过定义宽度和高度的控制体数量来确定 AutoLion-4D 电芯模型的离散化水平。

Cell Operating Conditions：定义 AutoLion-4D 电芯的工作条件。

Solver Settings：定义电气求解器。

Species Solver：用于定义 AutoLion-4D 组分求解器设置。

Cell Interface：用于定义 AutoLion-4D 老化机制中存在的沉积物及其相应的特性和反应。该属性指向一个 4D Cell Interface 引用对象。

3. 阴极（Cathode）

AutoLion-4D 模板中阴极参数的设置主要包括材料配方、阴极载量、热物性参数、离散化、Bruggeman Exponent、双电层电容、阴极位置、接触电阻、多区阴极，如图 4-54 所示。

4. 阳极（Anode）

AutoLion-4D 模板中阳极参数的设置与阴极参数设置相似，如图 4-55 所示。

5. 电解质和隔膜（Electrolyte-Separator）

图 4-56 所示的界面主要用于设置电解质和隔膜的材料、隔膜孔隙率、隔膜热物性参数等内容。

6. 集流体（Current Collectors）

集流体的设置参数主要包括阴极、阳极集流体材料属性、离散化、集流体位置等，如图 4-57 所示。

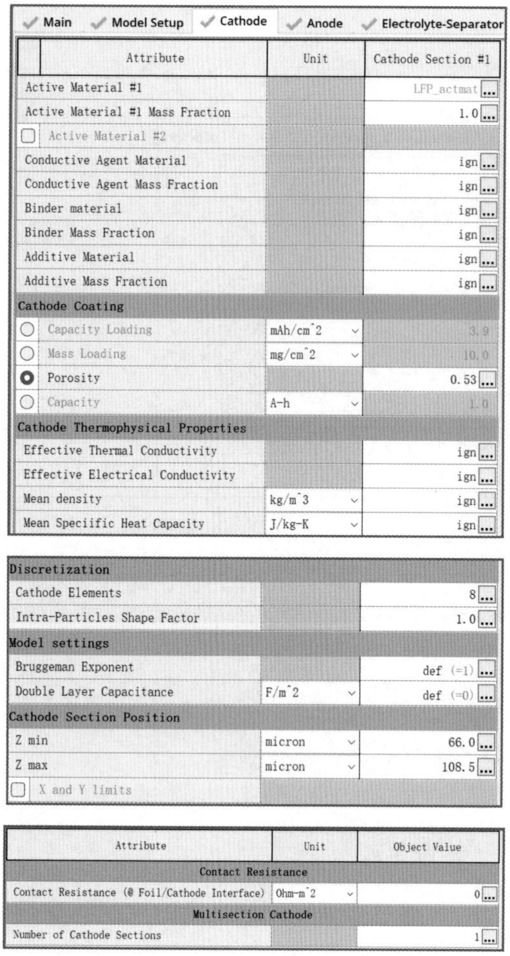

Main | Model Setup | Cathode | Anode | Electrolyte-Separator

Attribute	Unit	Cathode Section #1
Active Material #1		LFP_actmat
Active Material #1 Mass Fraction		1.0
Active Material #2		
Conductive Agent Material		ign
Conductive Agent Mass Fraction		ign
Binder material		ign
Binder Mass Fraction		ign
Additive Material		ign
Additive Mass Fraction		ign
Cathode Coating		
Capacity Loading	mAh/cm^2	3.9
Mass Loading	mg/cm^2	10.0
Porosity		0.53
Capacity	A-h	1.0
Cathode Thermophysical Properties		
Effective Thermal Conductivity		ign
Effective Electrical Conductivity		ign
Mean density	kg/m^3	ign
Mean Speciific Heat Capacity	J/kg-K	ign

Attribute	Unit	Value
Discretization		
Cathode Elements		8
Intra-Particles Shape Factor		1.0
Model settings		
Bruggeman Exponent		def (=1)
Double Layer Capacitance	F/m^2	def (=0)
Cathode Section Position		
Z min	micron	66.0
Z max	micron	108.5
X and Y limits		

Attribute	Unit	Object Value
Contact Resistance		
Contact Resistance (@ Foil/Cathode Interface)	Ohm-m^2	0
Multisection Cathode		
Number of Cathode Sections		1

图 4-54 AutoLion-4D 模板中阴极参数设置

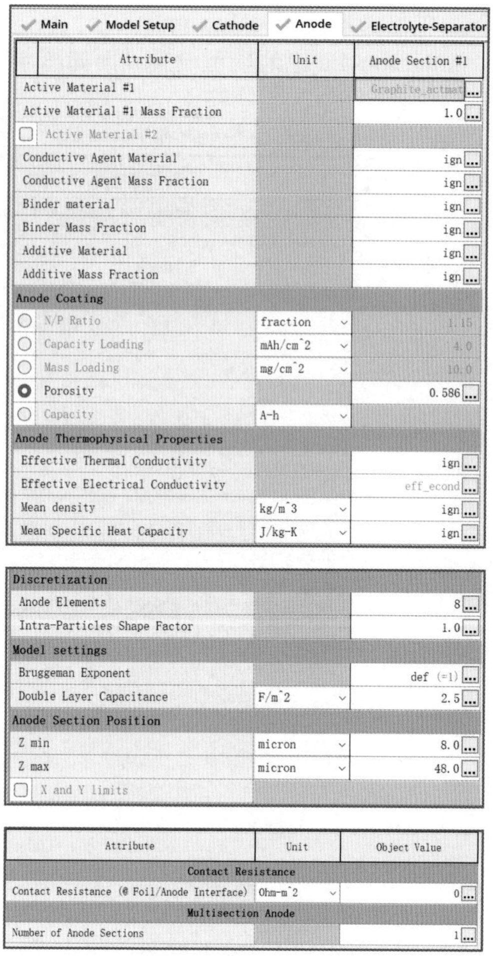

Main | Model Setup | Cathode | Anode | Electrolyte-Separator

Attribute	Unit	Anode Section #1
Active Material #1		Graphite_actmat
Active Material #1 Mass Fraction		1.0
Active Material #2		
Conductive Agent Material		ign
Conductive Agent Mass Fraction		ign
Binder material		ign
Binder Mass Fraction		ign
Additive Material		ign
Additive Mass Fraction		ign
Anode Coating		
N/P Ratio	fraction	1.15
Capacity Loading	mAh/cm^2	4.0
Mass Loading	mg/cm^2	10.0
Porosity		0.586
Capacity	A-h	
Anode Thermophysical Properties		
Effective Thermal Conductivity		ign
Effective Electrical Conductivity		eff_econd
Mean density	kg/m^3	ign
Mean Specific Heat Capacity	J/kg-K	ign

Attribute	Unit	Value
Discretization		
Anode Elements		8
Intra-Particles Shape Factor		1.0
Model settings		
Bruggeman Exponent		def (=1)
Double Layer Capacitance	F/m^2	2.5
Anode Section Position		
Z min	micron	8.0
Z max	micron	48.0
X and Y limits		

Attribute	Unit	Object Value
Contact Resistance		
Contact Resistance (@ Foil/Anode Interface)	Ohm-m^2	0
Multisection Anode		
Number of Anode Sections		1

图 4-55 AutoLion-4D 模板中阳极参数设置

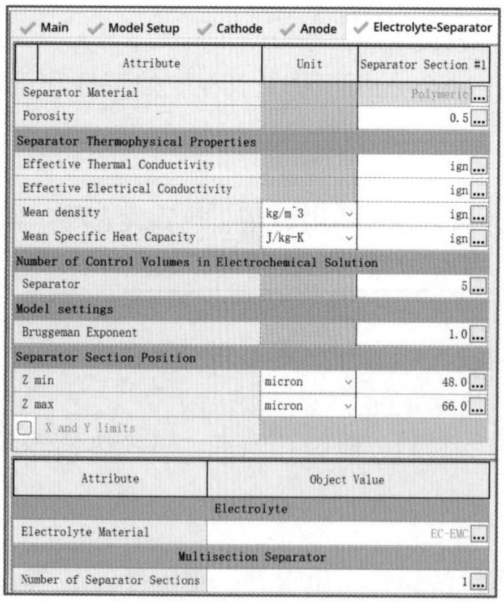

Main | Model Setup | Cathode | Anode | Electrolyte-Separator

Attribute	Unit	Separator Section #1
Separator Material		Polymeric
Porosity		0.5
Separator Thermophysical Properties		
Effective Thermal Conductivity		ign
Effective Electrical Conductivity		ign
Mean density	kg/m^3	ign
Mean Specific Heat Capacity	J/kg-K	ign
Number of Control Volumes in Electrochemical Solution		
Separator		5
Model settings		
Bruggeman Exponent		1.0
Separator Section Position		
Z min	micron	48.0
Z max	micron	66.0
X and Y limits		

Attribute	Object Value
Electrolyte	
Electrolyte Material	EC-EMC
Multisection Separator	
Number of Separator Sections	1

图 4-56 AutoLion-4D 电池模型电解质和隔膜设置

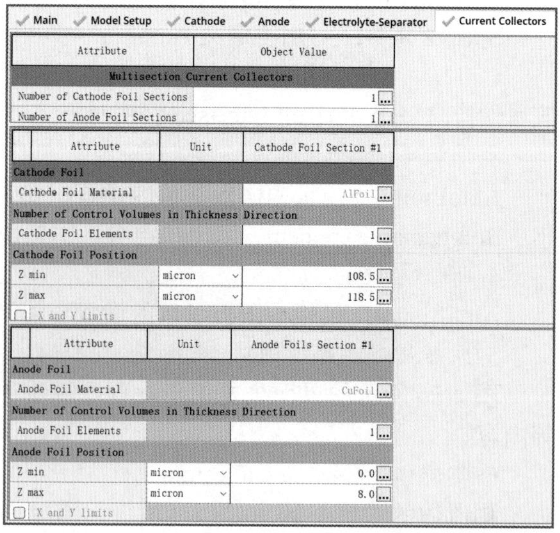

Main | Model Setup | Cathode | Anode | Electrolyte-Separator | Current Collectors

Attribute	Object Value
Multisection Current Collectors	
Number of Cathode Foil Sections	1
Number of Anode Foil Sections	1

Attribute	Unit	Cathode Foil Section #1
Cathode Foil		
Cathode Foil Material		AlFoil
Number of Control Volumes in Thickness Direction		
Cathode Foil Elements		1
Cathode Foil Position		
Z min	micron	108.5
Z max	micron	118.5
X and Y limits		

Attribute	Unit	Anode Foils Section #1
Anode Foil		
Anode Foil Material		CuFoil
Number of Control Volumes in Thickness Direction		
Anode Foil Elements		1
Anode Foil Position		
Z min	micron	0.0
Z max	micron	8.0
X and Y limits		

图 4-57 AutoLion-4D 电池模型集流体设置

7. 传热模型（Thermal Behavior）

传热模型参数设置主要包括电芯初始温度、热求解器设置，如图 4-58 所示。

Main | Model Setup | Cathode | Anode | Electrolyte-Separator | Current Collectors | Thermal Behavior

Attribute	Unit	Object Value
Thermal Model		
Initial Cell Temperature	K	298.15
Thermal Solver		
☑ Thermal Solver Calculations		
Thermal Calculation Level		Lumped (0D)
Constant Ambient Temperature	K	298.15
Single Cell Convective Heat Exchange Area	m^2	0.1
Convective Heat Transfer Coefficient	W/(m^2-K)	1e-10

图 4-58　AutoLion-4D 电池传热模型设置

8. 图表（Plot Options）

图表设置参数主要包括 2D 图表数据存储频率、3D 图表数据存储频率、3D 图表 Z 轴缩放因子，如图 4-59 所示。

Main | Model Setup | Cathode | Anode | Electrolyte-Separator | Current Collectors | Thermal Behavior | Plot Options | Plots

Attribute	Unit	Object Value
Spatial Plot Storage Frequency	s	def (=50)
3D Plot Storage Frequency	s	def (=100)
Z-axis scaling factor for 3D plots		def (=1000)

图 4-59　AutoLion-4D 电池模型图表设置

4.4　AutoLion-RT 模板

使用 Bulk-Surface 模板建立电化学电池实时仿真模型。

1. 主界面（Main）

主界面参数设置主要包括电池容量、串联电芯个数、并联电芯个数、负载类型、初始 SOC，如图 4-60 所示。

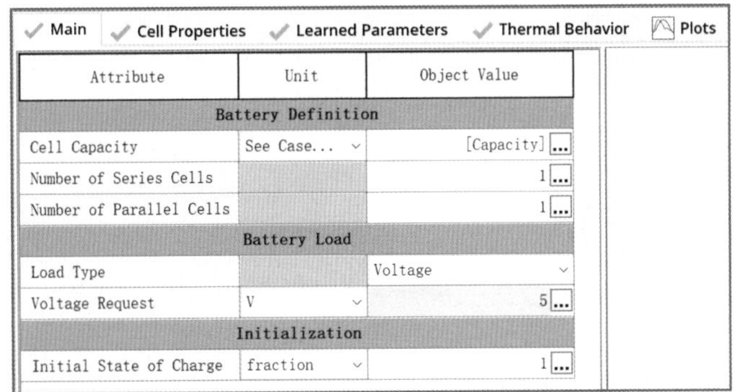

Main | Cell Properties | Learned Parameters | Thermal Behavior | Plots

Attribute	Unit	Object Value
Battery Definition		
Cell Capacity	See Case...	[Capacity]
Number of Series Cells		1
Number of Parallel Cells		1
Battery Load		
Load Type		Voltage
Voltage Request	V	5
Initialization		
Initial State of Charge	fraction	1

图 4-60　电池实时仿真模型主界面参数设置

2. 电芯参数（Cell Properties）

电芯参数设置主要包括电池几何（负极、正极极片面积和厚度）、开路电压、正负极 Li^+ 化学计量比范围，如图 4-61 所示。

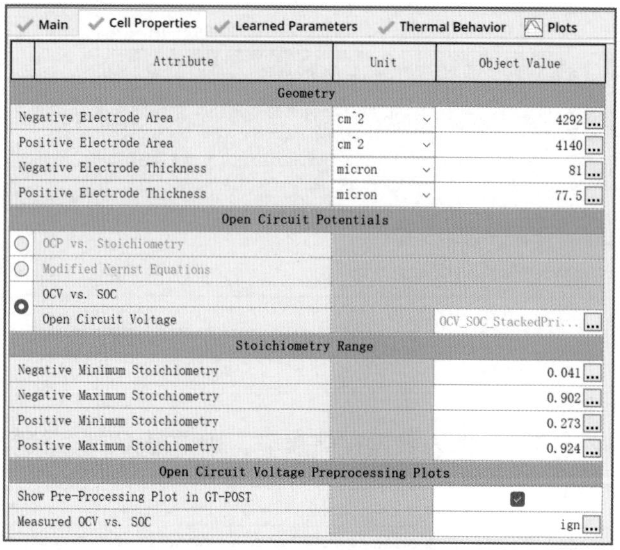

Main | Cell Properties | Learned Parameters | Thermal Behavior | Plots

Attribute	Unit	Object Value
Geometry		
Negative Electrode Area	cm^2	4292
Positive Electrode Area	cm^2	4140
Negative Electrode Thickness	micron	81
Positive Electrode Thickness	micron	77.5
Open Circuit Potentials		
○ OCP vs. Stoichiometry		
○ Modified Nernst Equations		
◉ OCV vs. SOC		
Open Circuit Voltage		OCV_SOC_StackedPri...
Stoichiometry Range		
Negative Minimum Stoichiometry		0.041
Negative Maximum Stoichiometry		0.902
Positive Minimum Stoichiometry		0.273
Positive Maximum Stoichiometry		0.924
Open Circuit Voltage Preprocessing Plots		
Show Pre-Processing Plot in GT-POST		☑
Measured OCV vs. SOC		ign

图 4-61 电池实时仿真模型电芯参数设置

3. 学习参数（Learned Parameters）

学习参数设置主要包括阴极和阳极表面体积分数、欧姆电阻、交换电流密度、时间常数、温度、电池老化参数等，如图 4-62 所示。

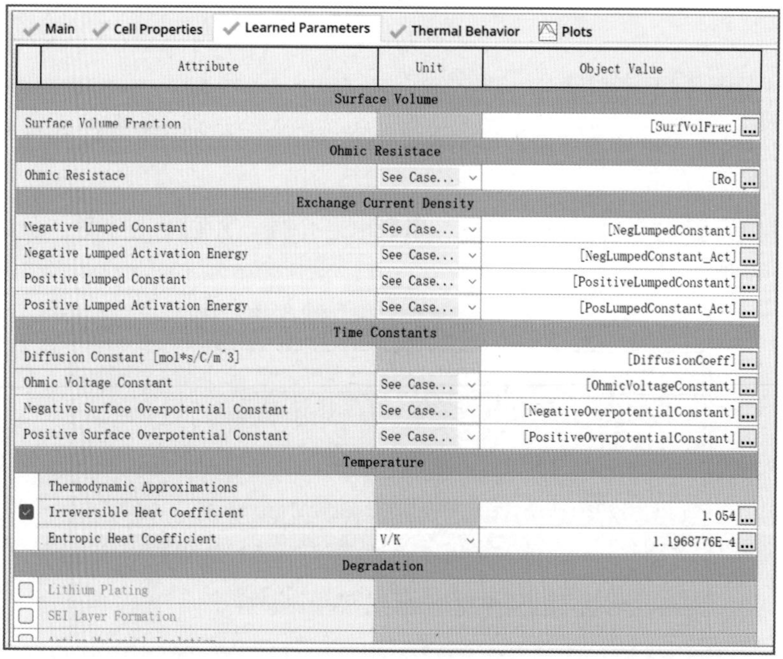

Main | Cell Properties | Learned Parameters | Thermal Behavior | Plots

Attribute	Unit	Object Value
Surface Volume		
Surface Volume Fraction		[SurfVolFrac]
Ohmic Resistace		
Ohmic Resistace	See Case...	[Ro]
Exchange Current Density		
Negative Lumped Constant	See Case...	[NegLumpedConstant]
Negative Lumped Activation Energy	See Case...	[NegLumpedConstant_Act]
Positive Lumped Constant	See Case...	[PositiveLumpedConstant]
Positive Lumped Activation Energy	See Case...	[PosLumpedConstant_Act]
Time Constants		
Diffusion Constant [mol*s/C/m^3]		[DiffusionCoeff]
Ohmic Voltage Constant	See Case...	[OhmicVoltageConstant]
Negative Surface Overpotential Constant	See Case...	[NegativeOverpotentialConstant]
Positive Surface Overpotential Constant	See Case...	[PositiveOverpotentialConstant]
Temperature		
☑ Thermodynamic Approximations		
Irreversible Heat Coefficient		1.054
Entropic Heat Coefficient	V/K	1.1968776E-4
Degradation		
☐ Lithium Plating		
☐ SEI Layer Formation		

图 4-62 电池实时仿真模型学习参数设置

4. 传热模型（Thermal Behavior）

电池实时仿真模型中传热模型的设置有 4 种方法，如图 4-63 所示。

Imposed Temperature：直接给定电芯温度。

External Thermal Connection：通过 Thermal Comp Conn 热连接将电芯与外部 Thermal Mass 或 Temperature 部件建立热交换，需要设置电池的初始温度。

Internal Thermal Node with External Thermal Connections：该属性使 AutoLion 部件能够有效地在其内部构建 Thermal Node 部件。这个热节点可以通过导热连接 Conductance Conn 或对流热连接 Convection Conn，从而连接到其他热质点甚至流动回路上。

Internal Thermal Solution：该类传热模型表示电芯与外部环境进行对流换热。勾选此选项，需要设置环境温度、对流换热系数、对流换热面积、电芯初始温度、电芯质量等参数。

Main　Cell Properties　Learned Parameters　Thermal Behavior　Plots

	Attribute	Unit	Object Value
	Thermal Model		
○	Imposed Temperature	K	298.15
○	External Thermal Connection		
○	Internal Thermal Node with External Thermal Connec...		
●	Internal Thermal Solution		
	Ambient Temperature	K	298.15
	Convective Heat Transfer Coefficient	W/(m^2-K)	1.74
	Convective Surface Area	m^2	1
	Initial Temperature	K	298.15
	Non-Cell Weight	g	ign
	Cell Weight	g	363.93
	Specific Heat	J/kg-K	def

图 4-63　电池实时仿真模型传热模型设置

4.5　常用控制模板

4.5.1　信号发生器模板

信号发生器模板（Signal Generator）常用于产生某种输出信号，如时间、常数或者随时间变化的信号等。

1. 主界面（Main）

图 4-64 所示为信号发生器模板的主界面（Main）。

Main　Signal Setup

Attribute	Unit	Object Value
Signal Type		constant_or_reference
Constant or Dependency Reference Object		
Equation		ign
Out Of Range Flag for Equation		error_message

图 4-64　信号发生器模板主界面

（1）Signal Type　输出信号类型，下拉框中有以下 7 种信号类型：

constant_or_reference：输出信号为定常值或变化的值。

time_seconds：输出信号为当前的时刻，相当于一个时钟。

timestep_size_seconds：输出当前时间步长。

cycle_number：周期性仿真时，输出周期数，如发动机仿真。电池仿真不会用到周期性仿真。

angle_degrees：周期性仿真时，输出当前角度，如发动机曲轴的角度。

timestep_size_degrees：周期性仿真时，输出以角度计的时间步长。

equation：可以通过方程定义输出信号。

（2）Constant or Dependency Reference Object　如果用户选择信号类型为 constant_or_reference，则需要在此处输入信号值，该信号值可以是常数，也可以通过值选择按钮定义一个指针变量，进而定义变化的输出信号。

（3）Equation　如果用户选择信号类型为 equation，则需要在此处输入方程，语法以“=”开头。

（4）Out of Range Flag for Equation　用于定义如果方程中的输出信号超出范围（如除以 0 等）时，仿真如何进行反应，包括两个选项：error_message 表示计算终止并显示一个错误信息；limit 表示将超出范围的数值舍入最接近的可接受值，仿真继续进行。

2. 信号设置界面（Signal Setup）

信号设置界面如图 4-65 所示，该界面设置输出信号的描述、单位和标签，用户可自定义。

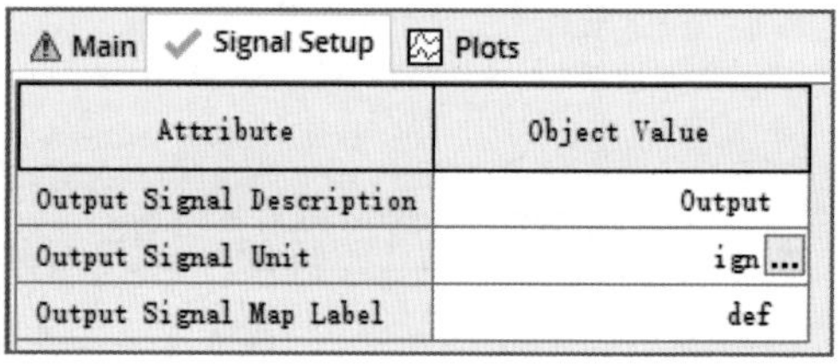

Main　Signal Setup　Plots

Attribute	Object Value
Output Signal Description	Output
Output Signal Unit	ign ...
Output Signal Map Label	def

图 4-65　信号设置界面

4.5.2　查表模板

查表工具是控制中的常用工具。本节只介绍一维查表工具（Lookup 1D），关于 2D 和多维查表工具用户可自行查看在线帮助。图 4-66 所示为查表模板的主界面（Main）。

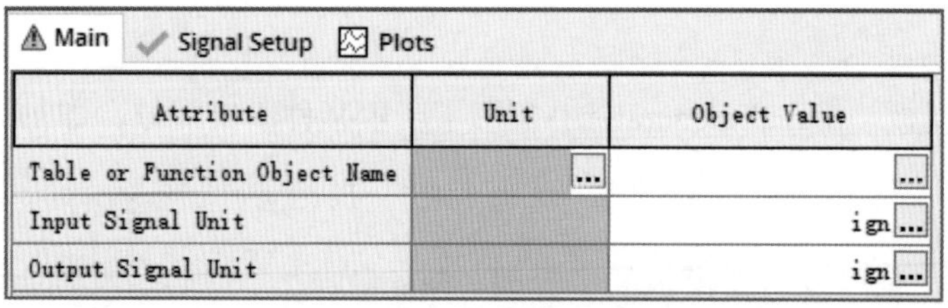

Main　Signal Setup　Plots

Attribute	Unit	Object Value
Table or Function Object Name	...	...
Input Signal Unit		ign ...
Output Signal Unit		ign ...

图 4-66　查表模板主界面

Table or Function Object Name：通过值选择按钮定义一个指针变量，该指针变量可以是一个一维数表（XY Table）或者一个一元函数（XY Function）。

Input Signal Unit：输入信号单位，即信号 X 的单位。

Output Signal Unit：输出信号单位，即信号 Y 的单位。

信号设置界面（Signal Setup）可以设置输入输出信号的描述和标签，用户可自行定义。

4.5.3　积分器模板

积分器模板（Integrator）对输入信号进行积分，是一个重要的模板。

1. 主界面（Main）

图 4-67 所示为积分器模板主界面（Main）。

Main　Limits　Signal Setup　Plots

	Attribute	Unit	Object Value
	Integrate With Respect to		time
	Time Integration Unit		seconds
	Integral Initial Condition	...	def (=0) ...
	Reset Strategy		
	Integral Reset Frequency		EveryCase
	External Reset Mechanism		switch
	Integrate in a Window		
☐	Integration Window Type		seconds
	Start of Integration Window		
	End of Integration Window		

图 4-67　积分器模板主界面

（1）Integrate With Respect to　定义积分运算的自变量，共有 3 种类型的自变量。

Time：输入信号对时间进行积分。

Angle：输入信号对角度进行积分。

Signal：积分自变量是外部信号，该外部信号需要连接到积分器，其信号名称为 Signalx（independentvariable）。

（2）Time Integration Unit　当积分自变量为时间时，指定时间的单位。

（3）Integral Initial Condition　定义积分值的初始值以及积分器重置时的输出，def 表示 0。

（4）Integral Reset Frequency　定义积分的重置方法。

Every Cycle：对于周期性仿真，每个周期积分器都重置。

Every Case：每个工况进行重置，该选项最为常用。

No Reset：不进行重置。

Every Window Start：仅对周期性仿真可用，是指在每个周期的积分窗口开始时，重置积分器。

（5）External Reset Mechanism　通过一个外部重置信号（reset signal）来控制积分器的重置。重置的类型有以下 4 种。当没有外部重置信号时，该选项不起作用。

Switch：当重置信号小于 0.5 时，积分器开始工作；当重置信号大于 0.5 时，积分器被重置。

trigger_bidirectional：当重置信号增加或者减小超过 0.5 时，积分器被重置。

trigger_rising：当重置信号增加超过 0.5 时，积分器被重置。

trigger_falling：当重置信号减小超过 0.5 时，积分器被重置。

（6）Integration Window Type　当需要在部分时间窗口进行积分时，首先需要定义该时间窗口的类型，并通过 Start of Integration Window 和 End of Integration Window 指定该时间

窗口的范围。下拉框中共有 4 种时间窗口的类型。

Seconds：按照时间（s）指定时间窗口。

cycle_angle：按照每循环中的角度指定时间窗口，适用于周期性仿真。

cumulative_angle：按照累计的角度指定时间窗口，适用于周期性仿真。

cycle_number：按照循环数指定时间窗口，适用于周期性仿真。

（7）Start of Integration Window　指定时间窗口的起始点。

（8）End of Integration Window　指定时间窗口的终点。

2. 积分器的限值界面（limits）

用户可以通过如图 4-68 所示的界面定义积分器输出的上下限值。

在积分器的信号设置（Signal Setup）界面，用户可自定义积分器输入输出信号的描述、单位、标签。

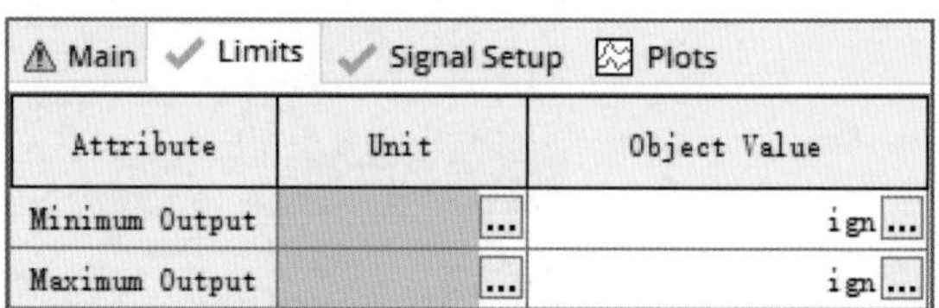

图 4-68　积分器输出的限值

4.5.4　数学运算模板

数学运算（Math Equation）模板支持常用数学运算，该模板可以对多个输入信号进行数学运算，并输出。

1. 主界面（Main）

数学运算模板主界面（Main）如图 4-69 所示。

Main　Terms　Signal Setup　Plots

Attribute	Object Value
Equation	=(Simulation-Experiment)^2
Out of Range Flag	error_message

Attribute	Variable Description	Variable Name	Wireless Signal or RLT	Input Signal Map Labels	Variable Units
1	Simulaiton Voltage (V)	Simulation	ign	def	ign
2	Experimental Voltage (V)	Experiment			
3					

图 4-69　数学运算模板主界面

（1）Equation　方程的表达式由运算符和变量名构成。由于模板所支持的运算符较多，用户可自行查看该模板的在线帮助，此处不再赘述。

（2）Out of Range Flag　用于定义如果方程中的输出信号超出范围（如除以 0 等）时，仿真如何进行反应，包括两个选项：error_message 表示计算终止并显示一个错误信息；limit 表示将超出范围的数值舍入最接近的可接受值，仿真继续进行。

（3）Variable Description　输入变量名的描述，便于用户理解。

（4）Variable Name　定义与输入信号对应的变量名。

（5）Wireless Signal or RLT　模板的输入信号可以通过无线的形式进行连接，只需要用户指定输入信号的来源即可（点击值选择按钮选择信号）。如果使用有线信号，输入 ign 即可。

（6）Input Signal Map Labels　自定义输入信号标签。

（7）Variable Units　指定输入信号的单位。

2. 项（Terms）界面

项（Terms）界面如图 4-70 所示。

如果方程表达式较复杂，为了简化方程表达式的形式，需要进行变量替换。例如，方程“=（A*B）+（C*D）+[x]*[y]*[z]”可以被简化为“$=T_1+T_2+T_3$”，其中 T_1、T_2 和 T_3 是项的名字（Term Name）。每一项的表达式（Term Equation）需要在该界面中定义，即 T_1=A*B、T_2=C*D、T_3=[x]*[y]*[z]。

Main　Terms　Signal Setup　Plots

Attribute	Term Name	Term Equation
1	ign ...	ign ...
2	...	...

图 4-70　项（Terms）界面

在积分器的信号设置（Signal Setup）界面，用户可自定义积分器输出信号的描述、单位、标签。

4.5.5　终止计算模板

终止计算模板如图 4-71 所示。如果输入的控制信号满足用户指定的终止条件，则计算停止。例如，当进行循环寿命计算时，如果循环达到指定的循环数，则计算停止。

Main　Signal Setup　Plots

	Attribute	Unit	Object Value
Threshold		...	...
Threshold Criterion			>=
Stop Mode			
	Regular Finish		
◉	Finish or Skip to Next Case?		Stop Simulation
	Complete RLT Data Cycle or Stop Immediately?		Complete RLT Storage Cycle
○	Fatal Error Condition (Stop Immediately)		
Message			...
Include Part Name at End of Message			☑

图 4-71　终止计算模板

（1）Threshold　终止条件中的数值。

（2）Threshold Criterion　终止条件的形式。

（3）Regular Finish　常规终止模式，可以进行额外的设置。

（4）Finish or Skip to Next Case?　当控制信号满足终止条件时，仿真可以有如下 3 种响应。

Stop Simulation：其他工况不再进行计算。

Skip to Next Case：当前工况虽然终止了，但后续工况继续计算。

Disable Stop Control：计算继续进行。

（5）Complete RLT Data Cycle or Stop Immediately?　当控制信号满足终止条件时，用

户可以选择是否完成数据存储（Complete RLT Storage Cycle）还是立即停止计算（Stop Immediately）。

（6）Fatal Error Condition（Stop Immediately） 当控制信号满足终止条件时，计算立即终止。

（7）Message 当控制信号满足终止条件时，软件提示此处所输入的消息内容。

（8）Include Part Name at End of Message 当控制信号满足终止条件时，是否将在消息后显示该部件名称。

4.5.6 事件管理器模板

事件管理器模板常用于建立复杂控制逻辑，如循环寿命中的控制逻辑。GT-AutoLion 除了事件管理器（Event Manager）外，还提供了一些更复杂的有限状态机模板（Finite State Manager），本节将不再介绍，用户可自行查看在线帮助。在事件管理器（Event Manager）中，用户可以定义多种状态以及状态之间的切换条件，每个状态都有对应的输出信号。

1. 事件界面（Events）

该界面中定义多种状态以及状态之间的切换条件，每个状态都有对应的输出信号。以一个简单的 CCCV 循环为例，如图 4-72 所示。

Events　Inputs　Outputs　Plots

Attribute	Event Descriptions	Event Exit Criterion	Next Event No.	Load Type (1=Voltage, 2=Current, 3=Power)	Imposed Current (A)	Imposed Voltage (V)	Output 4
1	Initialize	etime>1	2	2	0	3	ign
2	CC Discharge	SOC<=0.05\\ Voltage<=2.8	3	2	3.6	3	
3	CC Charge	Voltage>=4.2	4	2	-3.6	3	
4	CV Charge	Current>-0.1	2	1	0	4.2	
5							
6							

图 4-72 Events 界面

Attribute：状态的标号。

Event Descriptions：状态的描述，便于用户理解。

Event Exit Criterion：状态切换的条件，即当满足该条件时，将切换到 Next Event No. 指定状态的标号。在定义切换条件时，所用到的逻辑表达式的语法见表 4-1，所用到的变量名需要在 Input 界面中进行声明。

表 4-1 逻辑表达式语法

逻辑运算符	含义	注释
==	等于	比较运算符
!=	不等于	比较运算符
>	大于	比较运算符
>=	大于等于	比较运算符
<	小于	比较运算符
<=	小于等于	比较运算符
&&	与（And）	例子：=C1 && C2
\\	或（Or）	例子：=C1 \\ C2
!	非（Not）	例子：=!（C1）

Next Event No.：指定当前状态对应的下一个状态的标号。

Output（#）：每个状态对应的输出信号。如恒流充电状态（状态 2）对应的输出信号分别为：电芯的负荷形式为电流形式（2 表示电流形式），电流值为 3.6A（正值表示放电），电压值为 3V（由于当前是电流形式，故此处的值没有意义）。这些输出信号的名称需要在 Output 界面中进行设置。

2. 输入界面（Inputs）

Inputs 界面如图 4-73 所示。声明与输入信号对应的变量名。本例中需要声明三个变量名：Current、Voltage 和 SOC。这三个变量需要连接来自电芯的输入信号。除此之外，模板还有一些内部固有变量，不需要用户声明。常用的固有变量有以下两个。

1）“time”：表示全局时间。

2）“etime”：表示局部时间，即处于当前状态下的时间。状态切换时，自动清零。

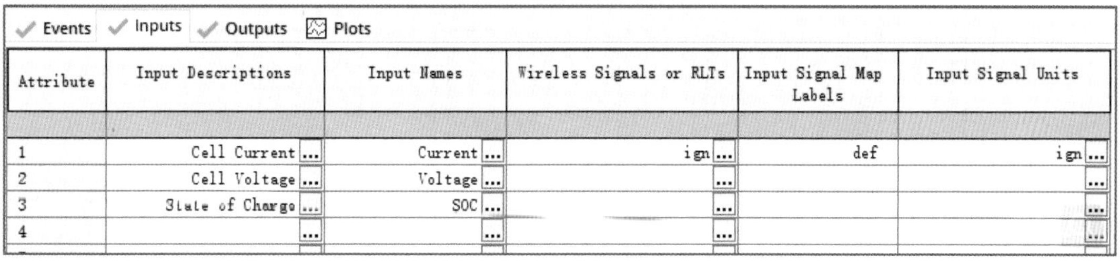

Events　Inputs　Outputs　Plots

Attribute	Input Descriptions	Input Names	Wireless Signals or RLTs	Input Signal Map Labels	Input Signal Units
1	Cell Current	Current	ign	def	ign
2	Cell Voltage	Voltage			
3	State of Charge	SOC			
4					

图 4-73　Inputs 界面

Input Descriptions：输入信号的描述，便于用户理解。

Input Names：输入信号对应的变量名。

Wireless Signals or RLTs：模板的输入信号可以通过无线的形式进行连接，只需要用户指定输入信号的来源即可（点击值选择按钮选择信号）。如果使用有线信号，输入 ign 即可。

Input Signal Map Labels：自定义输入信号标签。

Input Signal Units：输入信号的单位。

3. 输出界面（Output）

Output Descriptions：输出信号的描述。

Output Signal Map Labels：输出信号标签。

Output Signal Units：输出信号单位。

4.5.7　等效电路拟合工具

等效电路拟合工具（Battery Characterization）可以利用混合功率脉冲特性（HPPC）的试验测试数据或者 AutoLion 的仿真数据得到等效电路模型参数（开路电压、欧姆内阻、极化内阻以及极化电容）与温度、电流和 SOC 的关系。该工具最多支持 3 个 RC 回路的拟合。

电池等效电路模型是由电压源、电阻、电容等电路元件组成的。如图 4-74 所示，电压源 V_{oc} 为电池的开路电压；R_0 表示动力电池电极材料、隔膜、电解液的电阻以及各部分接触电阻；R_n 和 C_n 分别表示极化内阻和极化电容；R_n 和 C_n 组成了 RC 环节，以描述电池内部物质的传递效应以及电池的动态特性。等效电路模型中的元件参数一般随温度和 SOC 变化。

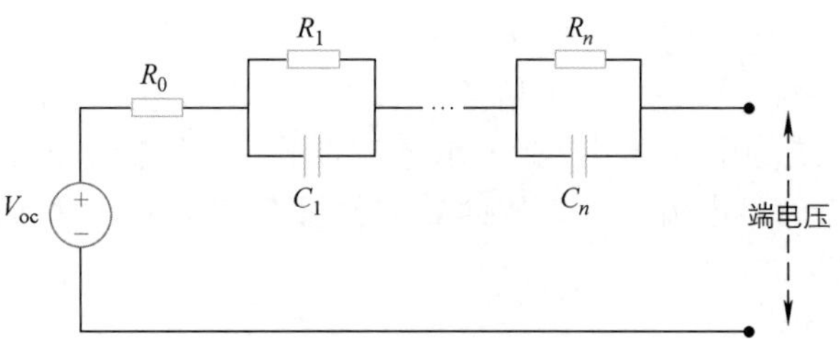

图 4-74　RC 等效电路模型

所需输入数据是来自 HPPC 测试的电流和电压曲线。一个典型的 HPPC 测试电流如图 4-75 所示，脉冲放电电流的幅值为 1C，脉冲持续期为 360s，这意味着每一个脉冲放电会使 SOC 减少 10%，如图 4-76 所示。

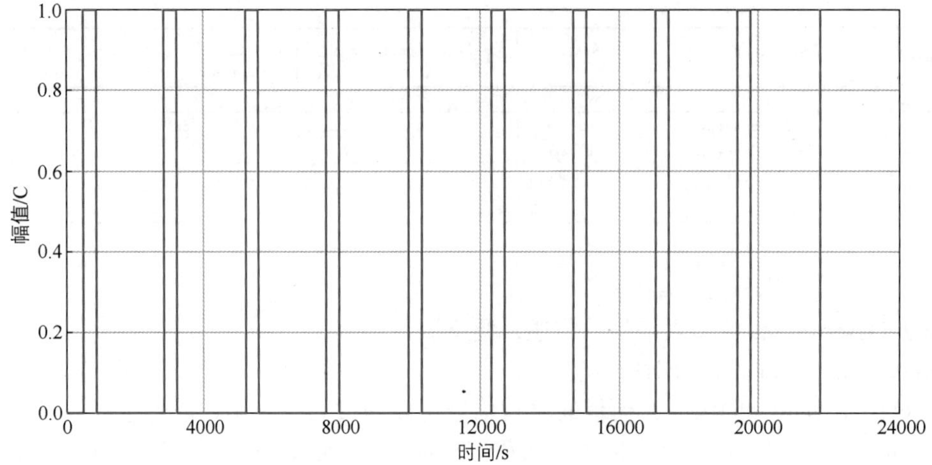

图 4-75　HPPC 脉冲放电电流曲线

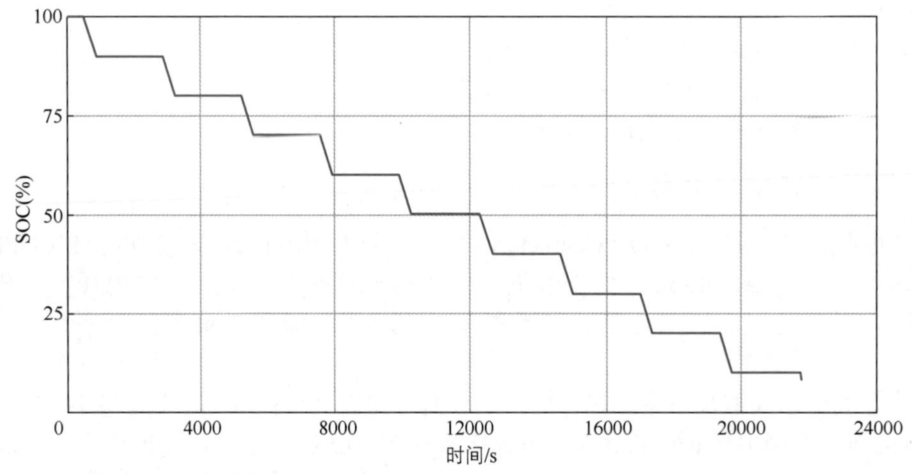

图 4-76　HPPC 测试中的 SOC 变化

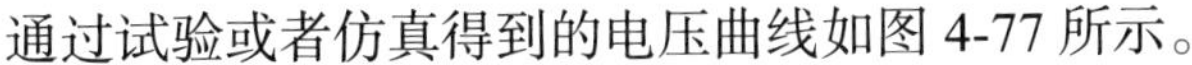
通过试验或者仿真得到的电压曲线如图 4-77 所示。

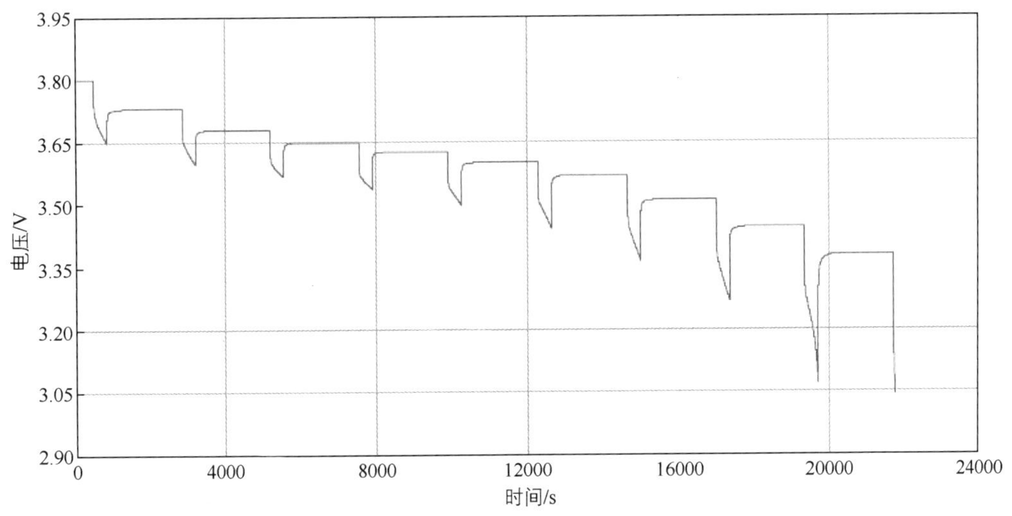

图 4-77　HPPC 测试电压结果

Battery Characterization 工具可以通过电流、电压以及 SOC 数据，自动拟合出等效电路的模型参数。在这个过程中，该工具需要识别 HPPC 测试中的休息区（relaxation region），如图 4-78 所示，即电流为 0 的时段，以便可以拟合不同 SOC 下的模型参数。

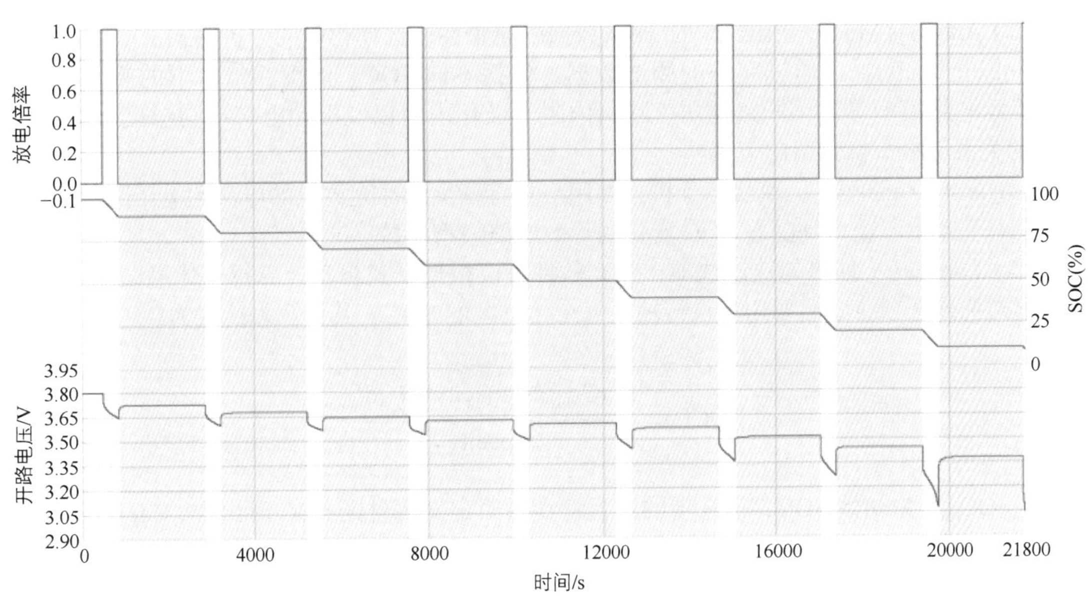

图 4-78　HPPC 中的休息区（阴影区域）

1. 主界面（Main）

等效电路拟合工具主界面如图 4-79 所示。

Main | Test Data | Postprocess | GT-Post Plot | Results

Attribute	Unit	Object Value
Version		
Version		V2020
Circuit Topology		
Number of RC Branches		1
Analysis Mode		
Analysis Mode		Holistic analysis

	Attribute	Unit	Object Value
☐	Capacity	A-h	
	Known Open-Circuit Voltage		
☐	Open-Circuit Voltage, Discharge	V	
	Open-Circuit Voltage, Charge	V	

图 4-79　主界面

（1）Version　选择版本。下拉框中有两个版本：2019 和 2020，推荐选择 2020。

（2）Number of RC Branches　所要拟合的 RC 回路的个数，最多 3 个。

（3）Analysis Mode　根据 HPPC 测试数据的完整性，选择相应的分析模式。

Holistic analysis：通过完整的测试数据（包括不同 SOC、温度、倍率下的测试数据）得到等效电路模型参数（开路电压、欧姆内阻、极化内阻以及极化电容）与温度、电流和 SOC 的关系。本节将介绍此模式。

Single state analysis：单状态分析，如用户只有一个脉冲充放电的电流和电压测试数据。在该模式下，将不会得到随着 SOC 变化的等效电路模型参数。

（4）Capacity　如果勾选该选项，那么软件可以根据下式自动计算每个休息区的 SOC；如果不勾选该选项，则需要用户自行输入每个休息区的 SOC，其计算表达式为

$$\mathrm{SOC}(t)=\frac{\mathrm{SOC}_{\mathrm{initial}}{*}\mathrm{Capacity}-\int_0^t I\mathrm{d}t}{\mathrm{Capacity}} \tag{4-1}$$

式中，$\mathrm{SOC}_{\mathrm{initial}}$ 为初始 SOC，该选项的设置将在后面定义休息区 SOC 时出现；Capacity 为此处输入的容量值，该值也可以通过指针变量设置为随温度变化的数值；I 为电流。

（5）Known Open-Circuit Voltage　勾选该选项，用户可以输入充放电过程中的开路电压，并可以通过指针变量将其设置为随 SOC 和温度变化的值，即一张三维图（3DMap）；如果不勾选，软件将从 HPPC 的电压曲线中自动获取开路电压（长的休息区）。

2. 测试数据界面（Test Data）

在 Test Data 界面用户可输入 HPPC 的测试数据，如图 4-80 所示。

（1）X Data　水平方向的数据。在这里是指 HPPC 测试时的电芯温度。如果在不同温度下进行了多个 HPPC 测试，则需要输入多个温度，如图 4-80 所示。

（2）Y Data　垂直方向的数据。在这里是指 HPPC 测试时的电流幅值。如果在不同倍率下进行了多个 HPPC 测试，则需要输入多个电流。需要注意的是，每一个 HPPC 测试中，电流幅值相同。

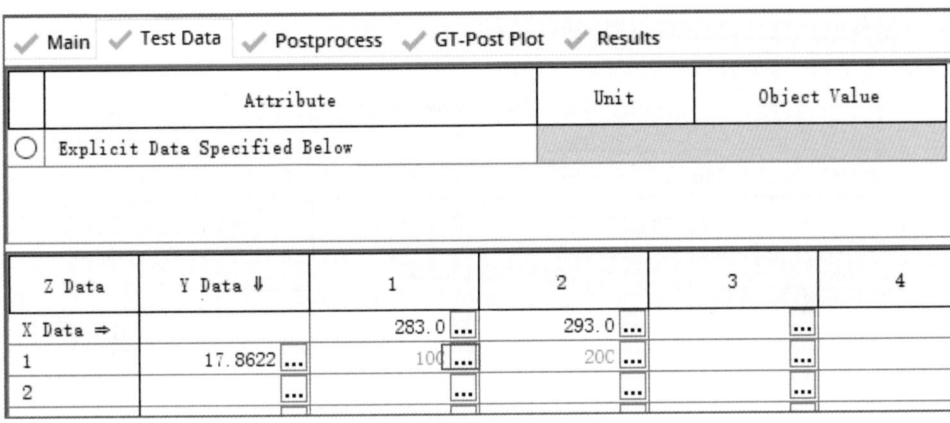

Main　Test Data　Postprocess　GT-Post Plot　Results

	Attribute	Unit	Object Value
○	Explicit Data Specified Below		

Z Data	Y Data ⇓	1	2	3	4
X Data ⇒		283.0	293.0		
1	17.8622	10C	20C		
2					

图 4-80　Test Data 界面

（3）Z Data　HPPC 的测试数据，包括电流、电压随时间的变化曲线，以及各休息区的 SOC 值。单击值选择按钮（图 4-80 中方框处），用户可新建一个 Battery Test 的对象，在该对象中输入 HPPC 测试数据。

图 4-81 所示为 HPPC 测试数据输入界面，即 Battery Test 对象的界面。

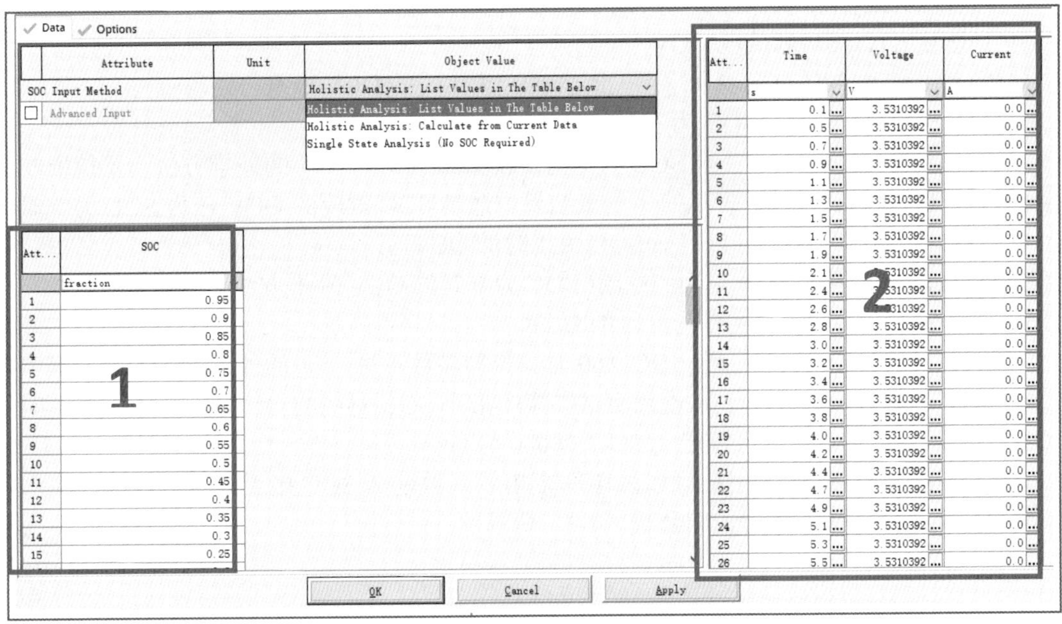

图 4-81　HPPC 测试数据输入界面

1）SOC Input Method：选择休息区 SOC 的输入方法。有以下 3 种方法：

① 当分析模式为 Holistic Analysis 时，选择“List Values in the Table Below”，将要求用户输入每一个休息区所对应的 SOC 值，如图 4-81 方框 1 所示。

② 当分析模式为 Holistic Analysis 时，选择“Calculate from Current Data”，将根据用户指定的初始 SOC 和在主界面输入的 Capacity 值，自动计算休息区的 SOC。

③ 当分析模式为 Single State Analysis 时，不需要输入 SOC 值。

2）电流和电压曲线。在图 4-81 中的右方区域（方框 2），输入电压和电流曲线。

3. 后处理界面（Postprocess）

在该界面，需要用户定义 SOC 外推方法，如图 4-82 所示。

Main | Test Data | Postprocess | GT-Post Plot | Results

	Attribute	Unit	Object Value
	OCV Hysteresis		
Separately Extract Charge/Discharge OCV			☐
	Out-of-region Process		
	Extend to full (SOC=1)		
☑	OCV (SOC=1)		3.6 ...
	R&C Extension method		Use closest value
	Extend to empty (SOC=0)		
☑	OCV (SOC=0)		2.4 ...
	R&C Extension method		Use closest value

图 4-82　外推方法设置

（1）Separately Extract Charge/Discharge OCV　勾选该选项时，软件会将开路电压（OCV）分为充电 OCV 和放电 OCV。

（2）Extend to full（SOC=1）　用户指定 SOC 为 1 时的 OCV 外推方法。

OCV（SOC=1）：指定 SOC 为 1 时的 OCV。

R&C Extension method：当 SOC 为 1 时，模型参数（R、C）的外推方法。下拉框中有两种方法。Use closest value 表示使用测试结果中最高 SOC 对应的 OCV 作为 SOC 为 1 时的 OCV；User value 表示用户可自定义 SOC 为 1 时的 OCV。

Extend to empty（SOC=0）：用户指定 SOC 为 0 时的 OCV 外推方法。

OCV（SOC=0）：指定 SOC 为 0 时的 OCV。

R&C Extension method：当 SOC 为 0 时，模型参数（R、C）的外推方法。下拉框中有三种方法。Use closest value 表示使用测试结果中最小 SOC 对应的 OCV 作为 SOC 为 0 时的 OCV；User value 表示用户可自定义 SOC 为 0 时的 OCV。

Exponential function：用户可以采用一个指数函数定义 SOC 接近 0 时等效电路模型参数随 SOC 的变化。该函数形式如公式（4-2）所示

$$P = a \cdot e^{b \cdot \mathrm{SOC}} + c \tag{4-2}$$

式中，P 为等效电路模型参数（R、C）；a、b 系数的值由用户输入，c 值由软件自动计算。

4. 后处理选项界面（GT-Post Plot）

图 4-83 所示为后处理选项界面，在该部分勾选需要输出的结果。

Main　Test Data　Postprocess　GT-Post Plot　Results

Attribute	Object Value
Plot Relaxation Detection	☑
Plot Relaxation Fitting	☑
Plot OCV	☑
Plot Rs and Cs Values	☑
Plot RMS Error	☑

图 4-83　后处理选项

5. 结果显示界面（Results）

Results 面板如图 4-84 所示。用户在 Results 面板下，单击“Show Preprocess Plot”，可以在 GT-ISE 中显示结果，无须运行模型。

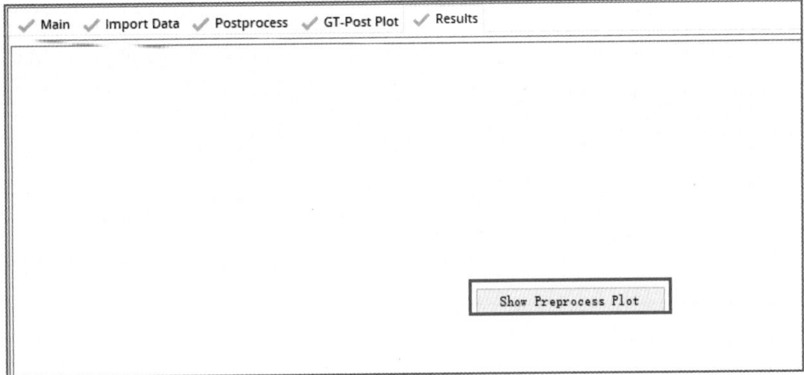

图 4-84　Results 面板

第 5 章　模型求解和后处理

在建模完成后，用户还需要进行模型求解设置，如图 5-1 所示。求解设置可以在 Home 下找到，求解设置主要包括案例设置（Case Setup）、运行设置（Run Setup）、图设置（Plot Setup）、输出设置（Output Setup）、高级设置（Advanced Setup）。

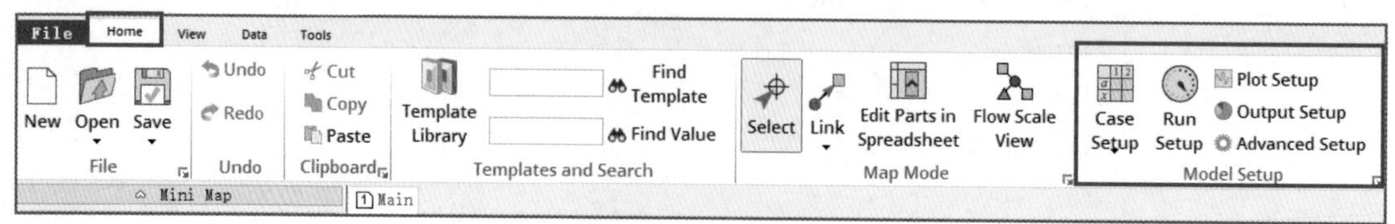

图 5-1　求解设置

5.1　案例设置

案例设置（Case Setup）主要进行工况的设置、普通变量的赋值以及 DOE（Design of Experiments）的设置等。如图 5-2 所示，其中的变量为“InitialTemp”和“AmbientTemp”，它们分别代表电芯的初始温度和环境温度。

Home　Advanced

Help | Append Case | Insert Case | Delete Case | Turn All Cases ON | Turn All Cases OFF | Add Parameter | Add Super Parameter | Delete Parameter | Find Parameter | Impo fro

Help　Cases

Main　Design of Experiments　All

Parameter	Unit	Description	Case 1	Case 2	Case 3
Case On/Off		Check Box to Turn Case On	☑	☑	☑
Case Label		Unique Text for Plot Legends	-20 C	-10 C	-0 C
AmbientTemp	C	Ambient Temperature	-20	-10	0
InitialTemp	C	Initial Temperature	-20	-10	0

图 5-2　Case Setup 界面

1. 工况设置

用户可以通过 Append Case、Insert Case、Delete Case 进行工况的增加、插入和删除。通过 Turn All Cases ON/ Turn All Cases OFF 可以打开或关闭所有工况，“ON”表示该工况参与计算，“OFF”表示该工况不参与计算。对单个工况打开或关闭，用户可以单击下方的“√”。

2. 变量分组

模型中默认所有的普通变量均在 Main 目录下。当变量数量较多时，用户可能想对变量进行分组，此时可以单击 All 右边的“+”，新建一个目录。然后选中变量名，右击选择“Move Parameter To Folder”，选择目标目录，即可将变量移动到 DOE 目录或新建的目录下。

3. 增加参数

如图 5-3 所示，单击“Add Parameter”，可以加入一个参数，如倍率“C_Rate”。同时电流（Current）这个变量的取值可以参考倍率这个参数，语法类似于 Excel。

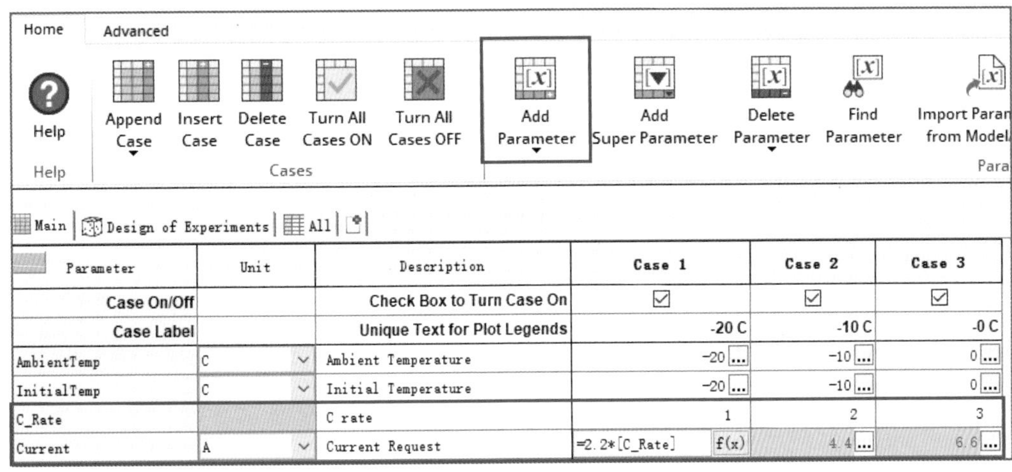

图 5-3 增加参数

4. 添加变量描述

用户可以在 Description 中添加变量描述。另外，Case Setup 中显示模型树中存在的变量，而建模区域不一定用到所有模型树中的对象，故为了让 Case Setup 中只显示实际使用的变量，需要单击图 5-4 方框中的选项，删除没有使用的对象和模板。

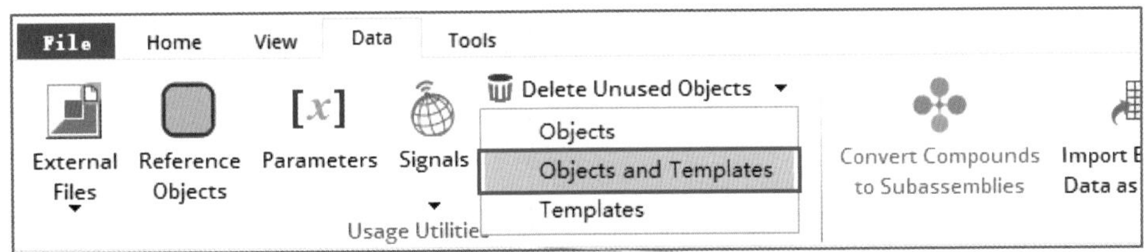

图 5-4 删除没有使用的对象和模板

5.2 运行设置

运行设置（Run Setup）主要设置求解器参数，包括时间控制（TimeControl）、初始化（Initialization）、常微分方程控制（ODEControl）、传热控制（ThermalControl）等。下面将介绍运行设置中的常用设置，其他设置的说明请查阅左上角的 Template Help。

5.2.1 时间控制

时间控制（TimeControl）设置主要进行求解时间的设置，如图 5-5 所示。

Maximum Simulation Duration（Time）：用于定义求解时长。

Automatic Shut-off When Steady-State：当系统达到稳态时，是否停止计算，电池计算一般设为 off。

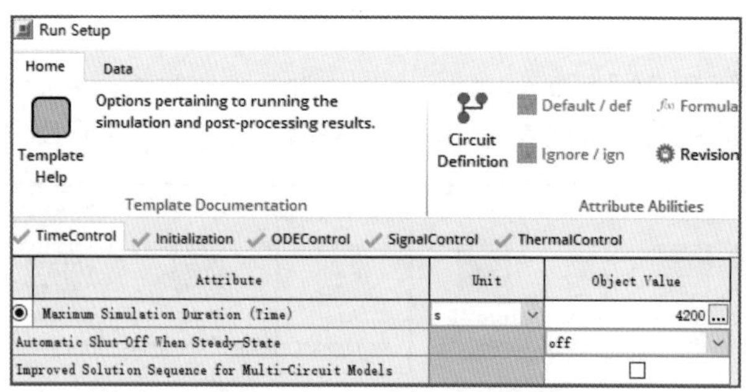

图 5-5 TimeControl 设置

5.2.2 初始化

初始化（Initialization）有助于计算的收敛，初始化设置如图 5-6 所示。GT-SUITE 提供了以下两种初始化方法：

Previous_case：使用已经计算的工况进行初始化。

User_imposed：使用用户输入的参数进行初始化，一般选择该选项。

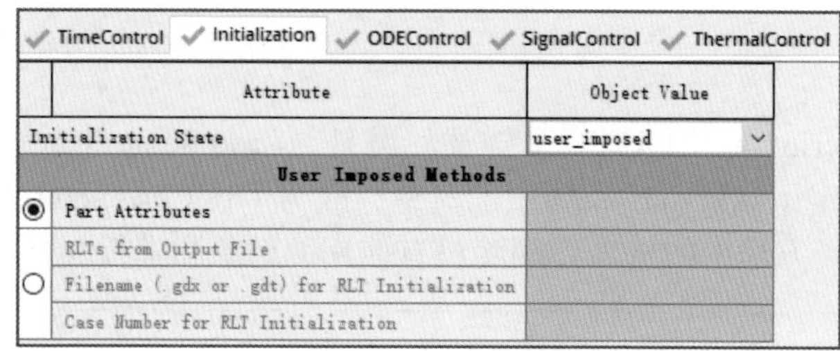

图 5-6 初始化设置

5.2.3 常微分方程控制

常微分方程控制（ODEControl）界面主要设置 ODE 的求解设置。但该求解器的控制参数不是针对 AutoLion 模板的，因为 AutoLion 模板的电化学方程是一组偏微分方程组，其求解的设定要在其模型设置（Model Setup）界面完成。

1. 自定义或选择 ODE 求解器（Integrator and Solution Control）

图 5-7 所示中的绿色对象“Level0”即是 ODE 求解器的指针变量。用户可以选择软件数据库中的求解器，也可自己定义指针变量。

TimeControl　Initialization　ODEControl　SignalControl　ThermalControl

Attribute	Unit	ODE Settings #1
Part Name List Object Identifying Circuits Belongi...		def ...
Integrator and Solution Control		Level0 ...
Time Step Output Frequency		def ...
Maximum Ratio of Time Steps in ODE Circuits		def (=20) ...
Maximum Ratio of Flow/ODE Time Step		def (=5) ...
Solve All Circuits Together (Single Solution Clust...		☑
Modal Analysis Property Object		ign ...

图 5-7 ODEControl 设置

如果选择的是软件数据库中的求解器，如图 5-7 中的 Level0，那么用户将无法更改求解器参数。双击“Level0”，弹出界面如图 5-8 所示，黄色标识说明不可更改。为了修改参数，可右击“Level0”（图 5-8 中方框处），然后选择“Break Implicit Object”选项，单击“确定”后，求解器参数就可以更改了。

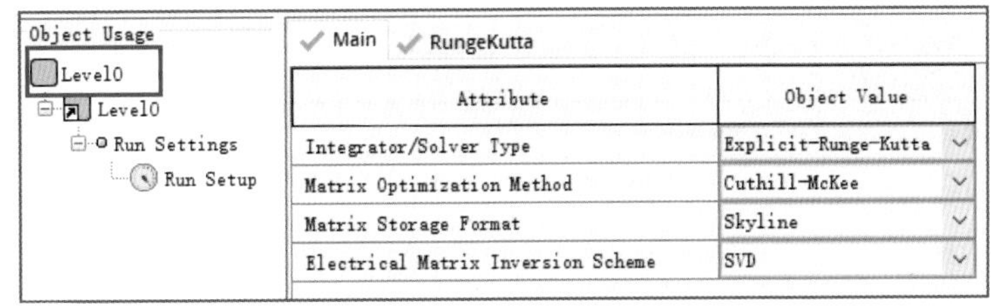

Object Usage
Level0
Level0
Run Settings
Run Setup
Main
RungeKutta
Attribute
Object Value
Integrator/Solver Type
Explicit-Runge-Kutta
Matrix Optimization Method
Cuthill-McKee
Matrix Storage Format
Skyline
Electrical Matrix Inversion Scheme
SVD

图 5-8　ODE 算法设置

2. ODE 算法设置（Integrator/Solver Type）

对于 AutoLion 电化学计算来说，选择隐式或者显式求解器都可以，因为这类 ODE 求解器只控制非电芯部件的计算。常用的求解器有 Explicit-Runge-Kutta 和 Implicit-SDC3。

3. 求解器最大时间步长设置（Maximum Integration Time Step）

在图 5-9 所示的界面中，用户可以更改求解器的最大时间步长。例如日历寿命时间步长可以设置的较大，如 100s；在脉冲电流工况（HPPC）下，时间步长需要设置的较小，如 0.1s；在其他工况下，时间步长可以设置在 1~10s。时间步长越小，精度越高，但计算时长会增加。另外，当求解器设置的时间步长与 AutoLion 模板中的时间步长不一致时，软件会选择较小的步长作为最大时间步长，所以建议两个时间步长设置为同一值。

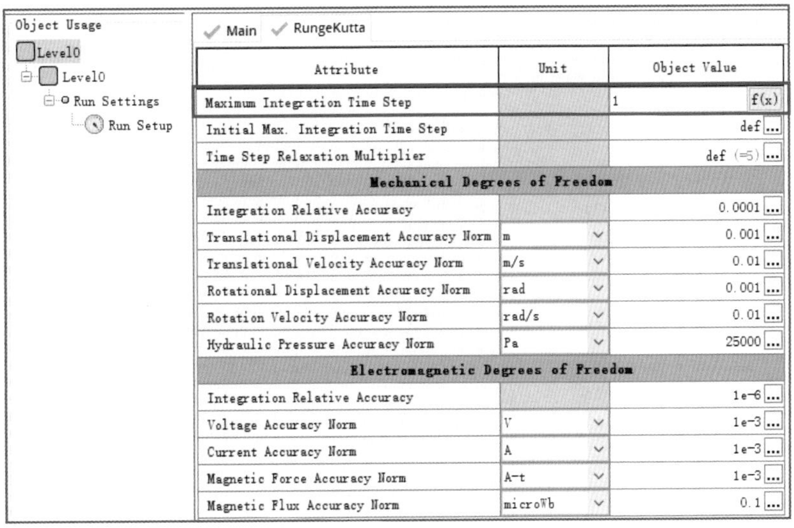

Object Usage
Level0
Level0
Run Settings
Run Setup
Main
RungeKutta
Attribute
Unit
Object Value
Maximum Integration Time Step
1
f(x)
Initial Max. Integration Time Step
def
Time Step Relaxation Multiplier
def (=5)
Mechanical Degrees of Freedom
Integration Relative Accuracy
0.0001
Translational Displacement Accuracy Norm
m
0.001
Translational Velocity Accuracy Norm
m/s
0.01
Rotational Displacement Accuracy Norm
rad
0.001
Rotation Velocity Accuracy Norm
rad/s
0.01
Hydraulic Pressure Accuracy Norm
Pa
25000
Electromagnetic Degrees of Freedom
Integration Relative Accuracy
1e-6
Voltage Accuracy Norm
V
1e-3
Current Accuracy Norm
A
1e-3
Magnetic Force Accuracy Norm
A-t
1e-3
Magnetic Flux Accuracy Norm
microWb
0.1

图 5-9　最大时间步长设置

5.2.4　传热控制

传热控制界面（ThermalControl）如图 5-10 所示，主要用于温度求解器的选择。用户可以选择自动（automatic）、稳态（steady）、瞬态（transient）等。默认自动选择即可。对于电池仿真，瞬态温度求解器是默认选项。

TimeControl Initialization ODEControl SignalControl ThermalControl

Attribute	Thermal Settings #1	Thermal S
Part Name List Object Identifying Circuits Belongi...	def (=Any Circuit Not	
Thermal Wall Solver	automatic	

Transient Thermal Wall Solver is Enabled if Thermal Wall Solver = Automatic

Attribute	Unit	Object Value
Thermal Wall Calculation Interval	s	def
Convergence Threshold for Flow Solver Skipping	fraction	ign
Number of Thermal Calculation Intervals to Skip Fl...		ign
Periods at Initial Wall Temperature (WallTempSolve...		def (=3)

图 5-10 传热控制界面

5.3 图设置

在 Home>Plot Setup（图设置）中，用户可以设置 Max Plot Points 的数目（≤ 40000）来控制图形（Plot）输出的疏密，如图 5-11 所示。默认采样频率为 1 个时间步长。如果 Max Plot Points 过少，则输出图形可能会失真。

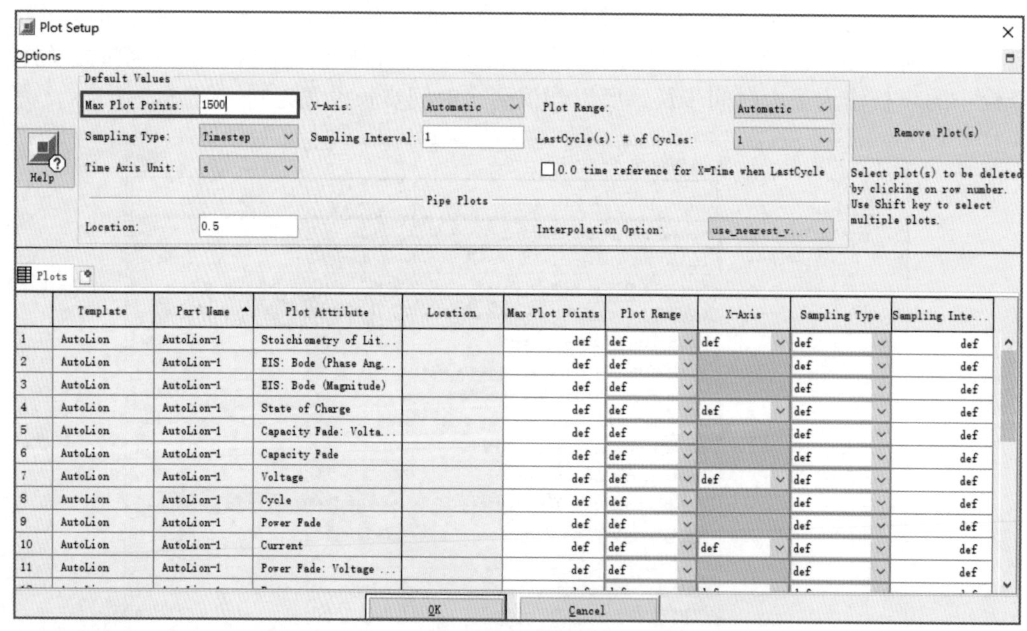

图 5-11 Plot 设置

5.4 输出设置

输出设置（Output Setup）界面如图 5-12 所示。用户可在该界面进行数据存储、计算结果坐标轴等设置。GT-SUITE 输出以下 3 类数据。

1. Plot 数据

Plot 数据即瞬态数据，该数据是随时间变化的曲线，如 SOC 变化曲线等。用户可以通过 Plot Setup 设置输出频率。

2. Case RLT

RLT 是 Result 的缩写，Case RLT 是指每个 Case 最后时刻的某个结果。该结果一般为某种统计量，如平均 SOC。

3. Time RLT

Time RLT 是指每个 Case 的 RLT 随时间变化的结果，如不同时刻下的平均 SOC。Time RLT 与 plot 数据虽然都是随时间变化的曲线，但 Time RLT 仍是一种统计量，以 SOC 为例，平均 SOC 是指截止到当前时刻的平均 SOC。

RLT Calculation Interval（Continuous Circuits）：RLT 输出的时间间隔。默认值为 Run Setup>TimeControl 中 Maximum Simulation Duration（Time）的 0.2%。

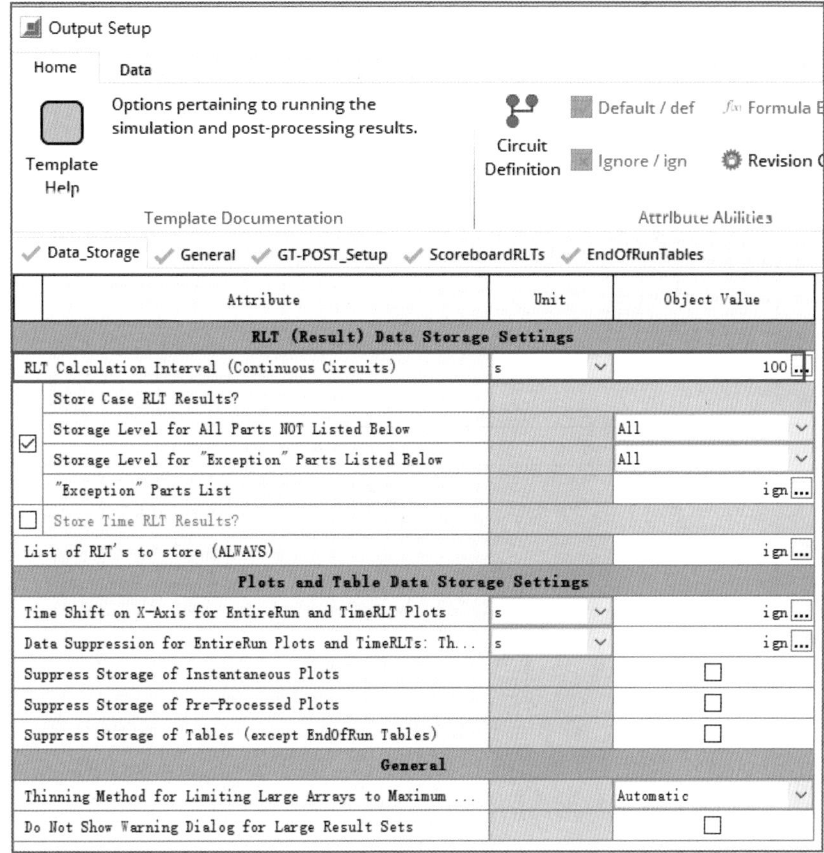

图 5-12 Output Setup 界面

5.5 高级设置

在高级设置（Advanced Setup）中，用户可以设置重力、全局的固定时间步长、版本变动等内容。

5.6 模型运行

如图 5-13 所示，用户单击绿色“Run”按钮后模型开始运行。

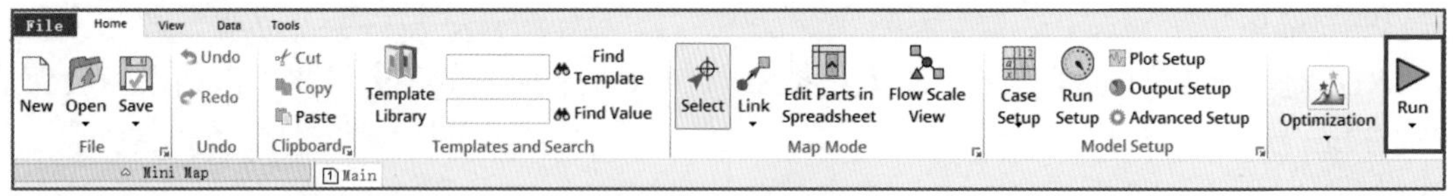

图 5-13　模型运行

打开运行设置面板，如图 5-14 所示。

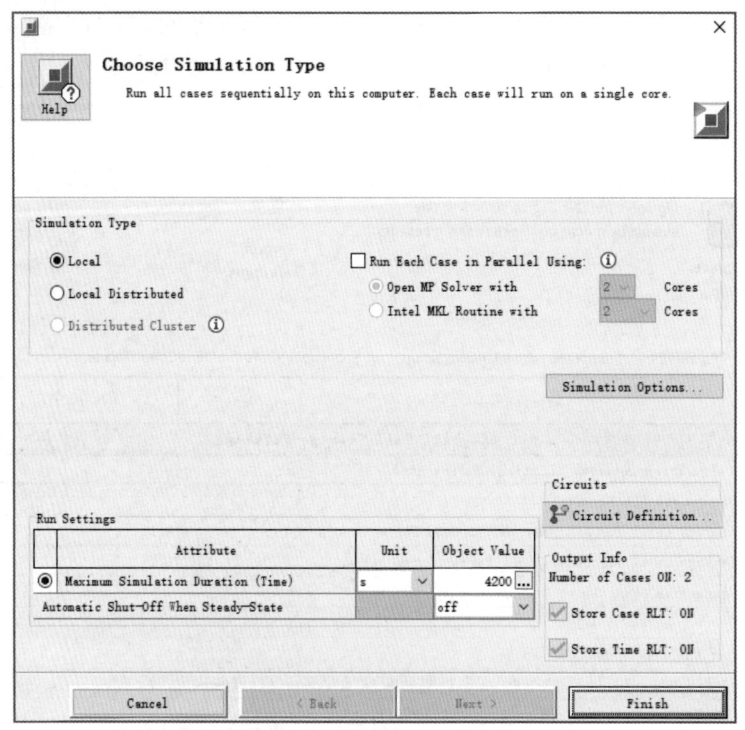

图 5-14　运行设置面板

Local：本地计算机求解，要求一个 license。所有 case 一个接一个地运算。
Local Distributed：本地计算机上的分布式计算。要求多个 License。
Distributed Cluster：在局域网内的分布式计算。要求多个 License。
Run Each Case in Parallel Using：每一个 case 并行计算。

5.7 结果后处理

5.7.1 结果查看

单击“Finish”后，软件求解将在结果后处理（GT-Post）中进行。该求解界面便于用户监控求解进程并查找错误。

GT-Post 求解界面如图 5-15 所示，分为三个区域：模型区域、计算进度区域和 Console 面板。当下方进度条显示为蓝色 100% 时，表示模型计算完成。当进度条显示为红色时，表示模型存在问题。Console 会显示求解信息、警告信息和错误信息。当模型计算不成功时，用户可以查看错误信息，从而对模型进行修改。

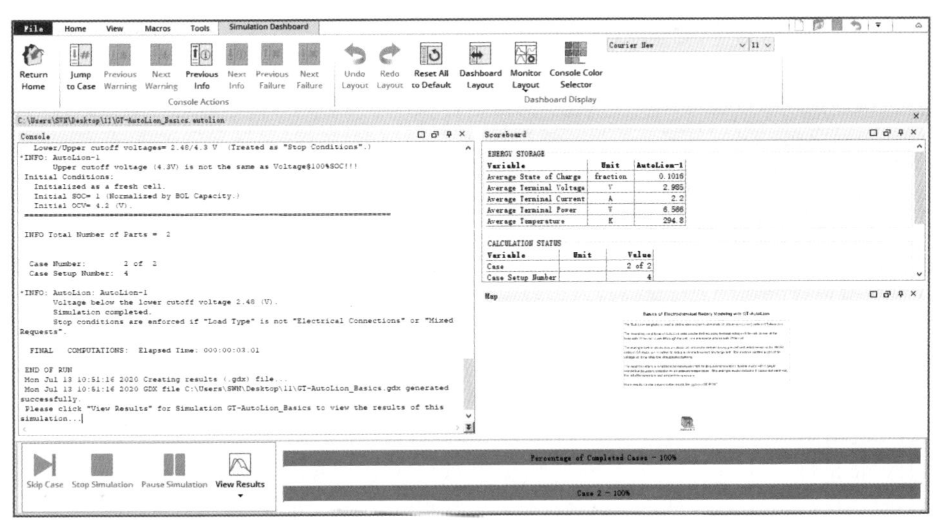

图 5-15　GT-Post 求解界面

单击图 5-15GT-Post 求解界面左下角的“View Result”，选中要查看的信息，如电池的 SOC，即可查看该结果信息，如图 5-16 所示。

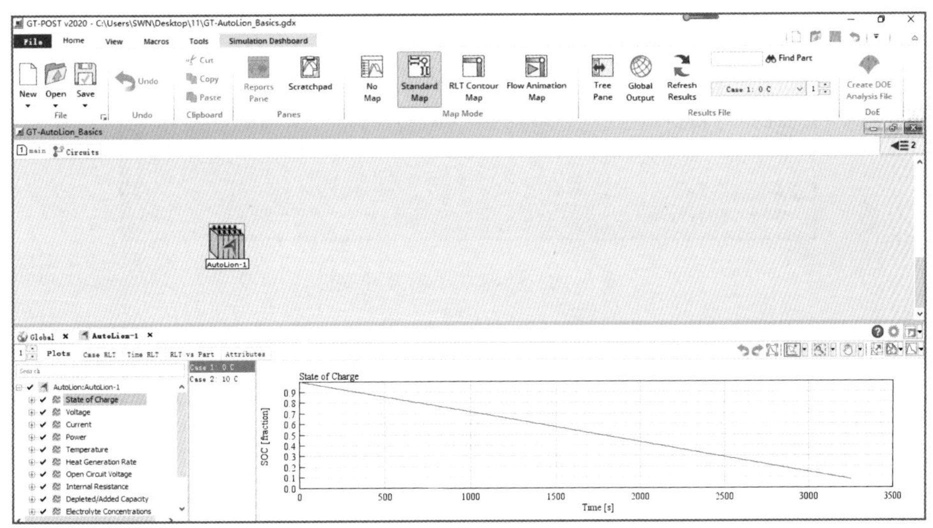

图 5-16　电池 SOC 结果查看界面

另外，如果 Plots 中没有出现用户需要的图（如电池部件的负极电位），则意味着建模时，该部件没有被勾选作为相应的输出。如图 5-17 所示，双击模型区中的部件，用户可以在 Plots 面板中勾选负极电位以解决以上问题。

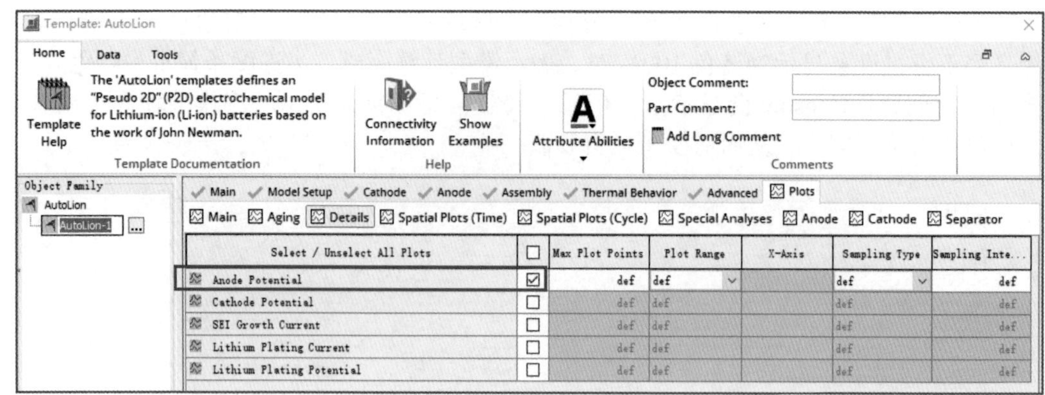

图 5-17 部件 Plots 设置

5.7.2 结果处理

GT-SUITE 的结果文件后缀是 .gdx。当用户需要进行结果对比或与试验结果进行对比时，需要新建结果后处理文件，文件后缀为 .gu。

*.gu 文件是独立于计算结果文件的数据处理文件，可调用 *.gdx 文件中的数据，也可手动输入数据，并对数据进行处理。本节将举例说明结果对比的步骤。

步骤 1：在工具栏中，单击“New”，选择“New Report File”，新建 GU 文件，如图 5-18 所示。然后拖动 gdx 如图 5-19 所示。

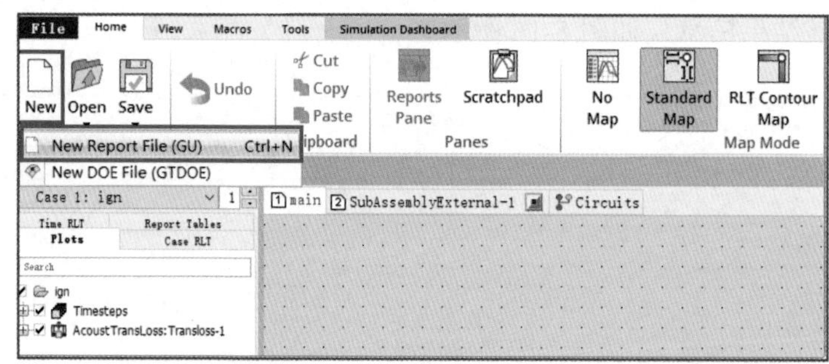

图 5-18 新建结果后处理文件

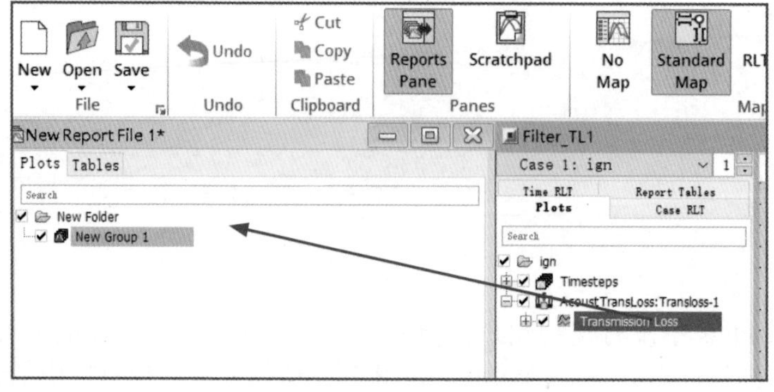

图 5-19 拖动 gdx 结果

步骤 2：选中要对比的曲线，如 Case1 中的电压曲线，右击选择图 5-20 方框中的选项，将结果发送到 GU 文件，命名为“Case1_vol”。然后选择“Case2”，再次重复操作，将 Case2 的电压曲线发送到 GT 文件中，命名为“Case2_vol”。

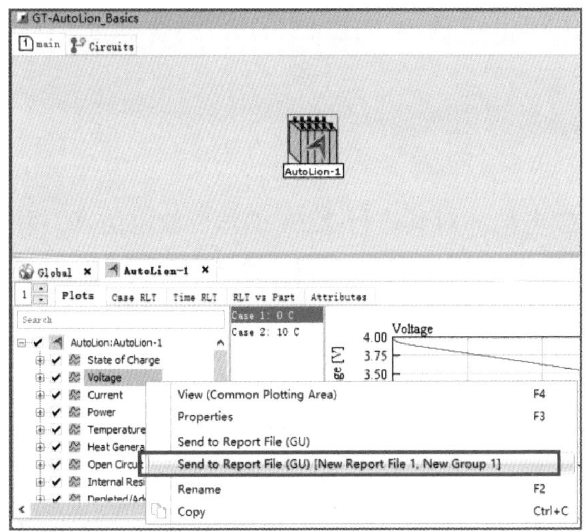

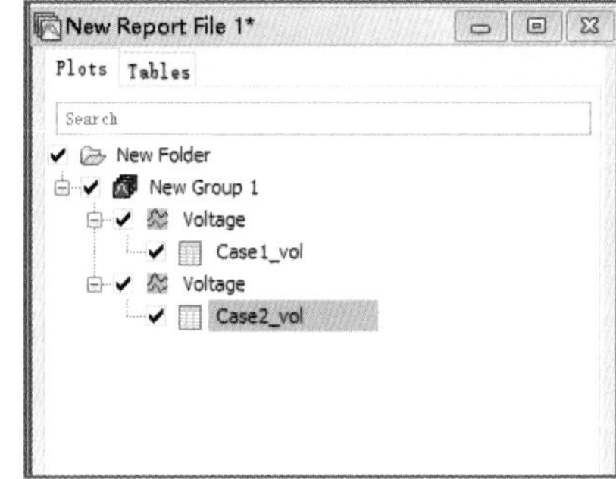

图 5-20　选择数据导入方式

步骤 3：将 Case2_vol 拖到 Case1_vol 中，可以对比不同 case 的结果，如图 5-21 所示。

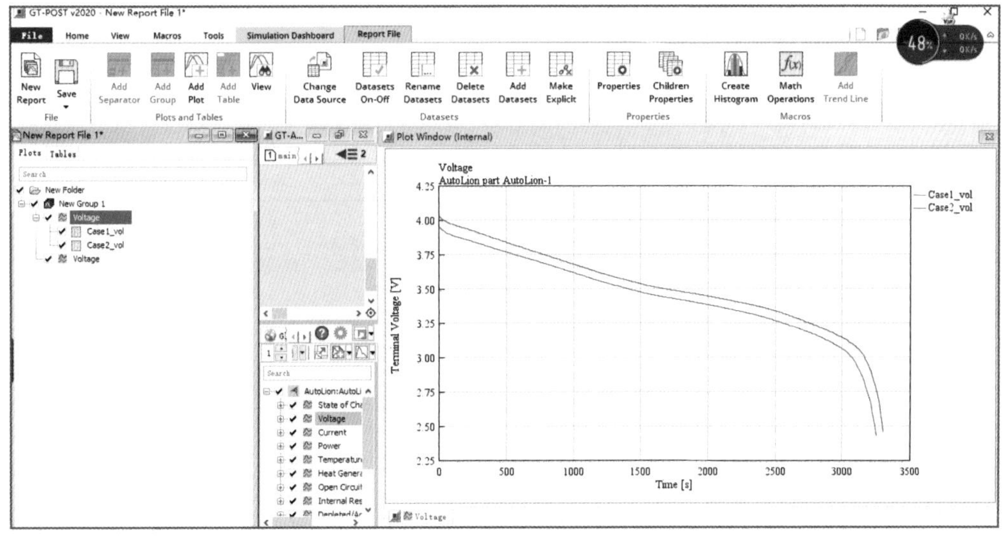

图 5-21　不同 case 结果对比

第6章 性能仿真

本章将介绍如何利用 GT-AutoLion 进行恒流放电（1D 和 3D）、混合脉冲功率特性（HPPC）以及电化学阻抗谱的仿真。

6.1 恒流放电

本节所用模型为一个 18650 型 NCM/C 电池，对其进行 2.2A 的恒流放电仿真，并与外部环境进行对流换热，不考虑老化模型。模型所在目录为 \GTI\v2024\examples\Battery\GT-AutoLion\GT-AutoLion_Basics.autolion。

6.1.1 电池模型设置

在 GT-ISE 中，新建一个 GT-AutoLion 文件，命名为“GT-AutoLion_Basics.autolion”。保存模型到用户指定的文件夹下。在模板树中，找到 AutoLion 模板，直接拖入模型区域，建立名为“AutoLion-1”的部件。关于圆柱形电池几何参数的说明请参考 4.1 节。

1. 主界面（Main）

图 6-1 所示为电池模型设置主界面（Main）。分析模式（Analysis Mode）为时间仿真（Time Simulation）模式。本例为恒流放电，故负荷形式（Load Type）选择电流，电流需求设置为 2.2A，电池的初始 SOC 为 1。通过单击电芯几何（Cell Geometry）右侧的值选择按钮...，选择圆柱形电池（Cell Geometry-Cylindrical），新建一个名为“Cylindrical Geometry”的指针变量。圆柱形电池的尺寸参数如图 6-2 所示。

Main | Model Setup | Cathode | Anode | Assembly | Thermal Behavior | Advanced | Mechanical | Plots

Attribute	Unit	Object Value
Battery Type and Geometry		
Battery Type		Lithium Ion
Cell Geometry		CylindricalGeometry
Pack Model		
☐ Build Lumped Pack Model		
Analysis Mode		
Analysis Mode		Time Simulation
Time Simulation		
Load Type		Current
Current Request	A	2.2
Initialization		
Initial State of Charge	fraction	1
◉ Initialize as Fresh Cell		
○ Initialize as Aged Cell From Cellstate File		
○ Initialize Manually as Aged Cell		

图 6-1 电池模型设置主界面

2. 模型设置（Model Setup）

电池模型设置如图 6-3 所示，将时间步长（Time Step Size）设置为 10s。

Object Usage

Hide Unused Objects?

CylindricalGeometry
AutoLion
AutoLion
Cell Geometry

Main

Attribute	Unit	Object Value
Cell Dimensions		
Outer Diameter	mm	18.6
Outer Height	mm	65.2
Wall Thickness	mm	0.3
Jelly Roll Dimensions		
Jelly Roll Inner Diameter	mm	4
Jelly Roll Outer Diameter	mm	17.2
Jelly Roll Details		
Cathode Uncoated Length	mm	15
Anode Uncoated Length	mm	52
Anode Extra Length	mm	40
Thicknesses		
Cathode	micron	77.5
Anode	micron	81
Separator	micron	20
Cathode Foil	micron	15
Anode Foil	micron	8
Heights		
Cathode	mm	57.5
Anode	mm	58
Separator	mm	59.7
Cathode Foil	mm	59.7
Anode Foil	mm	59.7

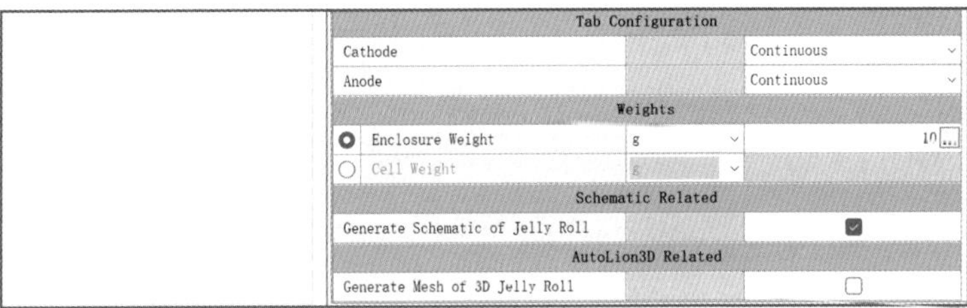

图 6-2 圆柱形电池尺寸参数

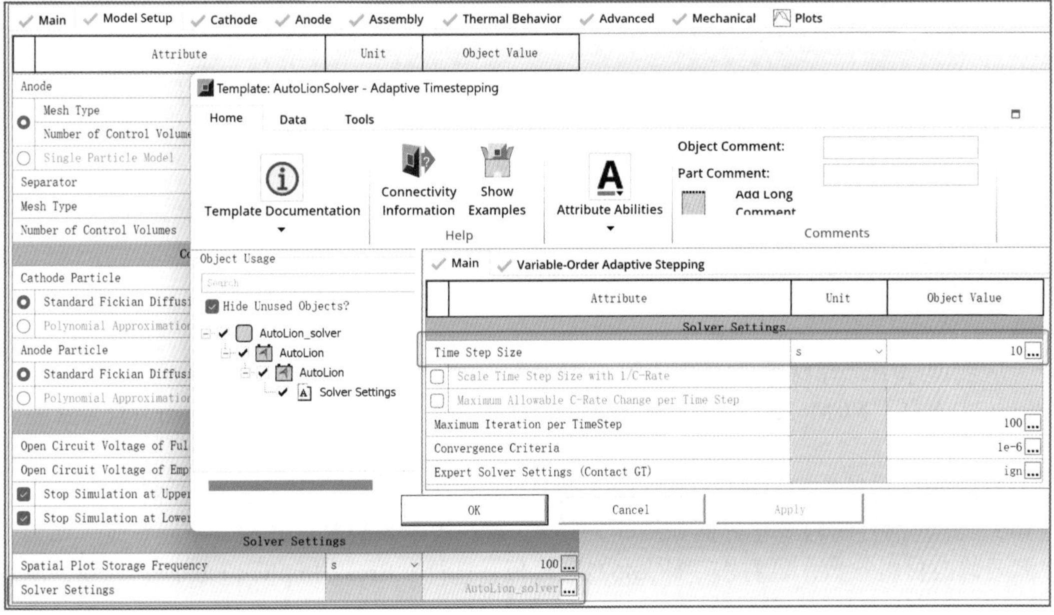

图 6-3 电池模型设置

3. 正极（Cathode）

正极活性材料选择数据库中的 NCM622。其他参数按图 6-4 输入即可。

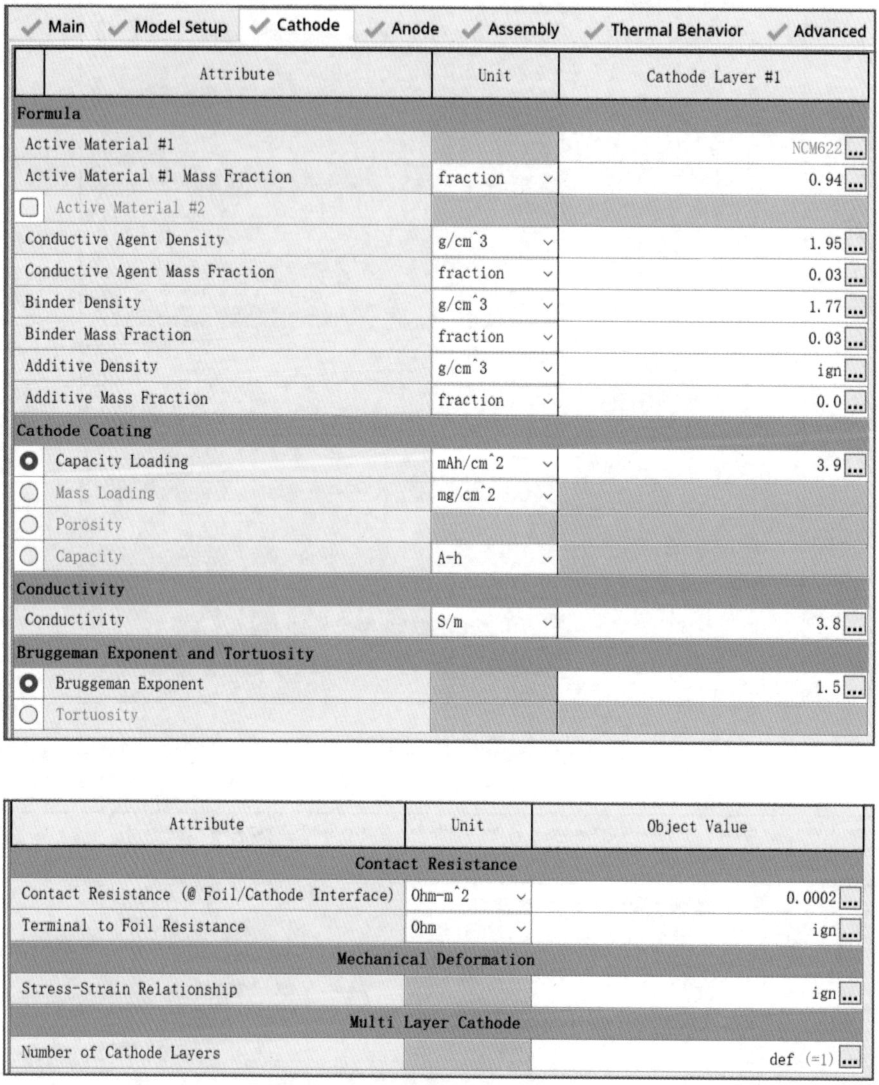

Main | Model Setup | Cathode | Anode | Assembly | Thermal Behavior | Advanced

Attribute	Unit	Cathode Layer #1
Formula		
Active Material #1		NCM622
Active Material #1 Mass Fraction	fraction	0.94
Active Material #2		
Conductive Agent Density	g/cm^3	1.95
Conductive Agent Mass Fraction	fraction	0.03
Binder Density	g/cm^3	1.77
Binder Mass Fraction	fraction	0.03
Additive Density	g/cm^3	ign
Additive Mass Fraction	fraction	0.0
Cathode Coating		
Capacity Loading	mAh/cm^2	3.9
Mass Loading	mg/cm^2	
Porosity		
Capacity	A-h	
Conductivity		
Conductivity	S/m	3.8
Bruggeman Exponent and Tortuosity		
Bruggeman Exponent		1.5
Tortuosity		

Attribute	Unit	Object Value
Contact Resistance		
Contact Resistance (@ Foil/Cathode Interface)	Ohm-m^2	0.0002
Terminal to Foil Resistance	Ohm	ign
Mechanical Deformation		
Stress-Strain Relationship		ign
Multi Layer Cathode		
Number of Cathode Layers		def (=1)

图 6-4　正极设置

从数据库中选择材料的方法如图 6-5 所示，单击值选择按钮[...]，用户可在 GT-SUITE Library 中选择“NCM622”。用户也可通过双击下方的“EChemActiveMaterial”自定义一个材料。

双击绿色指针变量“NCM622”，可以看到活性材料的特性参数。活性材料主界面如图 6-6 所示，活性材料老化界面如图 6-7 所示。黄色表示系统默认参数，不能修改。如果用户需要修改材料参数，可右击“NCM622”模板，选择“Break Implicit Object”选项，单击“确定”后，参数变为白色，表示可以更改。然后单击“OK”，完成选择。

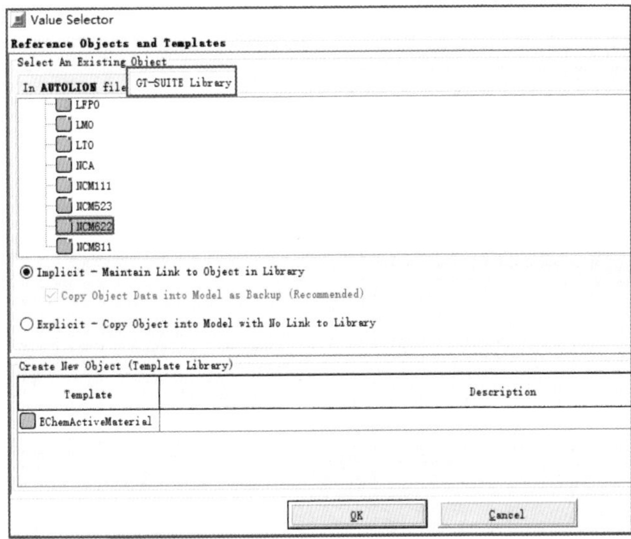

图 6-5 数据库中选择材料

Main　Degradation　Kinetics

Attribute	Unit	Object Value
AutoLion Material		NCM 622
◉ Particle Diameter	micron	10
○ Particle Size Distribution		
Particle Shape		Spherical
Molecular Weight	g/mol	96.93
Electrons Transferred		1
Density	g/cm^3	4.8
First Charge Capacity	mAh/g	190
First Discharge Capacity	mAh/g	182
Umax	V	4.33
Swelling Coefficient		1
Specific Surface Area		
User Value	1/m	def (=Theoretical)
Multiplier		def (=1)
Open Circuit Potential		
◉ Database Value		
○ User Value	V	

Attribute	Unit	Object Value
Exchange Current Density / Rate Constant		
◉ Database Value		
○ User Value	A/m^2	
Electrolyte Conc. Dependent Multiplier		def (=1)
○ User Kinetic Rate Constant		5e-4
Multiplier		def (=1)
Solid Diffusivity		
◉ Database Value		
○ User Value	m^2/s	
Multiplier		def (=1)
Entropic Heat		
◉ Database Value		
○ User Value	V/K	
Multiplier		def (=1)

图 6-6 活性材料主界面

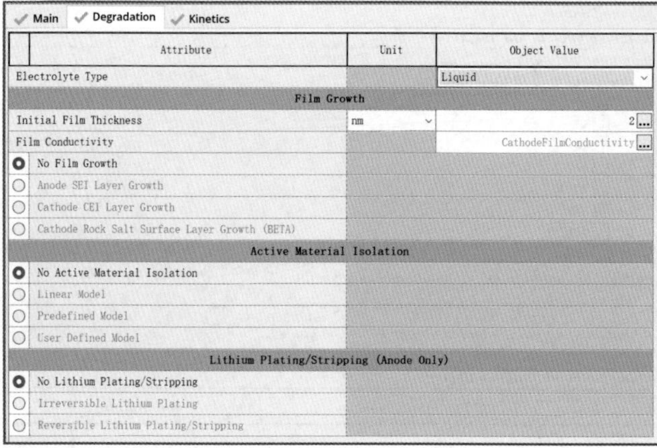

Main | Degradation | Kinetics

Attribute	Unit	Object Value
Electrolyte Type		Liquid
Film Growth		
Initial Film Thickness	nm	2
Film Conductivity		CathodeFilmConductivity
● No Film Growth		
○ Anode SEI Layer Growth		
○ Cathode CEI Layer Growth		
○ Cathode Rock Salt Surface Layer Growth (BETA)		
Active Material Isolation		
● No Active Material Isolation		
○ Linear Model		
○ Predefined Model		
○ User Defined Model		
Lithium Plating/Stripping (Anode Only)		
● No Lithium Plating/Stripping		
○ Irreversible Lithium Plating		
○ Reversible Lithium Plating/Stripping		

图 6-7　活性材料老化界面

4. 负极（Anode）

负极活性材料选择数据库中的“Graphite”，其他参数按图 6-8 输入即可。

Main | Model Setup | Cathode | Anode | Assembly | Thermal Behavior

Attribute	Unit	Anode Layer #1
Formula		
Active Material #1		Graphite
Active Material #1 Mass Fraction	fraction	0.94
☐ Active Material #2		
Conductive Agent Density	g/cm^3	1.95
Conductive Agent Mass Fraction	fraction	0.03
Binder Density	g/cm^3	1.77
Binder Mass Fraction	fraction	0.03
Additive Density	g/cm^3	ign
Additive Mass Fraction	fraction	0.0
Anode Coating		
● N/P Ratio	fraction	1.15
○ Capacity Loading	mAh/cm^2	
○ Mass Loading	mg/cm^2	
○ Porosity		
○ Capacity	A-h	
Conductivity		
Conductivity	S/m	100.0
Bruggeman Exponent and Tortuosity		
● Bruggeman Exponent		1.5
○ Tortuosity		

Attribute	Unit	Object Value
Contact Resistance		
Contact Resistance (@ Foil/Anode Interface)	Ohm-m^2	0.0002
Terminal to Foil Resistance	Ohm	ign
Mechanical Deformation		
Stress-Strain Relationship		ign
Multi Layer Anode		
Number of Anode Layers		def (=1)

图 6-8　负极设置

双击绿色指针变量 “Graphite”，可以看到活性材料的特性参数。活性材料主界面如图 6-9 所示，活性材料老化界面如图 6-10 所示。

Main　Degradation　Kinetics

Attribute	Unit	Object Value
AutoLion Material		Graphite
◉ Particle Diameter	micron	15
○ Particle Size Distribution		
Particle Shape		Spherical
Molecular Weight	g/mol	72.06
Electrons Transferred		1
Density	g/cm^3	2.24
First Charge Capacity	mAh/g	371.933
First Discharge Capacity	mAh/g	350
Umax	V	2
Swelling Coefficient		1
Specific Surface Area		
User Value	1/m	def (=Theoretical)
Multiplier		def (=1)
Open Circuit Potential		
◉ Database Value		
○ User Value	V	

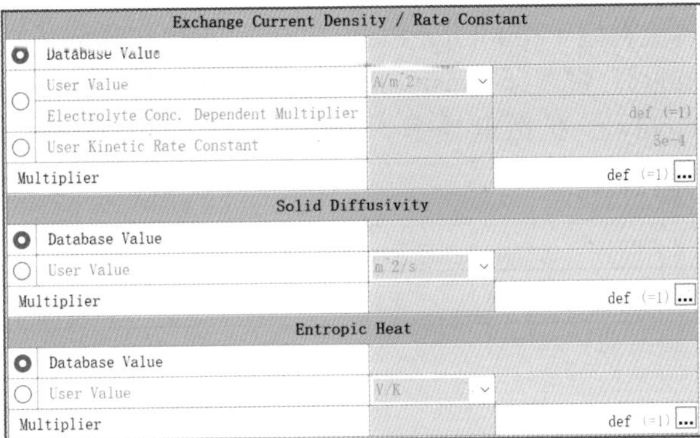

Attribute	Unit	Object Value
Exchange Current Density / Rate Constant		
◉ Database Value		
○ User Value	A/m^2	
Electrolyte Conc. Dependent Multiplier		def (=1)
○ User Kinetic Rate Constant		5e-4
Multiplier		def (=1)
Solid Diffusivity		
◉ Database Value		
○ User Value	m^2/s	
Multiplier		def (=1)
Entropic Heat		
◉ Database Value		
○ User Value	V/K	
Multiplier		def (=1)

图 6-9　活性材料主界面

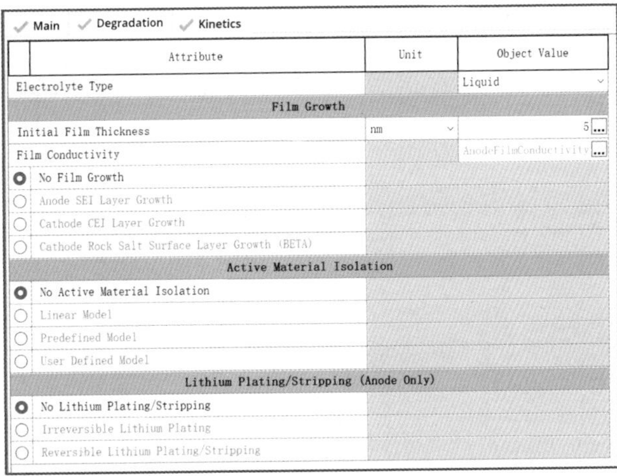

Main　Degradation　Kinetics

Attribute	Unit	Object Value
Electrolyte Type		Liquid
Film Growth		
Initial Film Thickness	nm	5
Film Conductivity		AnodeFilmConductivity
◉ No Film Growth		
○ Anode SEI Layer Growth		
○ Cathode CEI Layer Growth		
○ Cathode Rock Salt Surface Layer Growth (BETA)		
Active Material Isolation		
◉ No Active Material Isolation		
○ Linear Model		
○ Predefined Model		
○ User Defined Model		
Lithium Plating/Stripping (Anode Only)		
◉ No Lithium Plating/Stripping		
○ Irreversible Lithium Plating		
○ Reversible Lithium Plating/Stripping		

图 6-10　活性材料老化界面

5. 组装（Assembly）

正极、负极和隔膜的材料均从 GT-SUITE 数据库中选择。电解液过量系数（Excess Ratio）设为 1.3，如图 6-11 所示。

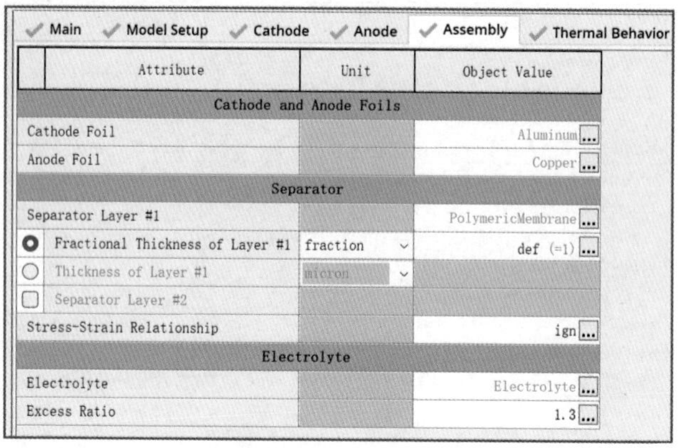

Main | Model Setup | Cathode | Anode | Assembly | Thermal Behavior

Attribute	Unit	Object Value
Cathode and Anode Foils		
Cathode Foil		Aluminum
Anode Foil		Copper
Separator		
Separator Layer #1		PolymericMembrane
Fractional Thickness of Layer #1	fraction	def (=1)
Thickness of Layer #1	micron	
Separator Layer #2		
Stress-Strain Relationship		ign
Electrolyte		
Electrolyte		Electrolyte
Excess Ratio		1.3

图 6-11　组装设置

电解液类型（Electrolyte）设置为指针变量，命名为“Electrolyte”，其参数如图 6-12 所示。用户需要选择电解液类型（AutoLion Electrolyte），设置传递数（Transference Number）、摩尔浓度（Concentration）、密度（Density）、EC 的体积分数（EC Volume Fraction）、离子电导率（Ionic Conductivity）、扩散电导率（Diffusional Conductivity）和离子扩散率（Ionic Diffusivity）。

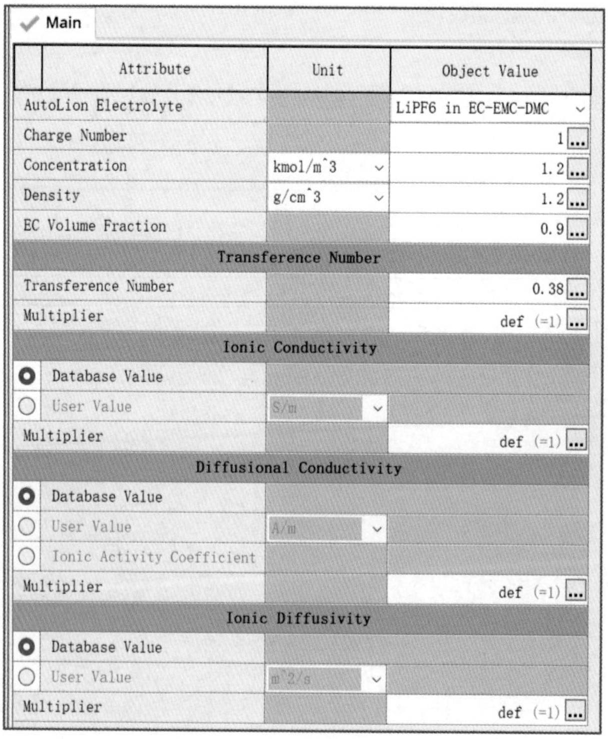

Main

Attribute	Unit	Object Value
AutoLion Electrolyte		LiPF6 in EC-EMC-DMC
Charge Number		1
Concentration	kmol/m^3	1.2
Density	g/cm^3	1.2
EC Volume Fraction		0.9
Transference Number		
Transference Number		0.38
Multiplier		def (=1)
Ionic Conductivity		
Database Value		
User Value	S/m	
Multiplier		def (=1)
Diffusional Conductivity		
Database Value		
User Value	A/m	
Ionic Activity Coefficient		
Multiplier		def (=1)
Ionic Diffusivity		
Database Value		
User Value	m^2/s	
Multiplier		def (=1)

图 6-12　电解液设置

6. 传热模型（Thermal Behavior）

本例选择第四种传热模型“Internal Thermal Solution”，即电池与外部环境之间发生对流换热。通过设定不同的环境温度，考察电池在不同温度下的恒流放电的性能。分别设置比热容和对流换热系数为 1000J/kg-K 和 10W/m²-K，初始温度和环境温度设置为普通变量 [InitialTemp]，如图 6-13 所示，用户可以在 Case Setup 中对普通变量赋值。

Main | Model Setup | Cathode | Anode | Assembly | Thermal Behavior | Advanced

Attribute	Unit	Object Value
Thermal Model		
Imposed Temperature	K	298.15
External Thermal Connection		
Internal Thermal Node with External Connections		
Internal Thermal Solution		
Ambient Temperature	See Case...	[InitialTemp]
Convective Heat Transfer Coefficient	W/(m^2-K)	10
Initial Temperature	See Case...	[InitialTemp]
Non-Cell Weight	kg	0
Specific Heat	J/kg-K	1000
Core-Surface Thermal Solution		

图 6-13 传热模型设置

7. 高级设置（Advanced）

高级设置如图 6-14 所示。在高级设置中，用户可以设置正负极双电层电容（Double Layer Capacitance）、电池平衡（Cell Balancing）、热失控（Thermal Runaway）相关参数。

Main | Model Setup | Cathode | Anode | Assembly | Thermal Behavior | Advanced | Mechanical

Attribute	Unit	Object Value
Double Layer Capacitance		
Cathode	F/m^2	ign
Anode	F/m^2	ign
Aging State File Export Settings		
Store Aging State in .cellstate File		
Name of .cellstate File		def
Cell Balancing		
Temperature for Cell Balancing	K	def (=Initial Temperature)
Electrode Areas for Cell Balancing		Overlapping
Show Pre-Processing Plot in GT-POST		☑
Measured OCV vs. SOC		ign
Override Cell Balancing		☐
Thermal Runaway		
Thermal Runaway Reactions		ign
Cutoff Temperature for Electrochemical Solution	K	ign
No Flow Solution		
Internal Pressure Buildup		
Volume Available for Gas	m^3	
External Flow Connection		

图 6-14 高级设置

8. 力学模型（Mechanical）

在力学模型设置中，用户可以设置电池的力学模型，如图 6-15 所示，在此模型中，设置负极膨胀比为 1，意味着不考虑负极的应力应变。

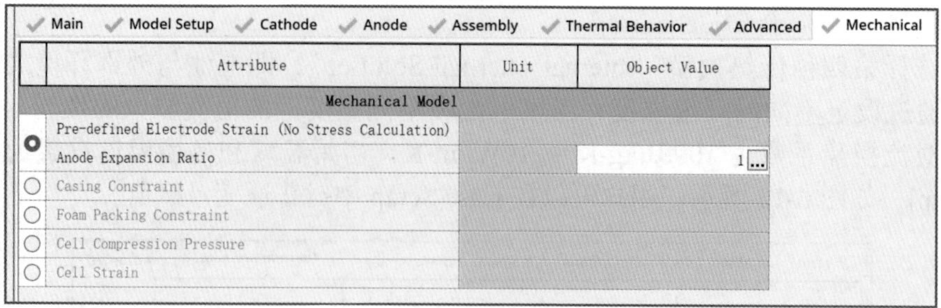

图 6-15　力学模型设置

9. 图（Plots）

图设置如图 6-16 所示。用户可以根据分析目的，在 Plots 面板下选择需要的结果曲线，以便在 GT-Post 中进行结果的查看。

Main　Model Setup　Cathode　Anode　Assembly　Thermal Behavior　Advanced　Mechanical　Plots

Main　Aging　Details　Spatial (Time)　Spatial (Cycle)　Special Analyses　Anode　Cathode　Separator　Mechanical　Thermal Runaway

Select / Unselect All Plots	☐	Max Plot Points	Plot Range	X-Axis	Sampling Type	Sampling Inte...
State of Charge	☑	def	def	def	def	def
Voltage	☑	def	def	def	def	def
Current	☑	def	def	def	def	def
Power	☑	def	def	def	def	def
Temperature	☑	def	def	def	def	def
Heat Generation Rate	☑	def	def	def	def	def
Open Circuit Voltage	☑	def	def	def	def	def
Polarization	☐	def	def	def	def	def
Internal Resistance	☐	def	def	def	def	def
Depleted/Added Capacity	☐	def	def		def	def
Electrolyte Concentrations	☐	def	def	def	def	def
Stoichiometry of Lithium Ions	☐	def	def	def	def	def
Voltage vs. Capacity	☑	def	def		def	def
Temperature vs. Capacity	☑	def	def		def	def
Time Step Size	☐	def	def		def	def
Iteration Number	☐	def	def		def	def
Residual	☐	def	def		def	def

图 6-16　Plots 设置

6.1.2　求解设置

1. 时间控制（TimeControl）

在 Run Setup 中的 TimeControl 中，用户可以设置计算时长为 4200s，如图 6-17 所示，达到稳态时不停止计算（将 Automatic Shut-Off When Steady-State 设置为 off）。

TimeControl　Initialization　ODEControl　SignalControl　ThermalControl

Attribute	Unit	Object Value
◉ Maximum Simulation Duration (Time)	s	4200
Automatic Shut-Off When Steady-State		off
Improved Solution Sequence for Multi-Circuit Models		☐

图 6-17　TimeControl 设置

2. 常微分方程控制（ODEControl）

如图 6-18 所示，在 ODEControl 中，用户可以将积分和算法控制（Integrator and Solution Control）设置为指针变量。

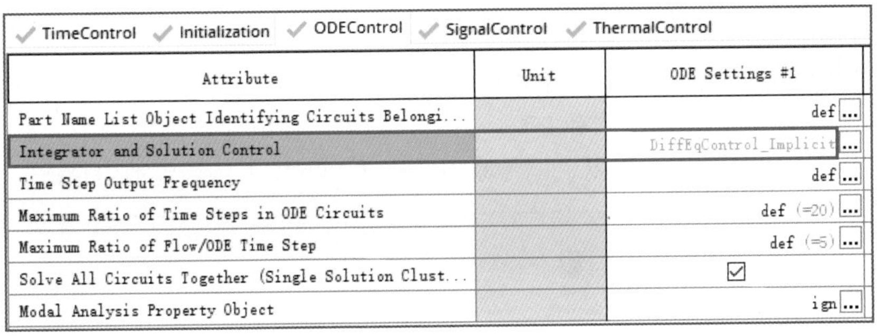

TimeControl | Initialization | ODEControl | SignalControl | ThermalControl

Attribute	Unit	ODE Settings #1
Part Name List Object Identifying Circuits Belongi...		def
Integrator and Solution Control		DiffEqControl_Implicit
Time Step Output Frequency		def
Maximum Ratio of Time Steps in ODE Circuits		def (=20)
Maximum Ratio of Flow/ODE Time Step		def (=5)
Solve All Circuits Together (Single Solution Clust...		☑
Modal Analysis Property Object		ign

图 6-18 ODEControl 设置

积分和算法控制指针变量指向的模板如图 6-19 所示。在 Main 面板下，算法类型选择隐式求解“Implicit-SDC3”；在 SDC3 面板下，最大积分时间步长设置为 10s，建议与 6.1.1 节电池模型设置（Model Setup）中给定的时间步长一致。

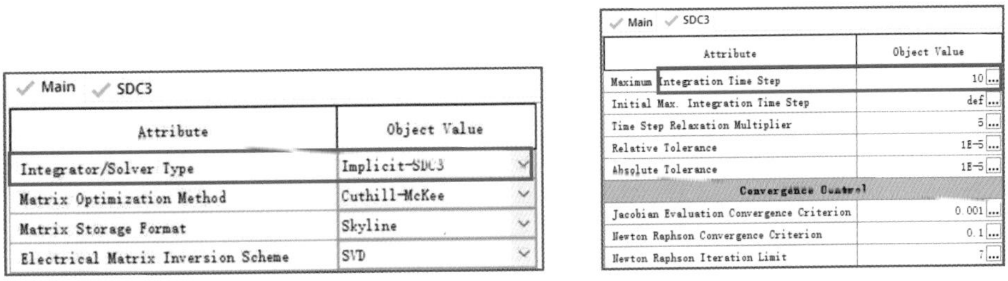

Main | SDC3

Attribute	Object Value
Integrator/Solver Type	Implicit-SDC3
Matrix Optimization Method	Cuthill-McKee
Matrix Storage Format	Skyline
Electrical Matrix Inversion Scheme	SVD

Main | SDC3

Attribute	Object Value
Maximum Integration Time Step	10
Initial Max. Integration Time Step	def
Time Step Relaxation Multiplier	5
Relative Tolerance	1E-5
Absolute Tolerance	1E-5
Convergence Control	
Jacobian Evaluation Convergence Criterion	0.001
Newton Raphson Convergence Criterion	0.1
Newton Raphson Iteration Limit	7

图 6-19 ODE 算法设置

3. 输出设置（Output Setup）

在输出设置中，主要进行 Data_Storage 的设置。如图 6-20 所示，将 RLT Calculation Interval 设置为 100s，即数据存储间隔为 100s。当模型进行较长时间的计算时，通过设置数据存储间隔可以避免输出过大的结果文件。

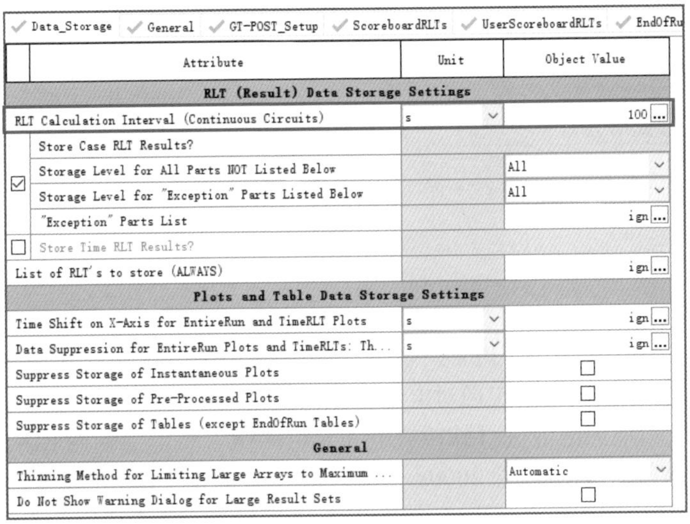

Data_Storage | General | GT-POST_Setup | ScoreboardRLTs | UserScoreboardRLTs | EndOfRu

	Attribute	Unit	Object Value
RLT (Result) Data Storage Settings			
RLT Calculation Interval (Continuous Circuits)		s	100
☑	Store Case RLT Results?		
	Storage Level for All Parts NOT Listed Below		All
	Storage Level for "Exception" Parts Listed Below		All
	"Exception" Parts List		ign
☐	Store Time RLT Results?		
List of RLT's to store (ALWAYS)			ign
Plots and Table Data Storage Settings			
Time Shift on X-Axis for EntireRun and TimeRLT Plots		s	ign
Data Suppression for EntireRun Plots and TimeRLTs: Th...		s	ign
Suppress Storage of Instantaneous Plots			☐
Suppress Storage of Pre-Processed Plots			☐
Suppress Storage of Tables (except EndOfRun Tables)			☐
General			
Thinning Method for Limiting Large Arrays to Maximum ...			Automatic
Do Not Show Warning Dialog for Large Result Sets			☐

图 6-20 数据存储间隔设置

6.1.3 案例设置

在案例设置（Case Setup）中，用户可以新建 5 个工况，如图 6-21 所示。环境温度和初始温度分别设置为 −20℃、−10℃和 0℃、25℃、45℃。在电池传热模型中，软件根据环境温度和初始温度自动计算电池温度，以考察电池在不同温度下的恒流放电情况。

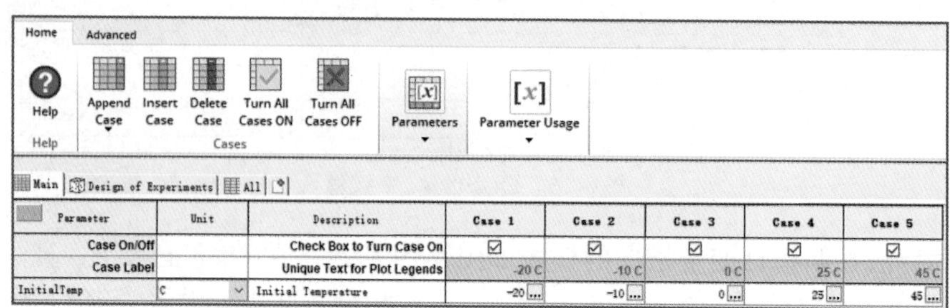

图 6-21　Case Setup 界面

6.1.4 结果分析

运行模型，用户可以在 GT-Post 中查看结果，图 6-22 所示是电压随电容变化的曲线。

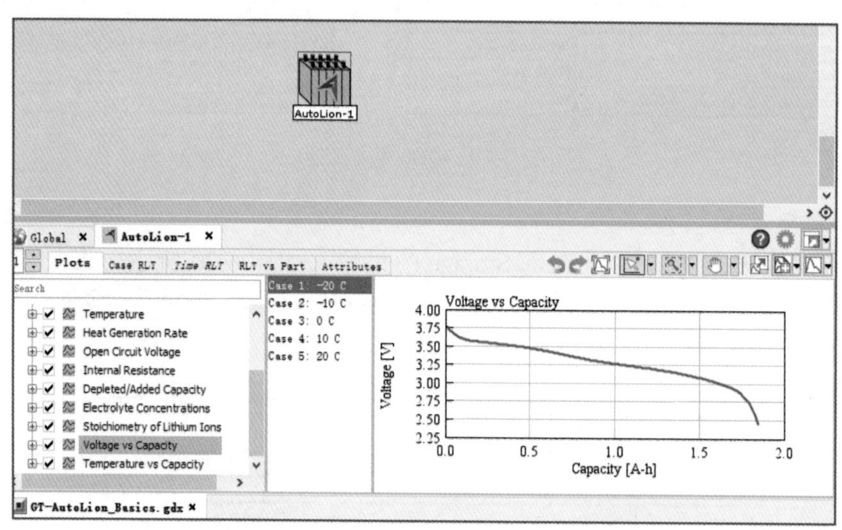

图 6-22　恒流放电电压随电容变化曲线

6.2 HPPC

混合脉冲功率特性（Hybrid Pulse Power Characteristic，HPPC）可以体现动力电池脉冲充放电的性能。HPPC 测试可以实现对电池直流内阻的测试。

本节针对一个圆柱形电池进行脉冲放电和充电测试。将电池初始 SOC 设置为 1，以 1C 放电 180s（容量减少 5%），休息 2000s，重复 19 次，直到 SOC 小于 9.8% 时，测试停止。在充电时，电池初始 SOC 为 0，以 1C 放电 180s（容量增加 5%），直到 SOC 高于 90% 时，计算停止。HPPC 测试模型如图 6-23 所示，HPPC 控制逻辑是由 Event Manager 模板实现的，

STOP模板可以判断电池的SOC是否小于9.8%或者大于90%，即以SOC决定仿真是否终止。模型所在目录为\GTI\v2024\examples\Battery\GT-AutoLion\Characterization\1-VirtualHPPC.autolion。

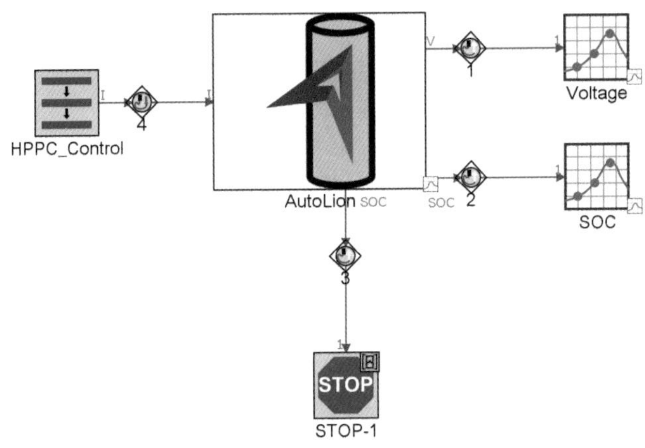

图6-23 HPPC测试模型

6.2.1 电池模型设置

在GT-ISE中，新建一个GT-AutoLion文件，命名为“VirtualHPPC.autolion”。保存模型到用户指定的文件夹下。在模板树中，找到AutoLion模板，直接拖入模型区域，建立名为AutoLion的部件。

1. 主界面（Main）

图6-24所示为电池模型设置的主界面（Main）。其中，分析模式（Analysis Mode）为时间仿真（Time Simulation）模式。负荷形式（Load Type）仍选择电流，将电流设置为2.2A。实际电流需求由外部控制，此处输入的电流没有意义，但不能空白。同时将电池的初始SOC设置为普通变量[SOC]。通过单击电芯几何（Cell Geometry）右侧值选择按钮...，选择圆柱形电池（Cell Geometry-Cylindrical），新建一个名为“Cylindrical Geometry”的指针变量。圆柱形电池的尺寸参数如图6-25所示。

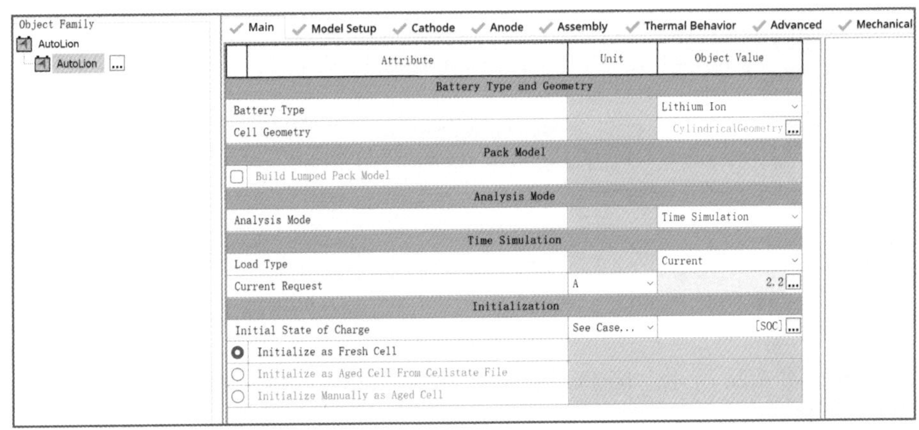

图6-24 电池模型设置主界面

Main

Attribute	Unit	Object Value
Cell Dimensions		
Outer Diameter	mm	18.6
Outer Height	mm	65.2
Wall Thickness	mm	0.3
Jelly Roll Dimensions		
Jelly Roll Inner Diameter	mm	4
Jelly Roll Outer Diameter	mm	17.2
Jelly Roll Details		
Cathode Uncoated Length	mm	15
Anode Uncoated Length	mm	52
Anode Extra Length	mm	40
Thicknesses		
Cathode	micron	77.5
Anode	micron	81
Separator	micron	20
Cathode Foil	micron	15
Anode Foil	micron	8
Heights		
Cathode	mm	57.5
Anode	mm	58
Separator	mm	59.7
Cathode Foil	mm	59.7
Anode Foil	mm	59.7

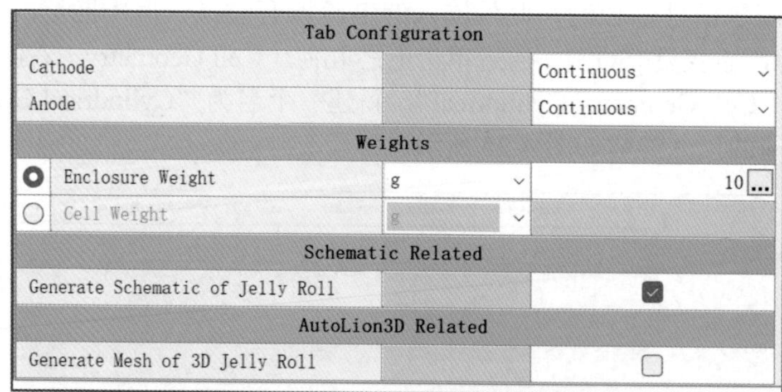

Attribute	Unit	Object Value
Tab Configuration		
Cathode		Continuous
Anode		Continuous
Weights		
◉ Enclosure Weight	g	10
○ Cell Weight	g	
Schematic Related		
Generate Schematic of Jelly Roll		☑
AutoLion3D Related		
Generate Mesh of 3D Jelly Roll		☐

图 6-25　圆柱形电池尺寸参数

2. 模型设置（Model Setup）

模型设置如图 6-26 所示。HPPC 测试时，时间步长可以被设置为普通变量 [ts]，赋值 0.1s，如图 6-27 所示。

	Main	Model Setup	Cathode	Anode	Assembly	Thermal Behavior

Attribute	Unit	Object Value
Control Volumes in the x-direction		
Cathode		
Mesh Type		Uniform
Number of Control Volumes		6
Single Particle Model		
Anode		
Mesh Type		Uniform
Number of Control Volumes		6
Single Particle Model		
Separator		
Mesh Type		Uniform
Number of Control Volumes		4
Control Volumes in the r-direction		
Cathode Particle		
Standard Fickian Diffusion		12
Polynomial Approximation		
Anode Particle		
Standard Fickian Diffusion		12
Polynomial Approximation		
Cell Operating Conditions		
Open Circuit Voltage of Full Cell (100% SOC)	V	4.2
Open Circuit Voltage of Empty Cell (0% SOC)	V	2.5
Stop Simulation at Upper Cutoff Voltage	V	4.3
Stop Simulation at Lower Cutoff Voltage	V	2.48

Solver Settings		
Spatial Plot Storage Frequency	s	100
Solver Settings		AutoLion_solver

图 6-26 模型设置

Main	Variable-Order Adaptive Stepping

Attribute	Unit	Object Value
Solver Settings		
Time Step Size	See Case...	[ts]
Scale Time Step Size with 1/C-Rate		
Maximum Allowable C-Rate Change per Time Step		
Maximum Iteration per TimeStep		100
Convergence Criteria		1e-6
Expert Solver Settings (Contact GT)		ign

图 6-27 求解器设置

3. 正极（Cathode）

正极活性材料选择数据库中的“NCM622”。其他参数按图 6-28 输入即可。

双击绿色指针变量“NCM622”，可以查看活性材料参数，具体如图 6-29、图 6-30、图 6-31 所示。

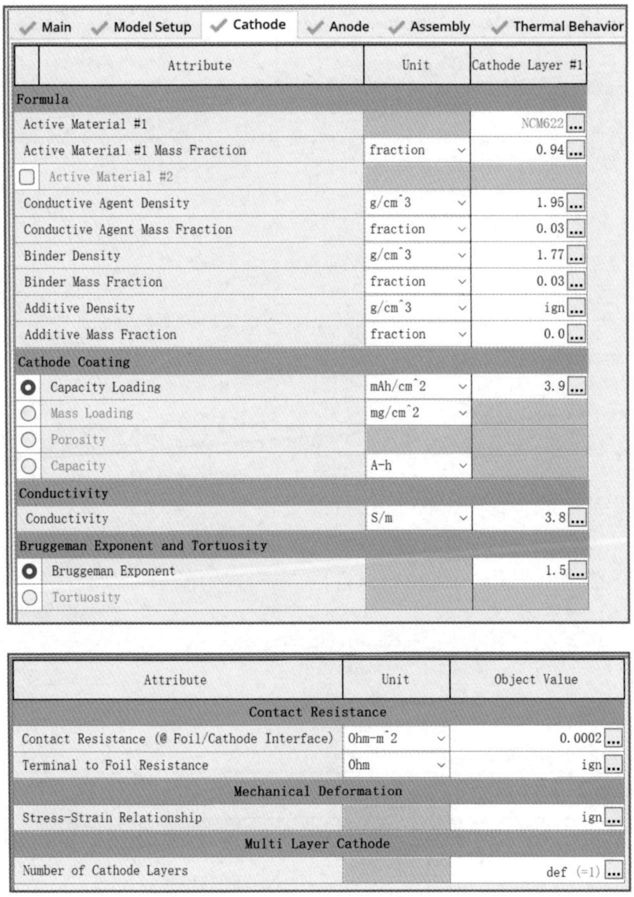

Main | Model Setup | Cathode | Anode | Assembly | Thermal Behavior

Attribute	Unit	Cathode Layer #1
Formula		
Active Material #1		NCM622
Active Material #1 Mass Fraction	fraction	0.94
Active Material #2		
Conductive Agent Density	g/cm^3	1.95
Conductive Agent Mass Fraction	fraction	0.03
Binder Density	g/cm^3	1.77
Binder Mass Fraction	fraction	0.03
Additive Density	g/cm^3	ign
Additive Mass Fraction	fraction	0.0
Cathode Coating		
Capacity Loading	mAh/cm^2	3.9
Mass Loading	mg/cm^2	
Porosity		
Capacity	A-h	
Conductivity		
Conductivity	S/m	3.8
Bruggeman Exponent and Tortuosity		
Bruggeman Exponent		1.5
Tortuosity		

Attribute	Unit	Object Value
Contact Resistance		
Contact Resistance (@ Foil/Cathode Interface)	Ohm-m^2	0.0002
Terminal to Foil Resistance	Ohm	ign
Mechanical Deformation		
Stress-Strain Relationship		ign
Multi Layer Cathode		
Number of Cathode Layers		def (=1)

图 6-28　正极设置

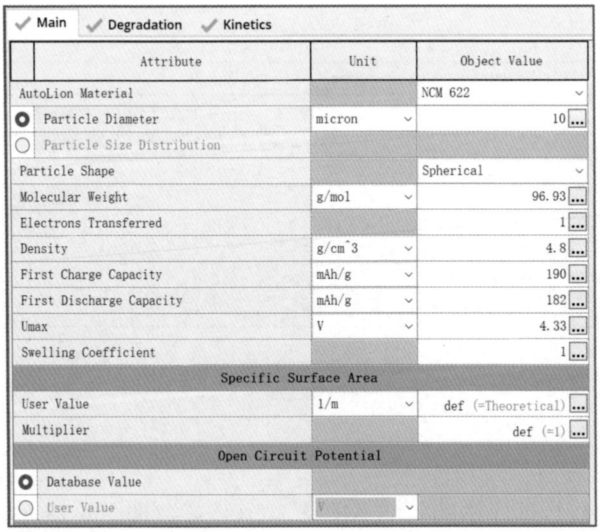

Main | Degradation | Kinetics

Attribute	Unit	Object Value
AutoLion Material		NCM 622
Particle Diameter	micron	10
Particle Size Distribution		
Particle Shape		Spherical
Molecular Weight	g/mol	96.93
Electrons Transferred		1
Density	g/cm^3	4.8
First Charge Capacity	mAh/g	190
First Discharge Capacity	mAh/g	182
Umax	V	4.33
Swelling Coefficient		1
Specific Surface Area		
User Value	1/m	def (=Theoretical)
Multiplier		def (=1)
Open Circuit Potential		
Database Value		
User Value	V	

图 6-29　活性材料主界面

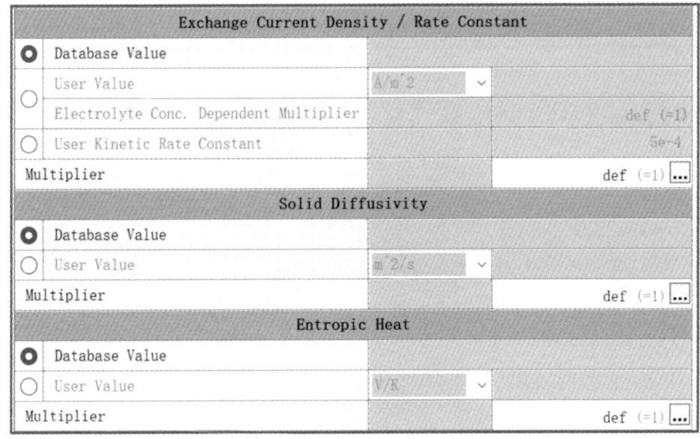

图 6-29 活性材料主界面（续）

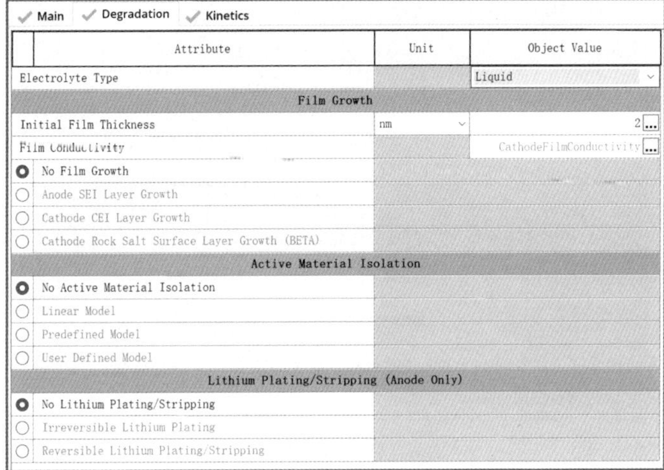

图 6-30 活性材料老化界面

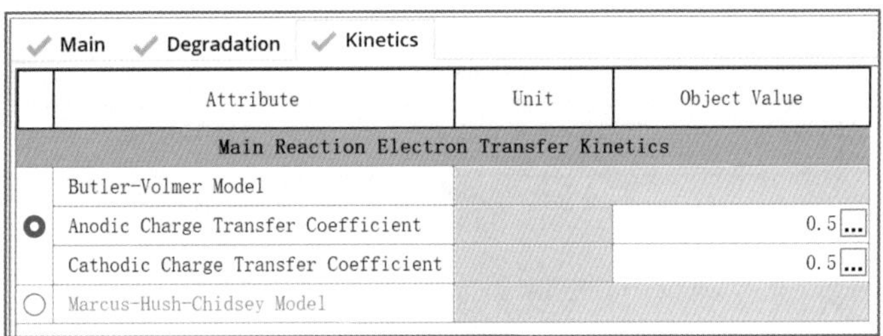

图 6-31 电子转移动力学参数设置界面

4. 负极（Anode）

负极活性材料选择数据库中的“Graphite”，其他设置如图 6-32 所示。

Main | Model Setup | Cathode | Anode | Assembly | Thermal Behavior

Attribute	Unit	Anode Layer #1
Formula		
Active Material #1		Graphite
Active Material #1 Mass Fraction	fraction	0.94
Active Material #2		
Conductive Agent Density	g/cm^3	1.95
Conductive Agent Mass Fraction	fraction	0.03
Binder Density	g/cm^3	1.77
Binder Mass Fraction	fraction	0.03
Additive Density	g/cm^3	ign
Additive Mass Fraction	fraction	0.0
Anode Coating		
N/P Ratio	fraction	1.15
Capacity Loading	mAh/cm^2	
Mass Loading	mg/cm^2	
Porosity		
Capacity	A-h	
Conductivity		
Conductivity	S/m	100.0
Bruggeman Exponent and Tortuosity		
Bruggeman Exponent		1.5
Tortuosity		

Attribute	Unit	Object Value
Contact Resistance		
Contact Resistance (@ Foil/Anode Interface)	Ohm-m^2	0.0002
Terminal to Foil Resistance	Ohm	ign
Mechanical Deformation		
Stress-Strain Relationship		ign
Multi Layer Anode		
Number of Anode Layers		def (=1)

图 6-32　负极设置

5. 组装（Assembly）

组装设置如图 6-33 所示。正极、负极、隔膜和电解液的材料均在 GT-SUITE 数据库中进行选择。

Main | Model Setup | Cathode | Anode | Assembly | Thermal Behavior

Attribute	Unit	Object Value
Cathode and Anode Foils		
Cathode Foil		Aluminum
Anode Foil		Copper
Separator		
Separator Layer #1		PolymericMembrane
Fractional Thickness of Layer #1	fraction	def (=1)
Thickness of Layer #1	micron	
Separator Layer #2		
Stress-Strain Relationship		ign
Electrolyte		
Electrolyte		Electrolyte
Excess Ratio		1.3

图 6-33　组装设置

6. 传热模型（Thermal Behavior）

本例直接给定电池的温度，电池温度设定为普通变量 [InitialTemp]，如图 6-34 所示，仿真电池在不同温度下进行 HPPC 测试。

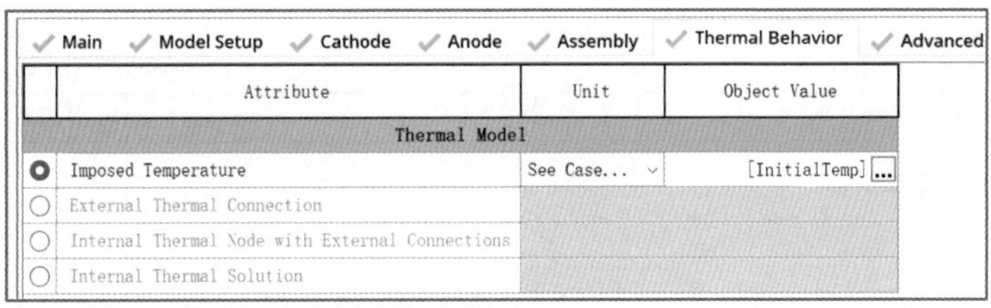

图 6-34 传热模型设置

7. 高级设置（Advanced）

高级设置如图 6-35 所示。在高级设置中，用户可以设置正负极双电层电容（Double Layer Capacitance）、电池平衡（Cell Balancing）、热失控（Thermal Runaway）相关参数。

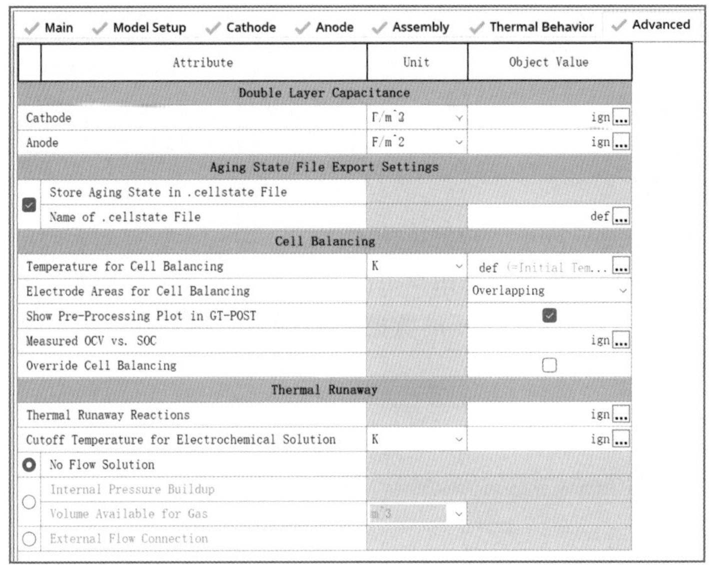

图 6-35 高级设置

8. 力学模型（Mechanical）

在力学模型设置中，用户可以设置电池的力学模型，如图 6-36 所示。

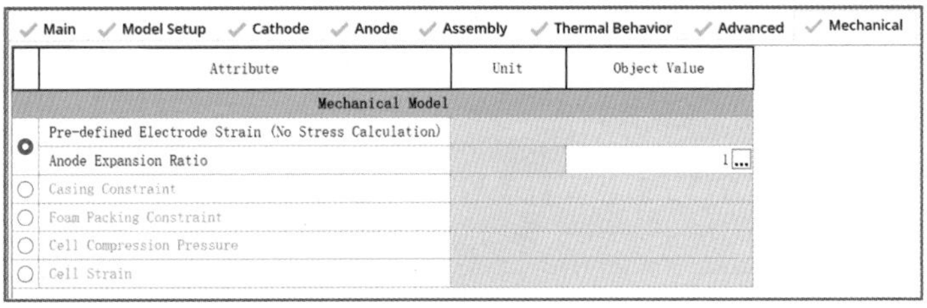

图 6-36 力学模型设置

9. 图（Plots）

图表设置如图6-37所示。用户可以根据分析目的，在Plots面板下选择需要的结果曲线，以便在 GT-Post 中进行结果的查看。

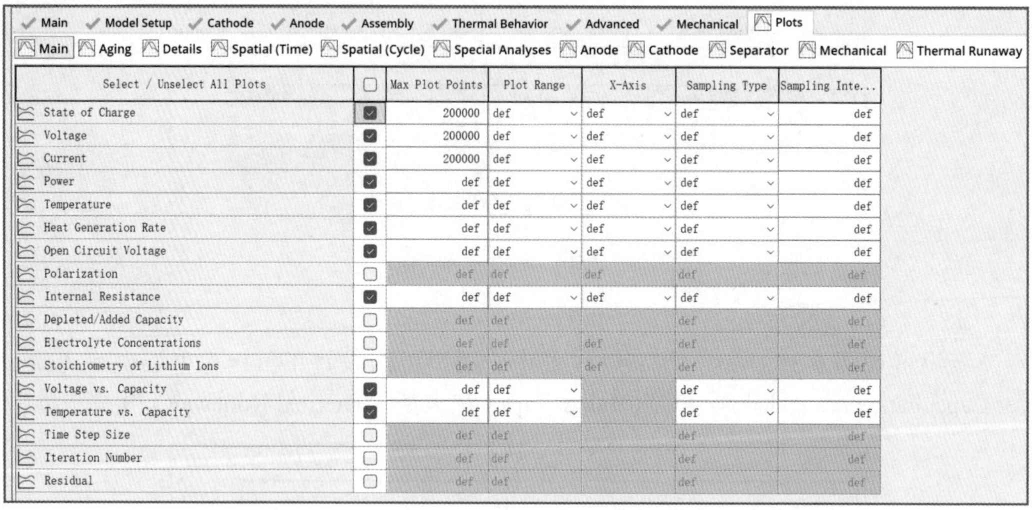

Main | Model Setup | Cathode | Anode | Assembly | Thermal Behavior | Advanced | Mechanical | Plots

Main | Aging | Details | Spatial (Time) | Spatial (Cycle) | Special Analyses | Anode | Cathode | Separator | Mechanical | Thermal Runaway

Select / Unselect All Plots	☐	Max Plot Points	Plot Range	X-Axis	Sampling Type	Sampling Inte...
State of Charge	☑	200000	def	def	def	def
Voltage	☑	200000	def	def	def	def
Current	☑	200000	def	def	def	def
Power	☑	def	def	def	def	def
Temperature	☑	def	def	def	def	def
Heat Generation Rate	☑	def	def	def	def	def
Open Circuit Voltage	☑	def	def	def	def	def
Polarization	☐	def	def	def	def	def
Internal Resistance	☑	def	def	def	def	def
Depleted/Added Capacity	☐	def	def		def	def
Electrolyte Concentrations	☐	def	def	def	def	def
Stoichiometry of Lithium Ions	☐	def	def	def	def	def
Voltage vs. Capacity	☑	def	def		def	def
Temperature vs. Capacity	☑	def	def		def	def
Time Step Size	☐	def	def		def	def
Iteration Number	☐	def	def		def	def
Residual	☐	def	def		def	def

图 6-37　Plots 设置

6.2.2　监控器设置

在计算过程中监控某些结果，将有助于我们提前判断计算是否有问题。监控器不影响计算，只是为了方便监控计算进程。用户可以查找 MonitorSignal 模板，并拖入模型区，输入参数如图 6-38 所示，实现电池电压的监控。在 Legend 面板中，定义 Y 轴信号的名称为 Voltage。重复操作，监控电池的 SOC。

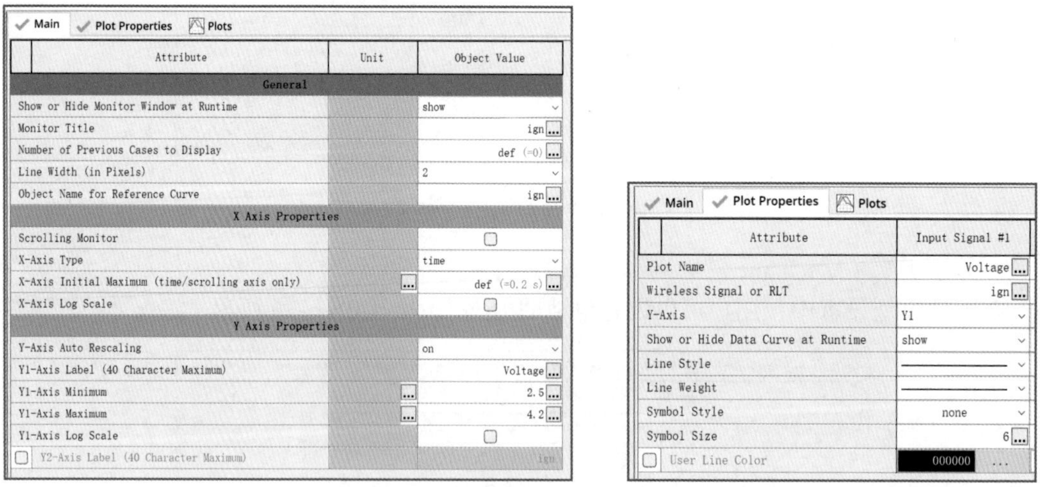

Main | Plot Properties | Plots

Attribute	Unit	Object Value
General		
Show or Hide Monitor Window at Runtime		show
Monitor Title		ign
Number of Previous Cases to Display		def (=0)
Line Width (in Pixels)		2
Object Name for Reference Curve		ign
X Axis Properties		
Scrolling Monitor		☐
X-Axis Type		time
X-Axis Initial Maximum (time/scrolling axis only)		def (=0.2 s)
X-Axis Log Scale		☐
Y Axis Properties		
Y-Axis Auto Rescaling		on
Y1-Axis Label (40 Character Maximum)		Voltage
Y1-Axis Minimum		2.5
Y1-Axis Maximum		4.2
Y1-Axis Log Scale		☐
☐ Y2-Axis Label (40 Character Maximum)		ign

Main | Plot Properties | Plots

Attribute	Input Signal #1
Plot Name	Voltage
Wireless Signal or RLT	ign
Y-Axis	Y1
Show or Hide Data Curve at Runtime	show
Line Style	————
Line Weight	————
Symbol Style	none
Symbol Size	6
☐ User Line Color	000000

图 6-38　电压监控器参数设置

连接电池模型和电压监控器，实现电池的电压信号与电压监控器的相连，图 6-39 所示为两个部件的连接信息，点击“OK”完成连接。重复操作，监控电池的 SOC。

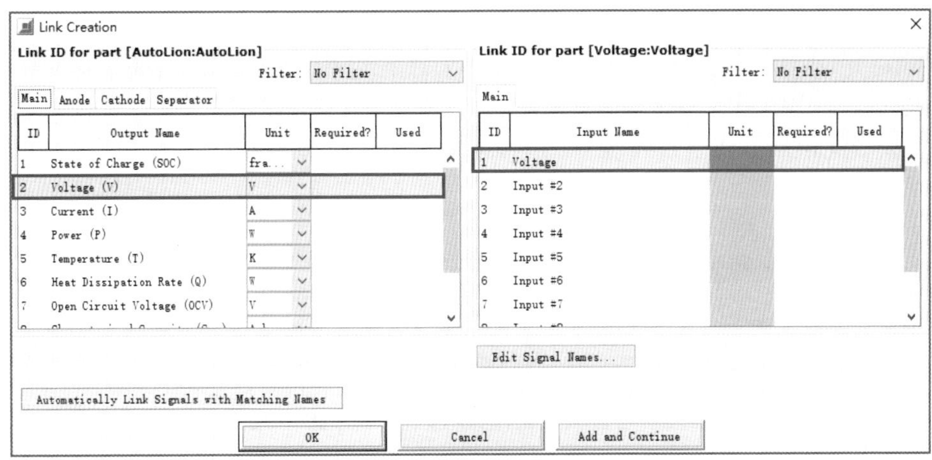

图 6-39　监控器信号连接

6.2.3　HPPC 控制器

本例中，HPPC 脉冲电流的生成通过一个名为 EventManager 的模板来实现，该模板可以定义状态以及状态间的切换条件。关于该模板的详细介绍请参考 4.4.6 节。用户可以查找该模板并拖入模型区域，命名为“HPPC_Control”。

图 6-40、图 6-41、图 6-42 所示分别为本例循环逻辑的输入（Inputs）界面、输出（Outputs）界面、以及事件（Events）界面。输入界面用于声明变量，可以在后续状态切换条件中使用这些变量。本例中不需要输入变量，故输入任意值即可，但不可空白。

输出界面只需要定义电流需求。该电流输出将赋给电池。

Object Family: HPPC_Control / HPPC_Control

Events　Inputs　Outputs　Plots

A...	Input Descriptions	Input Names	Wireless Signals or RLTs	Input Signal Map Labels	Input Signal Units
1	Event Time	EventTime	ign	def	ign
2					
3					
4					
5					

图 6-40　事件管理器的输入（Inputs）界面

Events　Inputs　Outputs　Plots

A...	Output Descriptions	Output Signal Map	Output Signal Units
1	Current (A)	I	A
2			
3			

图 6-41　事件管理器的输出（Outputs）界面

Events 界面定义了 2 种状态和对应的切换条件。如图 6-42 所示，两种状态分别是休息（Rest）和脉冲（Pulse）放电状态。在求解开始时，电池处于休息模式，电流输出为 0；当处于当前休息模式的时间（etime）大于指定的休息时间（[RestTime]）时，电池进入脉冲状态（Pulse）；在脉冲模式下，电流输出设置为普通变量 [Current]，当处于脉冲状态的时间（etime）大于指定的脉冲放电时间（[PulseTime]）时，电池又回到休息模式（Rest），如此循环。设置完成后，将事件管理器的电流输出信号连接到电池的电流需求信号（Current Request）。

Object Family: HPPC_Control / HPPC_Control

Events | Inputs | Outputs | Plots

Att...	Event Descriptions	Event Exit Criterion	Next Event No.	Current (A)	Output 2
1	Rest	etime>=[RestTime]	2	0	ign
2	Pulse	etime>=[PulseTime]	1	[Current]	
3					

图 6-42　事件管理器的事件（Events）界面

6.2.4　计算终止器

在 GT-AutoLion 中，用户可以使用 Stop Simulation 模板，强制结束计算。查找该模板并拖入模型区，将此对象命名为 [Stop]。在 Case Setup 中设置放电工况的终止条件为 SOC ≤ 9.8%，充电工况的终止条件为 SOC ≥ 90%。关于终止计算模板参数的说明请参考 4.4.5 节。计算终止器参数设置如图 6-43 所示。放电工况计算终止器参数设置如图 6-44 所示。充电工况计算终止器参数设置如图 6-45 所示。

Object Family: [STOP] / STOP-1

Main | Signal Setup | Plots

Attribute	Unit	Object Value
Threshold		
Threshold Criterion		>=
Stop Mode		
Regular Finish		
Finish or Skip to Next Case?		Stop Simulation
Complete RLT Data Cycle or Stop Immediately?		Complete RLT Storage Cycle
Fatal Error Condition (Stop Immediately)		
Message		
Include Part Name at End of Message		☑

图 6-43　计算终止器参数设置

Object Family: STOP_Discharge

Main | Signal Setup

Attribute	Unit	Object Value
Threshold		0.098
Threshold Criterion		<=
Stop Mode		
Regular Finish		
Finish or Skip to Next Case?		Skip To Next Case
Complete RLT Data Cycle or Stop Immediately?		Stop Immediately
Fatal Error Condition (Stop Immediately)		
Message		End of HPPC Test
Include Part Name at End of Message		☑

图 6-44　放电工况计算终止器参数设置

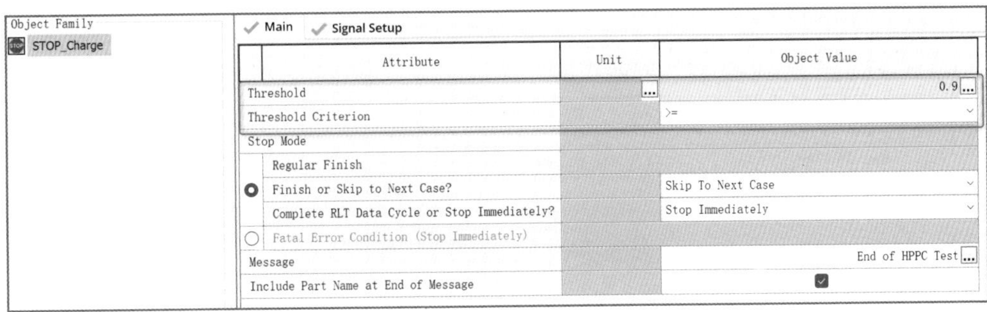

图 6-45　充电工况计算终止器参数设置

连接电池和计算终止器，电池端口选择 State of Charge。HPPC 测试模型连接完成后，如图 6-46 所示。

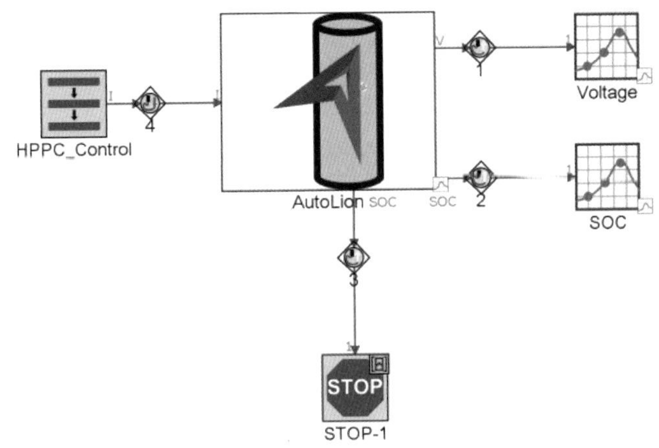

图 6-46　搭建完成的 HPPC 测试模型

6.2.5　求解设置

1. 时间控制（TimeControl）

在 Run Setup 中的 TimeControl 中，用户可以设置计算时长为 19 个周期，如图 6-47 所示，达到稳态时不停止计算（将 Automatic Shut-Off When Steady-State 设置为 off）。

TimeControl　Initialization　ODEControl　SignalControl　ThermalControl　Automation

Attribute	Unit	Object Value
Maximum Simulation Duration (Time)	s	=([PulseTime(s)]+[RestTime(s)])*19
Automatic Shut-Off When Steady-State		off
Improved Solution Sequence for Multi-Circuit Models		☐

图 6-47　TimeControl 设置

2. 常微分方程控制（ODEControl）

如图 6-48 所示，在 ODEControl 中，用户可以将积分和算法控制（Integrator and Solution

Control）设置为指针变量。

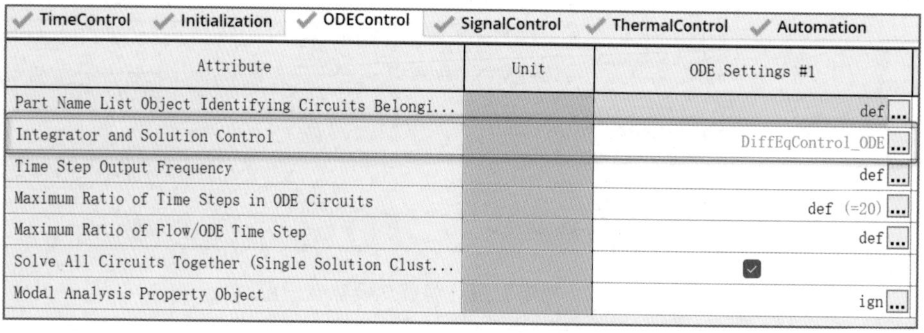

TimeControl | Initialization | ODEControl | SignalControl | ThermalControl | Automation

Attribute	Unit	ODE Settings #1
Part Name List Object Identifying Circuits Belongi...		def
Integrator and Solution Control		DiffEqControl_ODE
Time Step Output Frequency		def
Maximum Ratio of Time Steps in ODE Circuits		def (=20)
Maximum Ratio of Flow/ODE Time Step		def
Solve All Circuits Together (Single Solution Clust...		☑
Modal Analysis Property Object		ign

图 6-48　ODEControl 设置

积分和算法控制指针变量指向的模板如图 6-49 所示。在 Main 面板下，算法类型选择显式求解“Explicit-Runge-Kutta”；在 RungeKutta 面板下，最大积分时间步长设置为 0.1s，建议与 6.2.1 节电池模型设置（Model Setup）中给定的时间步长一致。

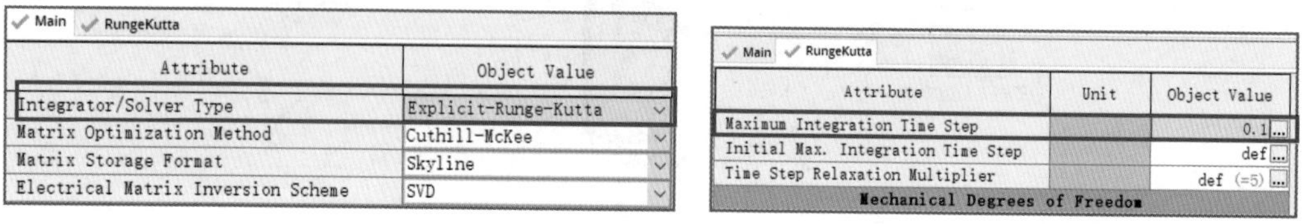

Main | RungeKutta

Attribute	Object Value
Integrator/Solver Type	Explicit-Runge-Kutta
Matrix Optimization Method	Cuthill-McKee
Matrix Storage Format	Skyline
Electrical Matrix Inversion Scheme	SVD

Main | RungeKutta

Attribute	Unit	Object Value
Maximum Integration Time Step		0.1
Initial Max. Integration Time Step		def
Time Step Relaxation Multiplier		def (=5)
Mechanical Degrees of Freedom		

图 6-49　ODE 算法设置

3. 输出设置（Output Setup）

在输出设置中，主要进行 Data_Storage 的设置，将 RLT Calculation Interval 设置为脉冲时间 + 休息时间，即每个周期存储一次计算结果，如图 6-50 所示。当模型进行较长时间的计算时，通过设置数据存储间隔可以避免输出过大的结果文件。

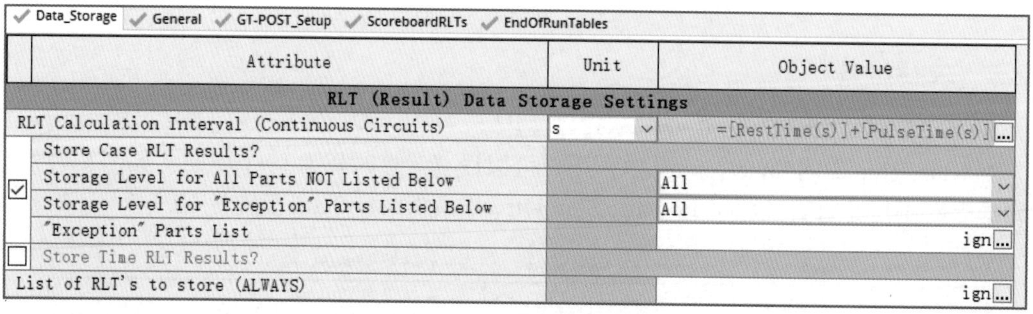

Data_Storage | General | GT-POST_Setup | ScoreboardRLTs | EndOfRunTables

	Attribute	Unit	Object Value
	RLT (Result) Data Storage Settings		
	RLT Calculation Interval (Continuous Circuits)	s	=[RestTime(s)]+[PulseTime(s)]
☑	Store Case RLT Results?		
	Storage Level for All Parts NOT Listed Below		All
	Storage Level for "Exception" Parts Listed Below		All
	"Exception" Parts List		ign
☐	Store Time RLT Results?		
	List of RLT's to store (ALWAYS)		ign

图 6-50　数据存储间隔设置

6.2.6　案例设置

在案例设置（Case Setup）中，新建 8 个工况，如图 6-51 所示。电池温度分别设置为 10℃、20℃、30℃、40℃。根据电池容量和 1C 倍率，将放电电流设置为 2.15963A，充电电流设置为 −2.15963A。在 HPPC 测试中，将休息时间设置为 2000s，脉冲时间设置为 180s。

Main | Design of Experiments | Optimization_Results-OCV | Optimization_Dynamics | All

Main

Parameter	Unit	Description	Case 1	Case 2	Case 3	Case 4	Case 5	Case 6	Case 7	Case 8
Case On/Off		**Check Box to Turn Case On**	☑	☑	☑	☑	☑	☑	☑	☑
Case Label		**Unique Text for Plot Legends**	10 C, 2.15963 A	20 C, 2.15963 A	30 C, 2.15963 A	40 C, 2.15963 A	10 C, -2.15963 A	20 C, -2.15963 A	30 C, -2.15963 A	40 C, -2.15963 A
ts	s	Time Step Size	0.1							
RestTime	s	Rest Period	600							
PulseTime	s	Pulse Period	180							
InitialTemp	C	Initial Temperature	10	20	30	40	10	20	30	40
Current		Output 1	2.15963				-2.15963			
SOC	fraction	Initial State of Charge	1				0			
Stop_Threshold		Threshold	0.098				0.9			
STOP			STOP_Discharge				STOP_Charge			

图 6-51　Case Setup 界面

6.2.7　结果分析

运行模型，用户可以在 GT-Post 中查看结果，图 6-52 所示是电压和电流随时间变化的曲线。

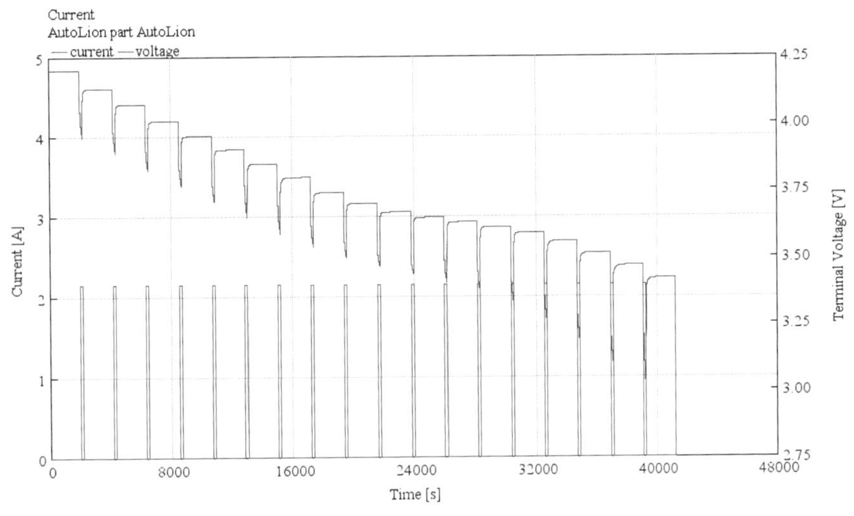

图 6-52　电压和电流随时间变化的曲线

6.3　等效电路

本例将根据 6.2 节 HPPC 测试得到的电流和电压结果拟合等效电路，输出 OCV、欧姆内阻、极化内阻以及极化电容与温度和 SOC 的关系。如图 6-53 所示，在 GT-AutoLion 中，用户使用 BatteryCharacterization 模板调用 HPPC 测试结果，建立等效电路模型。本节模型所在目录为 \GTI\v2024\examples\Battery\GT-AutoLion\Characterization\2-Characterization.autolion。

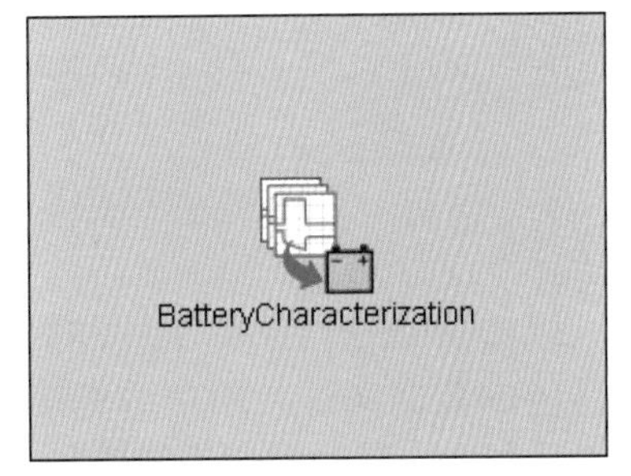

图 6-53　BatteryCharacterization 模板

6.3.1　等效电路设置

在 GT-ISE 中，新建一个 GT-AutoLion 文件，命名为 “Characterization.autolion”。保存模型到用户指定的文

件夹下。在模板树中，用户可以找到 BatteryCharacterization 模板，直接拖入模型区域，建立名为 BatteryCharacterization 的部件。

1. 主界面（Main）

图 6-54 所示为等效电路设置主界面（Main）。

BatteryCharacterization 最多可以设置 3 个 RC 回路，本例选择 2 个 RC 回路。Analysis Mode 选择“Multiple Relaxations Analysis”。

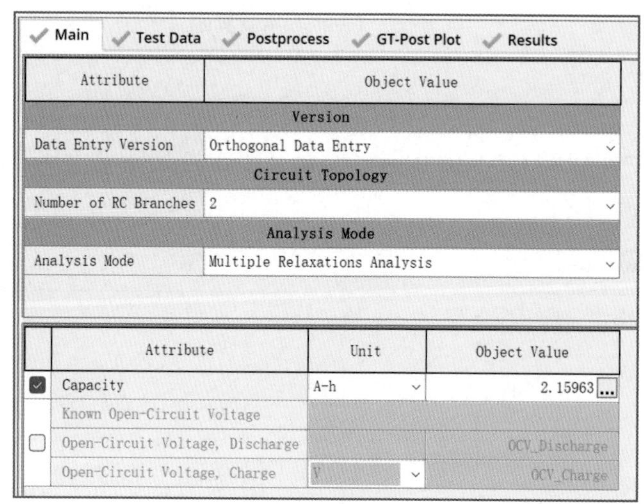

图 6-54　等效电路设置主界面

2. 测试数据界面（Test Data）

Test Data 界面如图 6-55 所示，在 Test Data 界面下，用户需要输入 HPPC 测试结果（用户也可输入试验结果）。其中，X 轴是测试中的电芯温度，Y 轴为脉冲电流幅值。在 Z 轴设置框中，单击右侧的值选择按钮，选择 BatteryTest 对象，创建指针变量。每个指针变量代表一个 HPPC 测试结果。

Main　Test Data　Postprocess　GT-Post Plot　Results

Attribute	Unit	Object Value
Explicit Data Specified Below		

Z Data		Y Data #	1	2	3	4
		A				
X Dat...	K		283.15	293.15	303.15	313.15
1		2.15963	Discharge_HPPCData-283.15	Discharge_HPPCData-293.15	Discharge_HPPCData-303.15	Discharge_HPPCData-313.15
2		-2.15963	Charge_HPPCData-283.15	Charge_HPPCData-293.15	Charge_HPPCData-303.15	Charge_HPPCData-313.15
3						

图 6-55　Test Data 界面

以 Discharge_HPPCData-283.15 指针变量为例，双击绿色对象，界面如图 6-56 所示。对于具体的数据文件，用户可直接打开目录中的模型，打开电池模型复制其中的数据即可，即电压和电流随时间变化的数据。

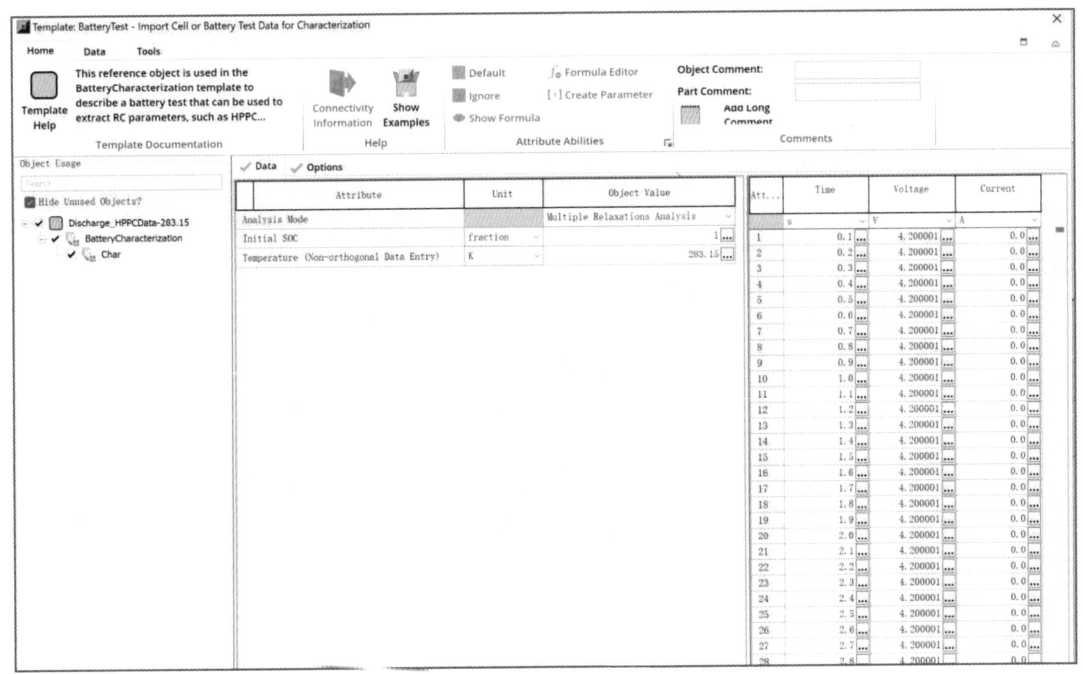

图 6-56　BatteryTest 参数设置界面

3. 后处理界面（Postprocess）

如图 6-57 所示，在 Postprocess 中，用户可以选择是否单独提取充电、放电数据。

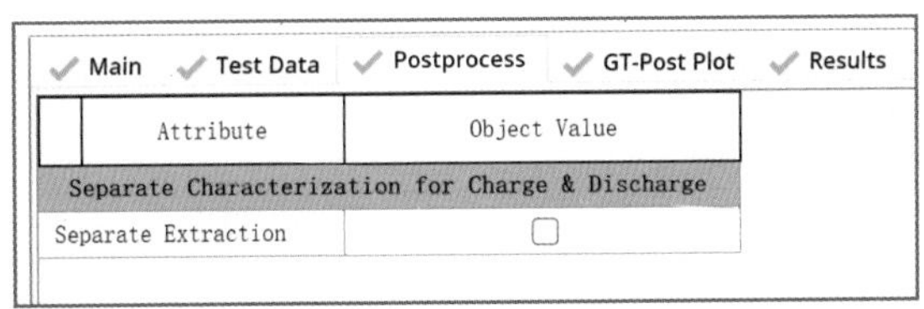

图 6-57　Postprocess 设置

4. 后处理选项界面（GT-Post Plot）

在 GT-Post Plot 中，用户可以选择所有的输出，方便在 GT-Post 中进行结果查看，如图 6-58 所示。

Main　Test Data　Postprocess　GT-Post Plot　Results

Attribute	Object Value
Plot Relaxation Detection	☑
Plot Relaxation Fitting	☑
Plot OCV	☑
Plot Rs and Cs Values	☑
Plot RMS Error	☑

图 6-58　GT-Post Plot 设置

5. 结果显示界面（Results）

在 Results 面板下，用户可以单击“Show Preprocess Plot”，在 GT-ISE 中显示结果，无

需运行模型。用户还可以右击相应的 plot，查看数据结果，如图 6-59 所示。

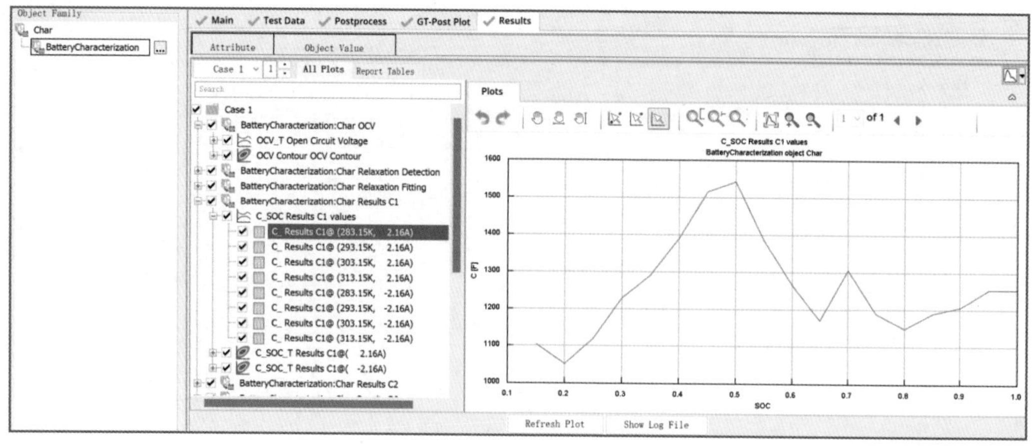

图 6-59　结果显示界面

6.3.2　求解设置

在 6.3.1 节中，用户可以在 Results 下，单击“Show Preprocess Plot”查看显示结果，但该结果只是临时显示。用户还可以通过求解设置，在 GT-Post 中进行结果查看。求解之前，需要对 Run Setup 进行设置。

1. 时间控制（TimeControl）

在 Run Setup 中的 TimeControl 中，设置最大仿真时间为 1s，如图 6-60 所示，达到稳态时不停止计算（将 Automatic Shut-Off When Steady-State 设置为 off）。

TimeControl | Initialization | ODEControl | SignalControl | ThermalControl | Automation

Attribute	Unit	Object Value
Maximum Simulation Duration (Time)	s	1
Automatic Shut-Off When Steady-State		off
Improved Solution Sequence for Multi-Circuit Models		☐

图 6-60　TimeControl 设置

2. 常微分方程控制（ODEControl）

如图 6-61 所示，在 ODEControl 中，将积分和算法控制（Integrator and Solution Control）设置为指针变量。

TimeControl | Initialization | ODEControl | SignalControl | ThermalControl | Automation

Attribute	Unit	ODE Settings #1
Part Name List Object Identifying Circuits Belongi...		def
Integrator and Solution Control		DiffEqControl_Explicit-def
Time Step Output Frequency		def
Maximum Ratio of Time Steps in ODE Circuits		def (=20)
Maximum Ratio of Flow/ODE Time Step		def
Solve All Circuits Together (Single Solution Clust...		☑
Modal Analysis Property Object		ign

图 6-61　ODEControl 设置

积分和算法控制指针变量指向的模板如图 6-62 所示。在 Main 面板下，算法类型选择显式求解“Explicit-Runge-Kutta”；在 RungeKutta 面板下，最大积分时间步长设置为默认值。

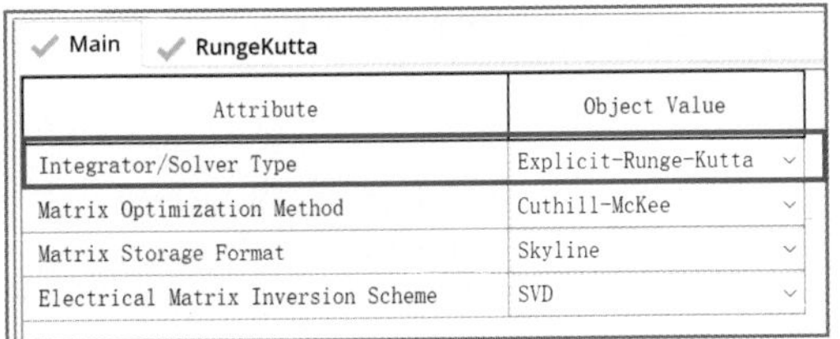

图 6-62 ODE 算法设置

6.3.3 结果分析

运行模型，用户可以在 GT-Post 中查看 OCV、内阻和 RC 与温度和 SOC 的关系，相关结果可输入电池等效电路模型用于系统仿真，图 6-63 所示为欧姆内阻随温度和 SOC 的变化曲线。

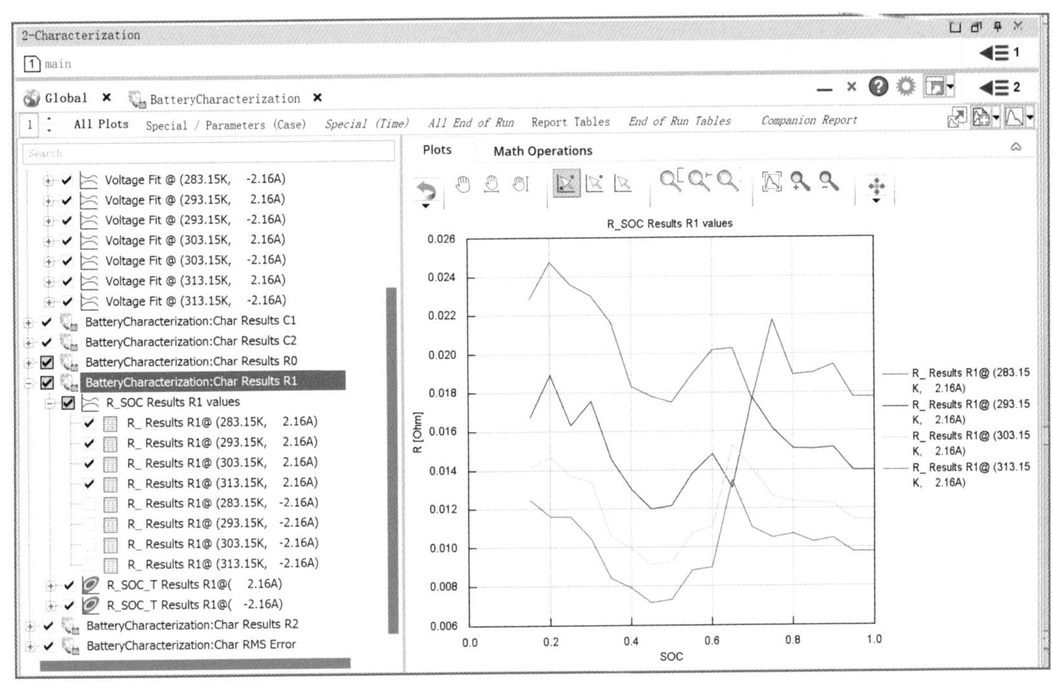

图 6-63 欧姆内阻随温度和 SOC 变化曲线

6.4 电化学阻抗谱

电化学阻抗谱（Electrochemical Impedance Spectroscopy，简称 EIS）是一种通过测量电化学体系在一系列不同频率点下的复阻抗值来获取其内部化学反应参数的技术。当对象为锂离子电池时，通过对其阻抗谱中不同频率点下的复阻抗值的分析，可以区分锂离子电池内部的电极表面反应、电荷传递、离子扩散等物理化学过程，获取锂离子电池内部的状态信息，从而达到性能评估的目的。另外，电化学阻抗谱的测量过程相对传统的电池性能测试过程用时较短、能耗较少、安全性较高，对电极和电池不会产生破坏作用，比较适用于电极过程动力学和电池循环衰退机理的分析，是一种较为理想的锂离子电池性能评估的方法。

常见的电化学阻抗谱有 Nyquist 图和 Bode 图两种表示方式。其中 Nyquist 图以阻抗的实部为坐标横轴，以虚部为坐标纵轴，可以较直观地反映电化学体系内部各个反应过程时间常数的大小，对体系参数的变化较为敏感。一个典型的锂离子电池电化学阻抗谱 Nyquist 图如图 6-64 所示。该阻抗谱的频率范围为 0.01~1000Hz，从左到右频率依次降低。并且可以观察到，随着频率的降低，阻抗实部不断增大，阻抗虚部则呈现先增大后减小，然后再度增大的趋势。

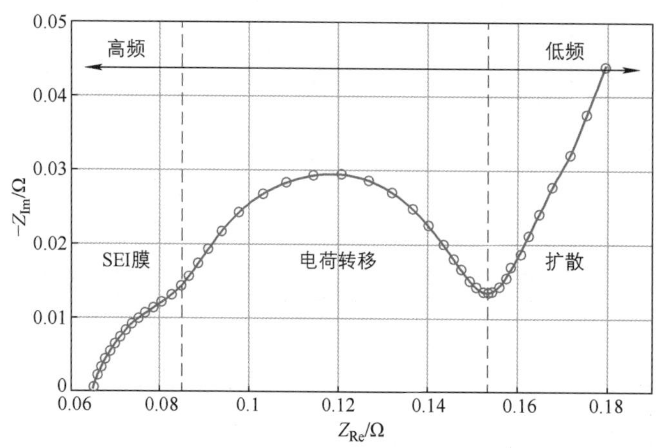

图 6-64 典型的锂离子电池电化学阻抗谱 Nyquist 图

从形态上看，该阻抗谱由两个半圆弧和一条斜线组成，其中两个半圆弧分别位于高、中频区域，斜线位于低频区域。分析锂离子电池的电化学过程可知，不同频段的阻抗分别反映了电池内部不同反应过程的状态信息。其中，高频区域的圆弧与锂离子通过 SEI 膜的迁移过程有关；中频区域的圆弧与电极表面双电层电容的电荷传递过程有关；低频区域的斜线与锂离子在电池内部的扩散过程有关。

6.4.1 电池模型设置

在 GT-ISE 中，用户可以新建一个 GT-AutoLion 文件，命名为 EIS_Analysis.autolion。保存模型到用户指定的文件夹下。在模板树中，找到 AutoLion 模板，直接拖入模型区域，建立名为 AutoLion 的部件。

1. 主界面（Main）

电芯几何参数与 6.1 节所用圆柱形电芯大致相同，不同之处在于分析模式（Analysis Mode）选择“Frequency Analysis（EIS）”，如图 6-65 所示，频谱范围在 $1\times10^{-5}\sim1\times10^{5}$，每个数量级计算 10 个频率点。

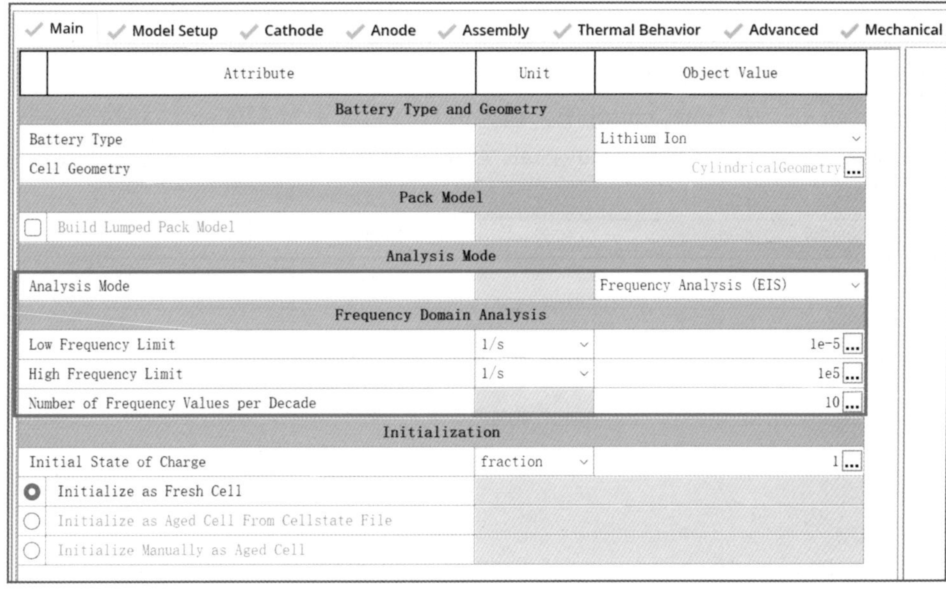

图 6-65　EIS 主界面设置

2. 模型设置（Model Setup）

在 Model Setup 面板下，用户可以求解器时间步长设置为 0.1s，如图 6-66 所示。

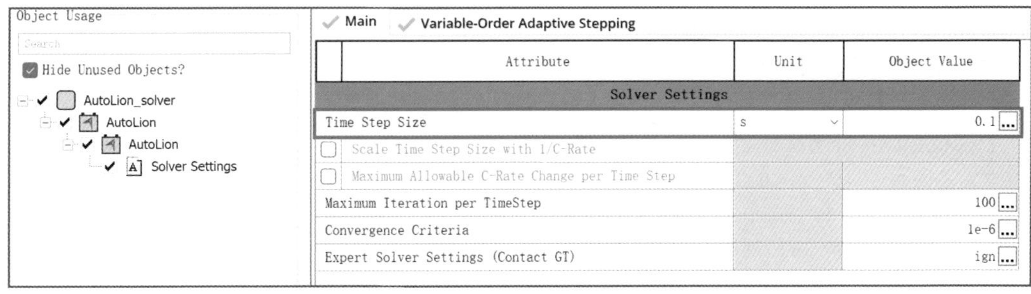

图 6-66　时间步长设置

3. 图（Plots）

在 Plots 面板 Special Analyses 选项下，用户可以选择输出 Nyquist 图和 Bode 图，如图 6-67 所示。

Main　Model Setup　Cathode　Anode　Assembly　Thermal Behavior　Advanced　Mechanical　Plots

Main　Aging　Details　Spatial (Time)　Spatial (Cycle　Special Analyses　Anode　Cathode　Separator　Mechanical　Thermal Runaway

Select / Unselect All Plots	☐	Max Plot Points	Plot Range	X-Axis	Sampling Type	Sampling Inte...
EIS: Nyquist Plot	☑	def	def		def	def
EIS: Bode (Magnitude)	☑	def	def		def	def
EIS: Bode (Phase Angle)	☑	def	def		def	def
Capacity Fade	☐	def	def		def	def
Capacity Fade: Voltage vs Capacity	☐	def	def		def	def
Capacity Fade: Voltage vs Time	☐	def	def		def	def
Power Fade	☐	def	def		def	def
Power Fade: Voltage vs Capacity	☐	def	def		def	def
Power Fade: Voltage vs Time	☐	def	def		def	def

图 6-67　Plots 设置

6.4.2 求解设置

1. 时间控制（TimeControl）

如图 6-68 所示，在 TimeControl 中，最大仿真时间设置为 4200s，达到稳态时不停止计算（将 Automatic Shut-Off When Steady-State 设置为 off）。

TimeControl | Initialization | ODEControl | SignalControl | ThermalControl | Automation

Attribute	Unit	Object Value
Maximum Simulation Duration (Time)	s	4200
Automatic Shut-Off When Steady-State		off
Improved Solution Sequence for Multi-Circuit Models		☐

图 6-68 TimeControl 设置

2. 常微分方程控制（ODEControl）

如图 6-69 所示，在 ODEControl 中，用户可以将积分和算法控制（Integrator and Solution Control）设置为指针变量。

TimeControl | Initialization | ODEControl | SignalControl | ThermalControl | Automation

Attribute	Unit	ODE Settings #1
Part Name List Object Identifying Circuits Belongi...		def
Integrator and Solution Control		DiffEqControl_Implicit
Time Step Output Frequency		def
Maximum Ratio of Time Steps in ODE Circuits		def (=20)
Maximum Ratio of Flow/ODE Time Step		def
Solve All Circuits Together (Single Solution Clust...		☑
Modal Analysis Property Object		ign

图 6-69 ODEControl 设置

积分和算法控制指针变量指向的模板如图 6-70 所示，在 Main 面板下，算法类型选择显式求解“Implicit-SDC3”；在 SDC3 面板下，最大积分时间步长设置为 10。

Main | SDC3

Attribute	Object Value
Integrator/Solver Type	Implicit-SDC3
Matrix Optimization Method	Cuthill-McKee
Matrix Storage Format	Skyline
Electrical Matrix Inversion Scheme	SVD

Main | SDC3

Attribute	Object Value
Maximum Integration Time Step	10
Initial Max. Integration Time Step	def
Time Step Relaxation Multiplier	5
Relative Tolerance	1E-5
Absolute Tolerance	1E-5

图 6-70 ODE 算法设置

6.4.3 结果分析

运行模型，用户可以在 GT-Post 中查看 Nyquist 图和 Bode 图，如图 6-71 所示。

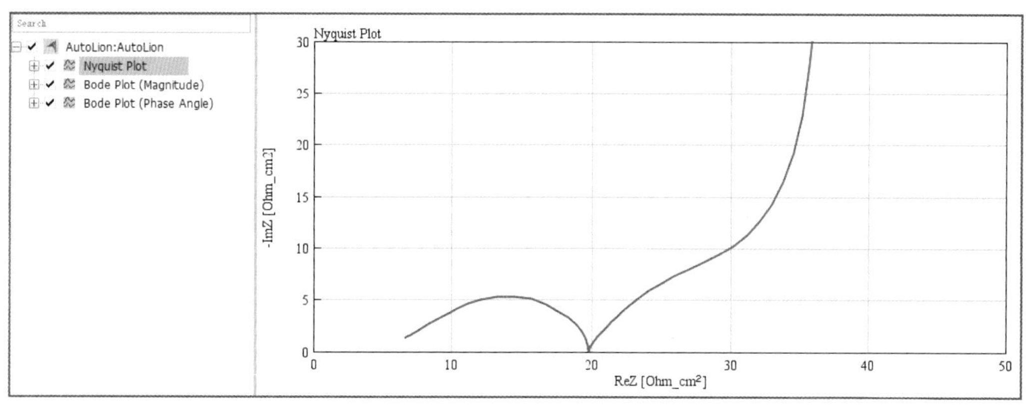

图 6-71 阻抗谱分析 Nyquist 图

6.5 恒流放电

本节将介绍一个叠片电池的恒流放电仿真实例。本节模型所在目录为 \GTI\v2024\examples\Battery\GT-AutoLion\GT-AutoLion-3D\ AutoLion-3D_Basic_Pouch.gtm。

在 GT-ISE 中，新建一个 GT-SUITE 文件，命名为“AutoLion-3D_Basic_Pouch.gtm”。保存模型到用户指定的文件夹下。查找 AutoLion-3D 模板，直接拖入模型区域，建立名为“AL3D_Pouch”的部件。

6.5.1 电池模型设置

1. 主界面（Main）

图 6-72 所示为电池模型设置主界面。其中，分析模式（Analysis Mode）为时间仿真（Time Simulation）模式。本例为恒流放电，故负荷形式（Load Type）选择电流，电流需求设置为普通变量 [Current]，电池的初始 SOC 为 1。通过单击电芯几何（Cell Geometry）右侧的值选择按钮...，选择叠片式电池（Cell Geometry-PrismaticSED），新建一个名为“AL3D_Pouch”的指针变量。叠片式电池的详细几何参数请参考 4.2.2 节。

Main | Model Setup | Cathode | Anode | Assembly | Thermal Behavior | Advanced | Mechanical | Position | Plots

Attribute	Unit	Object Value
Battery Type and Geometry		
Battery Type		Lithium Ion
Cell Geometry		AL3D_Pouch
Time Simulation		
Load Type		Current
Current Request	See Case...	[Current]
Initialization		
Initial State of Charge	fraction	1
◉ Initialize as Fresh Cell		
○ Initialize as Aged Model From Cellstate File		
○ Initialize Manually as Aged Cell		

图 6-72 AutoLion-3D 主界面

2. 模型设置（Model Setup）

电池模型设置如图 6-73 所示。用户可以将时间步长设置为 10s，如图 6-74 所示。

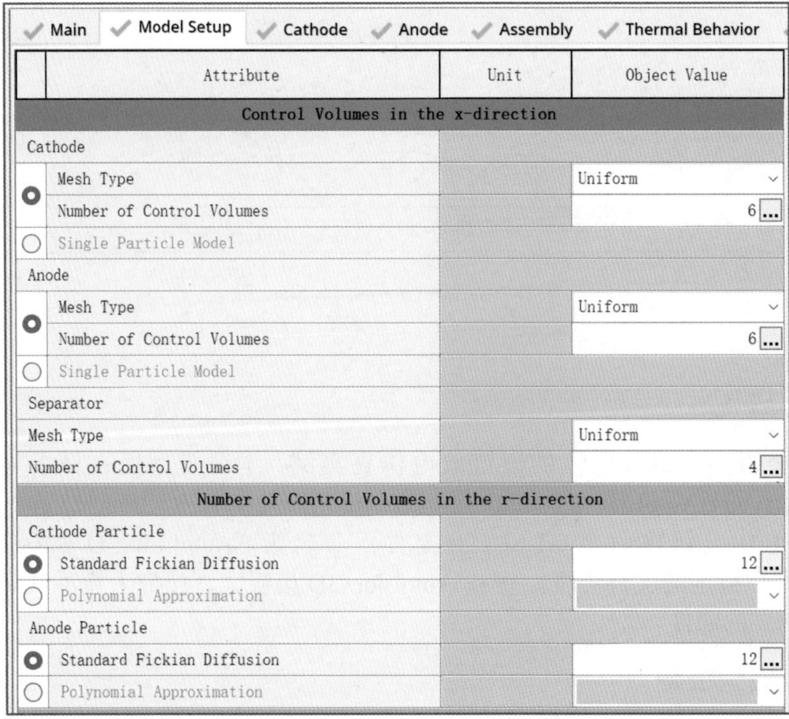

Cell Operating Conditions		
Open Circuit Voltage of Full Cell (100% SOC)	V	4.2
Open Circuit Voltage of Empty Cell (0% SOC)	V	def (=Calculated)
☑ Stop Simulation at Upper Cutoff Voltage	V	4.2
☑ Stop Simulation at Lower Cutoff Voltage	V	2.5
Solver Settings		
Spatial Plot Storage Frequency	s	100
Solver Settings		AL3D_Pouch_solver

图 6-73　模型设置

Main　Variable-Order Adaptive Stepping

Attribute	Unit	Object Value
Solver Settings		
Time Step Size	s	10
☐ Scale Time Step Size with 1/C-Rate		
☐ Maximum Allowable C-Rate Change per Time Step		
Maximum Iteration per TimeStep		100
Convergence Criteria		1e-8
Expert Solver Settings (Contact GT)		ign

图 6-74　AutoLion 求解器设置

3. 正极（Cathode）

正极的相关设置如图 6-75 所示。

Main　Model Setup　Cathode　Anode　Assembly　Thermal Behavior

Attribute	Unit	Cathode Layer #1
Formula		
Active Material #1		NCM622
Active Material #1 Mass Fraction	fraction	0.94
Active Material #2		
Conductive Agent Density	g/cm^3	1.95
Conductive Agent Mass Fraction	fraction	0.03
Binder Density	g/cm^3	1.77
Binder Mass Fraction	fraction	0.03
Additive Density	g/cm^3	ign
Additive Mass Fraction	fraction	0.0
Cathode Coating		
Capacity Loading	mAh/cm^2	3.9
Mass Loading	mg/cm^2	
Porosity		0.3
Capacity	A-h	
Conductivity		
Conductivity	S/m	3.8
Bruggeman Exponent and Tortuosity		
Bruggeman Exponent		1.5
Tortuosity		

Attribute	Unit	Object Value
Contact Resistance		
Contact Resistance (@ Foil/Cathode Interface)	Ohm-m^2	0.0002
Mechanical Deformation		
Stress-Strain Relationship		ign
Multi Layer Cathode		
Number of Cathode Layers		def (=1)

图 6-75　正极设置

正极活性材料特性设置如图 6-76 所示。

Main | Degradation | Kinetics

	Attribute	Unit	Object Value
	AutoLion Material		NCM 622
●	Particle Diameter	micron	10
○	Particle Size Distribution		
	Particle Shape		Spherical
	Molecular Weight	g/mol	96.93
	Electrons Transferred		1
	Density	g/cm^3	4.8
	First Charge Capacity	mAh/g	190
	First Discharge Capacity	mAh/g	182
	Umax	V	4.33
	Swelling Coefficient		1
	Specific Surface Area		
	User Value	1/m	def (=Theoretical)
	Multiplier		def (=1)
	Open Circuit Potential		
●	Database Value		
○	User Value	V	

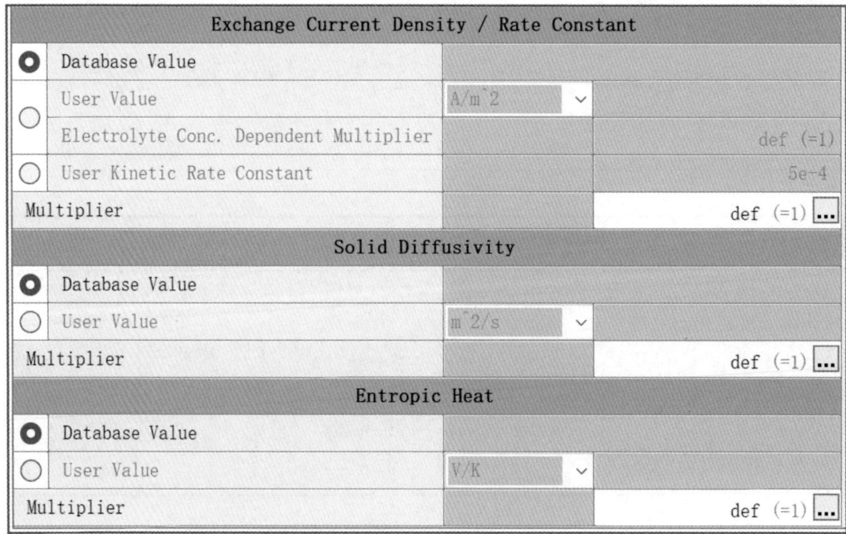

	Attribute	Unit	Object Value
	Exchange Current Density / Rate Constant		
●	Database Value		
○	User Value	A/m^2	
	Electrolyte Conc. Dependent Multiplier		def (=1)
○	User Kinetic Rate Constant		5e-4
	Multiplier		def (=1)
	Solid Diffusivity		
●	Database Value		
○	User Value	m^2/s	
	Multiplier		def (=1)
	Entropic Heat		
●	Database Value		
○	User Value	V/K	
	Multiplier		def (=1)

图 6-76　正极活性材料特性设置

4. 负极（Anode）

负极活性材料特性选择数据库中的 Graphite，如图 6-77 所示。

5. 组装（Assembly）

正负极集电体和隔膜的材料均来自数据库。组装设置如图 6-78 所示。

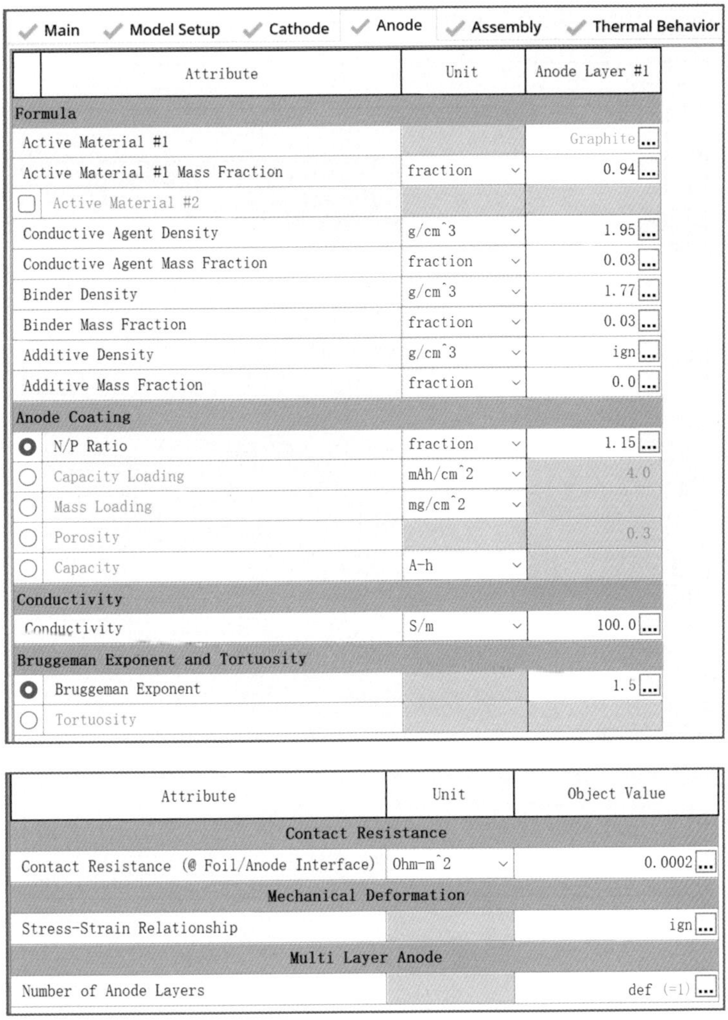

Main | Model Setup | Cathode | Anode | Assembly | Thermal Behavior

	Attribute	Unit	Anode Layer #1
Formula			
	Active Material #1		Graphite
	Active Material #1 Mass Fraction	fraction	0.94
☐	Active Material #2		
	Conductive Agent Density	g/cm^3	1.95
	Conductive Agent Mass Fraction	fraction	0.03
	Binder Density	g/cm^3	1.77
	Binder Mass Fraction	fraction	0.03
	Additive Density	g/cm^3	ign
	Additive Mass Fraction	fraction	0.0
Anode Coating			
◉	N/P Ratio	fraction	1.15
○	Capacity Loading	mAh/cm^2	4.0
○	Mass Loading	mg/cm^2	
○	Porosity		0.3
○	Capacity	A-h	
Conductivity			
	Conductivity	S/m	100.0
Bruggeman Exponent and Tortuosity			
◉	Bruggeman Exponent		1.5
○	Tortuosity		

Attribute	Unit	Object Value
Contact Resistance		
Contact Resistance (@ Foil/Anode Interface)	Ohm-m^2	0.0002
Mechanical Deformation		
Stress-Strain Relationship		ign
Multi Layer Anode		
Number of Anode Layers		def (=1)

图 6-77 负极设置

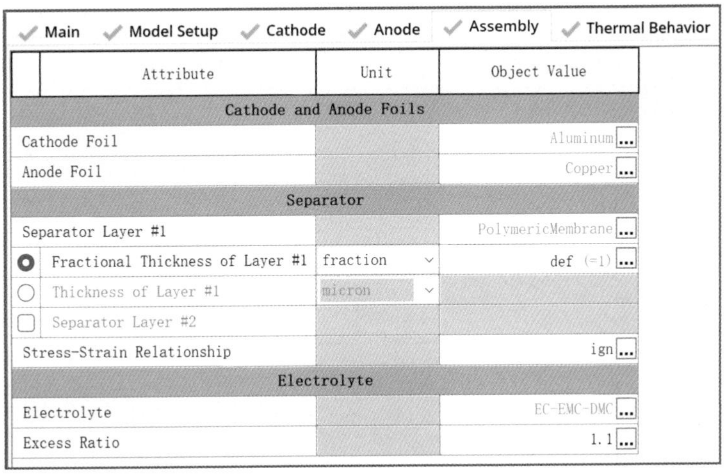

Main | Model Setup | Cathode | Anode | Assembly | Thermal Behavior

	Attribute	Unit	Object Value
Cathode and Anode Foils			
	Cathode Foil		Aluminum
	Anode Foil		Copper
Separator			
	Separator Layer #1		PolymericMembrane
◉	Fractional Thickness of Layer #1	fraction	def (=1)
○	Thickness of Layer #1	micron	
☐	Separator Layer #2		
	Stress-Strain Relationship		ign
Electrolyte			
	Electrolyte		EC-EMC-DMC
	Excess Ratio		1.1

图 6-78 组装设置

电解液作为指针变量，其定义如图 6-79 所示。

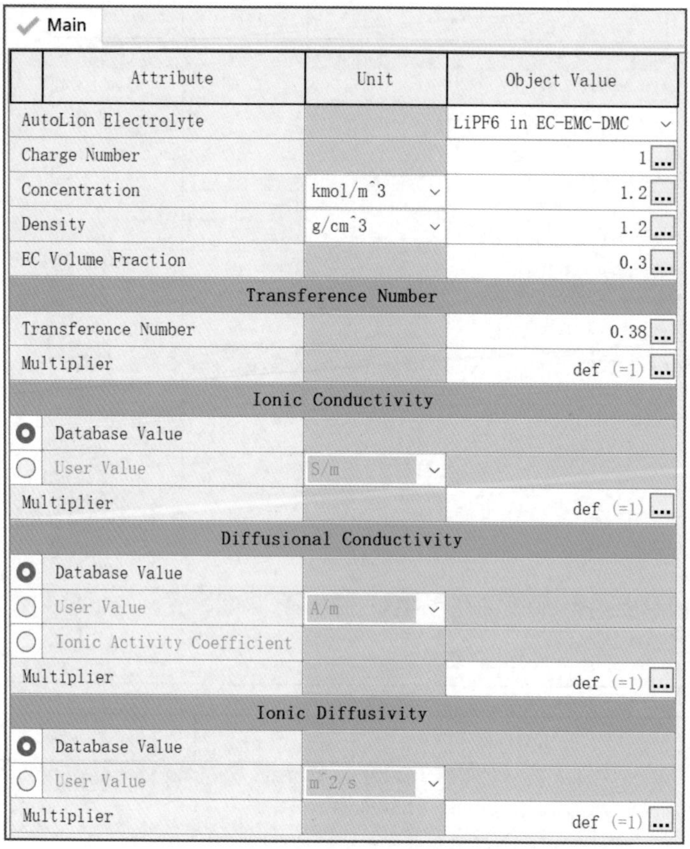

Main

	Attribute	Unit	Object Value
AutoLion Electrolyte			LiPF6 in EC-EMC-DMC
Charge Number			1
Concentration		kmol/m^3	1.2
Density		g/cm^3	1.2
EC Volume Fraction			0.3
Transference Number			
Transference Number			0.38
Multiplier			def (=1)
Ionic Conductivity			
◉	Database Value		
○	User Value	S/m	
Multiplier			def (=1)
Diffusional Conductivity			
◉	Database Value		
○	User Value	A/m	
○	Ionic Activity Coefficient		
Multiplier			def (=1)
Ionic Diffusivity			
◉	Database Value		
○	User Value	m^2/s	
Multiplier			def (=1)

图 6-79　电解液特性参数

6. 传热模型（Thermal Behavior）

传热模型设置如图 6-80 所示。

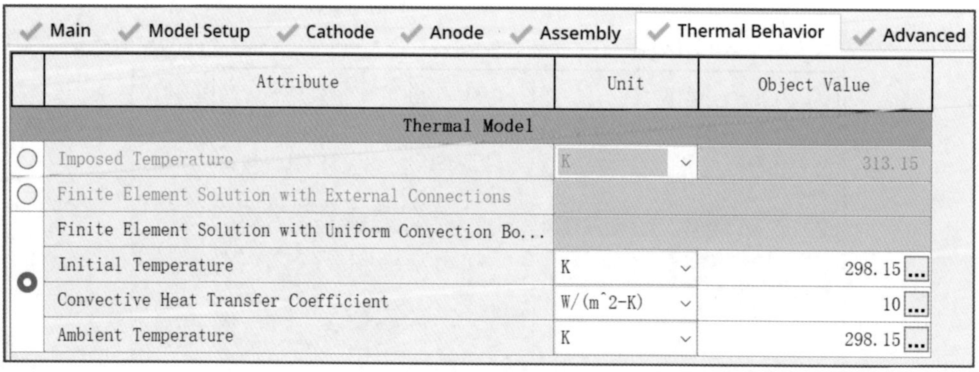

Main　Model Setup　Cathode　Anode　Assembly　Thermal Behavior　Advanced

	Attribute	Unit	Object Value
Thermal Model			
○	Imposed Temperature	K	313.15
○	Finite Element Solution with External Connections		
◉	Finite Element Solution with Uniform Convection Bo...		
	Initial Temperature	K	298.15
	Convective Heat Transfer Coefficient	W/(m^2-K)	10
	Ambient Temperature	K	298.15

图 6-80　传热模型设置

7. 高级设置（Advanced）

高级设置如图 6-81 所示。

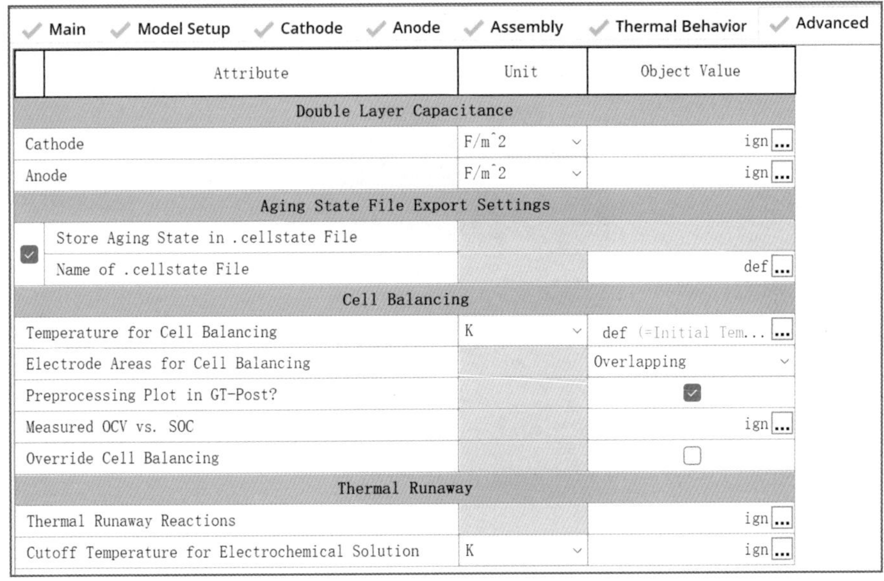

图 6-81 高级设置

8. 力学模型（Mechanical）

力学模型设置如图 6-82 所示。

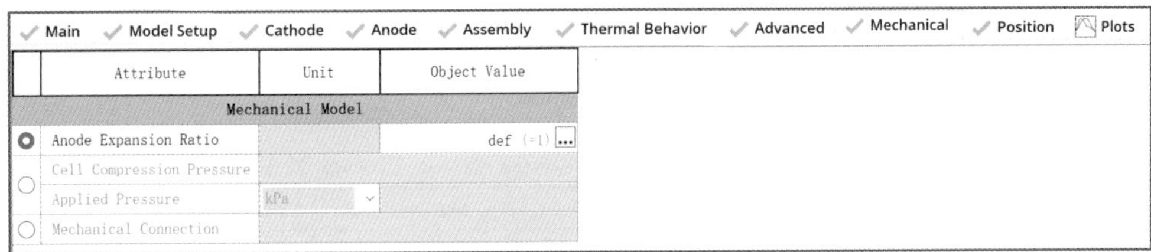

图 6-82 力学模型设置

9. 位置（Position）

3D 位置设置如图 6-83 所示，用于定义有限元网格的 3D 位置显示。对于 SED 电池，指定电池左下角的坐标，并指定电池的（旋转）方向。

Main | Model Setup | Cathode | Anode | Assembly | Thermal Behavior | Advanced | Mechanical | Position | Plots

Attribute	Unit	Object Value
Position		
Position (X)	m	def (=0)
Position (Y)	m	def (=0)
Position (Z)	m	def (=0)
Orientation		
Use Euler Angles for Rotation		
Use Coordinate Axis for Rotation		
Thickness Direction		Y axis
Height Direction		Z axis

图 6-83 3D 位置设置

该位置设置的 3D 显示结果如图 6-84 所示。

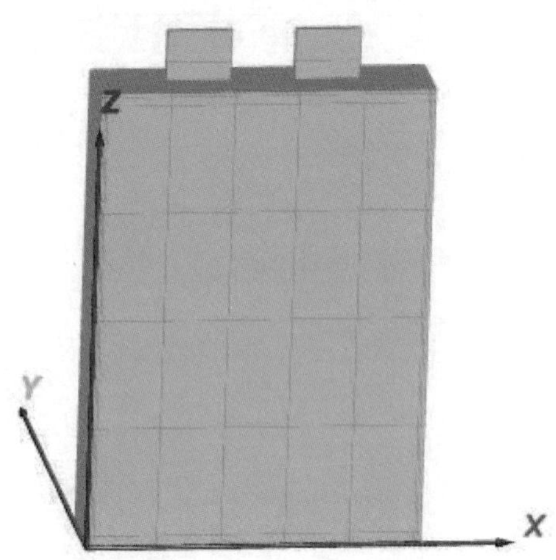

图 6-84　3D 显示结果

10. 图（Plots）

在 Plots 中的 2D Spatial Plots 窗口中，用户可以设置 SOC 等高线图在厚度方向的截面位置，如图 6-85 所示。由于本例中厚度方向包含 3 个网格，故用户可以自定义等高线图的输出位置。Def 默认位置为 1。此外，用户还可以在 3D Plots 窗口中勾选 3D 温度输出结果。

Main　Model Setup　Cathode　Anode　Assembly　Thermal Behavior　Advanced　Position　Plots

Main　Aging　Details　Spatial Plots (Time)　Spatial Plots (Cycle)　Special Analyses　Anode　Cathode　Separator　2D Spatial Plots　3D Plots

Select / Unselect All Plots	☑	Location	Max Plot Points	Plot Range	X-Axis	Sampling Type	Sampling Inte...
2D SOC Distribution	☑	1 2 3	def				
2D Current Distribution	☑	def	def				
2D Voltage Distribution	☑	def	def				
2D Cathode Foil Potential	☑	def	def				
2D Cathode Foil Potential with Tab	☑	def	def				
2D Anode Foil Potential	☑	1 2 3	def				
2D Anode Foil Potential with Tab	☑	def	def				
2D Cathode Half Cell Potential	☑	def	def				
2D Anode Half Cell Potential	☑	def	def				
2D Lithium Plating Potential	☑	def	def				
2D Heat Generation	☑	def	def				
2D Temperature	☑	def	def				

图 6-85　Plots 设置

6.5.2　求解设置

1. 时间控制（TimeControl）

在 Run Setup 中的 TimeControl 中，设置计算时长为 =3600/[C-Rate（No Unit）]，如图 6-86 所示，其中 [C-Rate] 将自动新建为一个普通变量，后续将在 Case Setup 中设置。达到稳态时不停止计算（将 Automatic Shut-Off When Steady-State 设置为 off）。

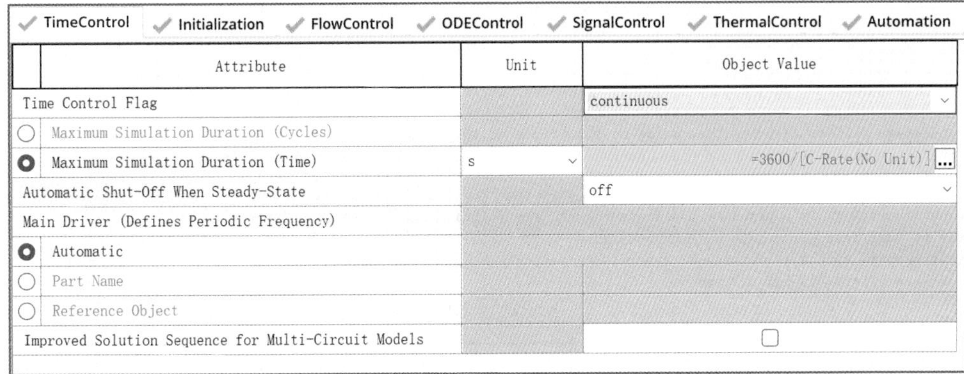

TimeControl | Initialization | FlowControl | ODEControl | SignalControl | ThermalControl | Automation

Attribute	Unit	Object Value
Time Control Flag		continuous
Maximum Simulation Duration (Cycles)		
Maximum Simulation Duration (Time)	s	=3600/[C-Rate(No Unit)]
Automatic Shut-Off When Steady-State		off
Main Driver (Defines Periodic Frequency)		
Automatic		
Part Name		
Reference Object		
Improved Solution Sequence for Multi-Circuit Models		☐

图 6-86　TimeControl 设置

2. 常微分方程控制（ODEControl）

ODEControl 设置如图 6-87 所示。ODE 算法设置如图 6-88 所示。

TimeControl | Initialization | FlowControl | ODEControl | SignalControl | ThermalControl | Automation

Attribute	Unit	ODE Settings #1
Part Name List Object Identifying Circuits Belonging to Column		def
Integrator and Solution Control		DiffEqControl_Explicit-def
Time Step Output Frequency		def
Maximum Ratio of Time Steps in ODE Circuits		def (=20)
Maximum Ratio of Flow/ODE Time Step		def
Solve All Circuits Together (Single Solution Cluster for the Column)		☑
Modal Analysis Property Object		ign

图 6-87　ODEControl 设置

Main | RungeKutta

Attribute	Object Value
Integrator/Solver Type	Explicit-Runge-Kutta
Matrix Optimization Method	Cuthill-McKee
Matrix Storage Format	Skyline
Electrical Matrix Inversion Scheme	Pardiso

Main | RungeKutta

Attribute	Unit	Object Value
Maximum Integration Time Step		1
Initial Max. Integration Time Step		1
Time Step Relaxation Multiplier		def (=5)
Mechanical Degrees of Freedom		
Integration Relative Accuracy		1E-4
Translational Displacement Accuracy Norm	m	0.001
Translational Velocity Accuracy Norm	m/s	0.01
Rotational Displacement Accuracy Norm	deg	0.0572957795130823
Rotation Velocity Accuracy Norm	RPM	0.095492965
Hydraulic Pressure Accuracy Norm	Pa	25000
Electromagnetic Degrees of Freedom		
Integration Relative Accuracy		1.e-6
Voltage Accuracy Norm	V	1.e-3
Current Accuracy Norm	A	1.e-3
Magnetic Force Accuracy Norm	A-t	1.e-3
Magnetic Flux Accuracy Norm	microWb	0.1

图 6-88　ODE 算法设置

6.5.3　案例设置

打开案例设置（Case Setup），单击 Home > Add Parameter，新建一个参数“Capacity”来表示电池容量，如图 6-89 所示。

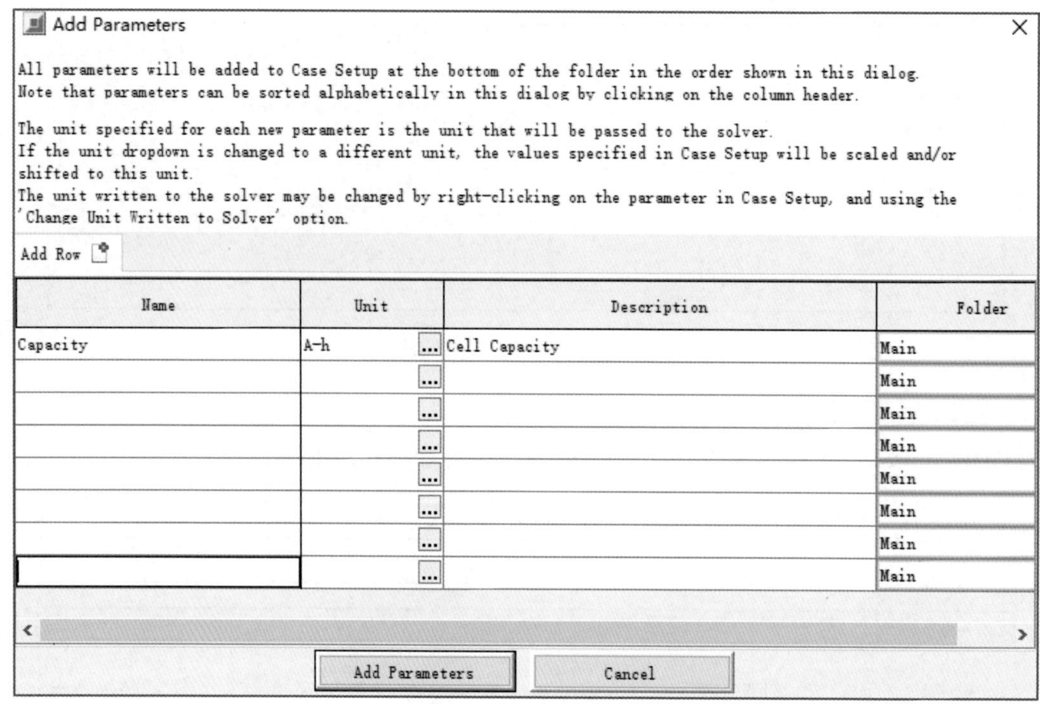

图 6-89　新建参数

如图 6-90 所示，用户可以再增加 2 个 Case，将放电倍率分别设为 1、2 和 3。电流输入为 = [Capacity]∗[C–Rate]。

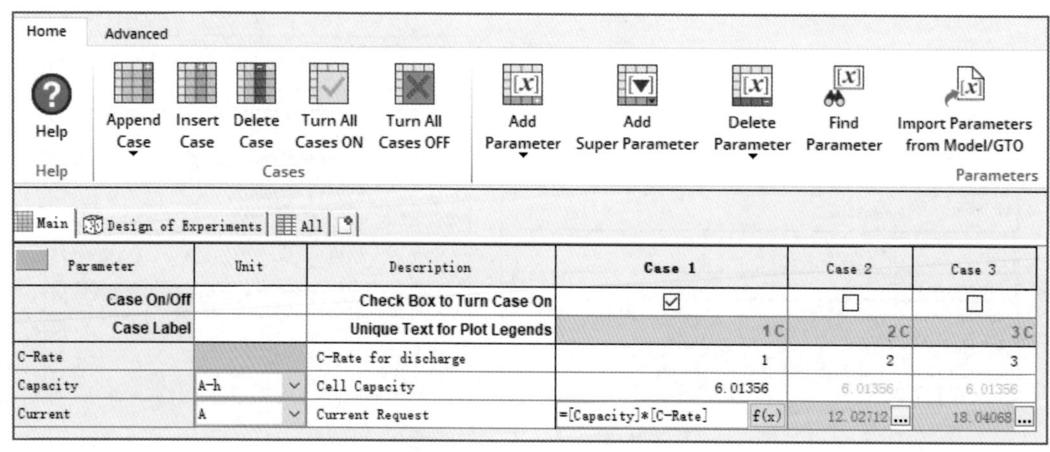

图 6-90　Case Setup 界面

6.5.4　结果分析

用户可以查看 3D 温度分布图，如图 6-91 所示。

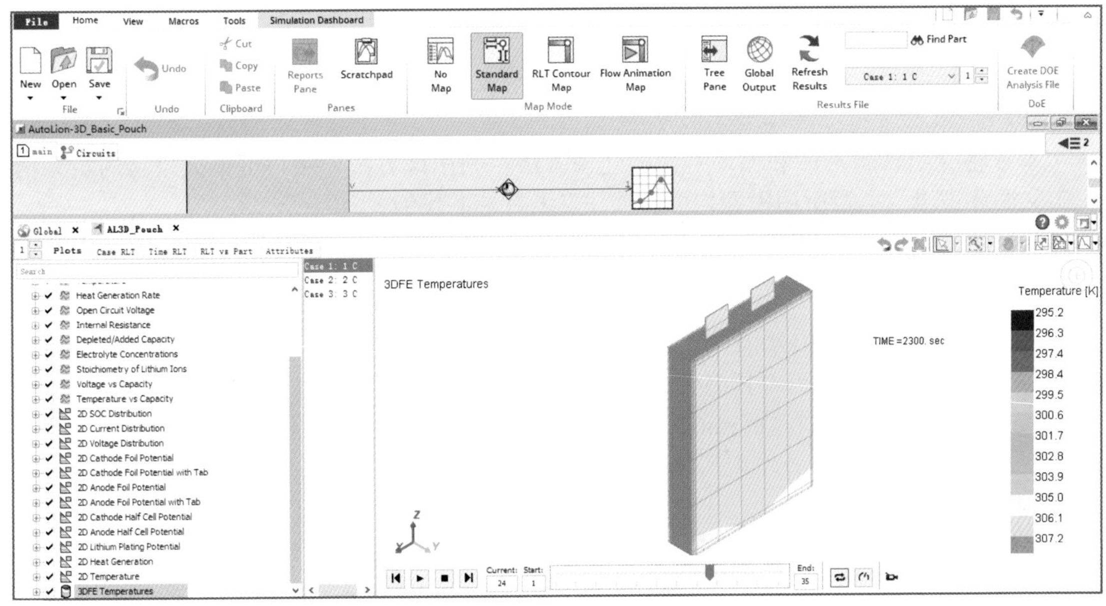

图 6-91 3D 温度分布结果

如图 6-92 所示，用户还可以查看 2D SOC 等高线图，其中的 batt1、batt2、batt3 是电池厚度方向的网格数。

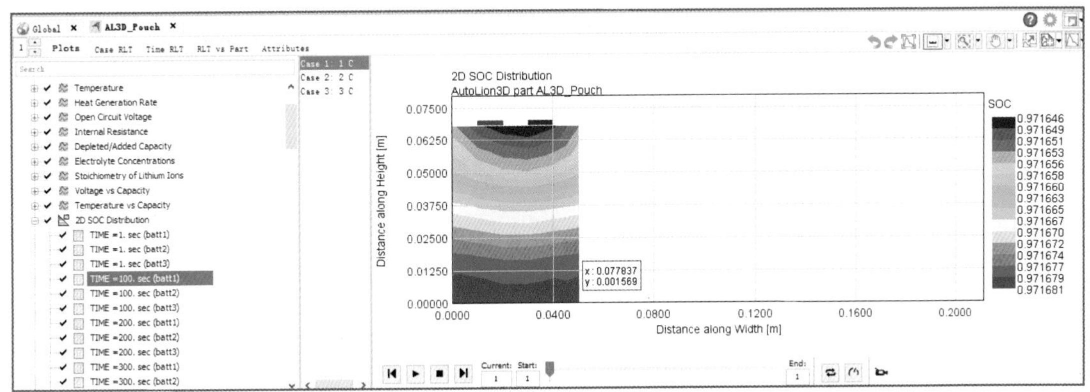

图 6-92 2D SOC 等高线图

第7章 寿命仿真

本章将介绍日历寿命和循环寿命的建模方法。利用该方法，用户可根据自己的实际情况定义循环逻辑。本章所用模型均可在软件安装目录下找到。

7.1 日历寿命

本节所用电池模型仍然沿用 6.1 节所用圆柱形电池（18650）。特别地，电池老化模型仅考虑 SEI 膜老化模型。将其静置 100 天，计算可逆容量的变化。模型所在目录为 \GTI\v2024\examples\Battery\GT-AutoLion\Aging\CalendarAging.autolion。日历寿命模型如图 7-1 所示。

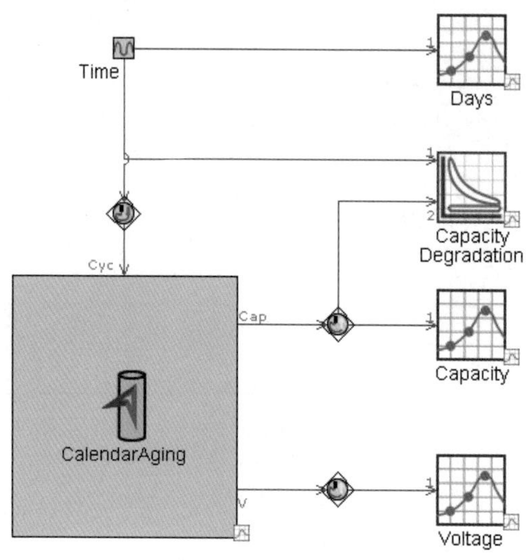

图 7-1 日历寿命模型

7.1.1 电池模型设置

新建一个模型，命名为“CalendarAging”。保存模型到用户指定的文件夹下。由于电池沿用 6.1 节的电池，故直接将 6.1 节的电池复制到新文件中即可，将电池部件命名为“Calendar Aging”。以下将介绍与 6.1 节电池参数设置不同的地方。

1. 主界面（Main）

日历寿命电池模型设置主界面如图 7-2 所示。其中，分析模式（Analysis Mode）仍然为时间仿真（Time Simulation）模式。负荷形式（Load Type）选择电流（Current）形式，电流需求为 0A，即静置。静置开始时的初始 SOC 为 0.8。

2. 模型设置（Model Setup）

日历寿命电池模型设置如图 7-3 所示。与性能仿真时的设置不同，日历寿命的时间步长通常设置得较大（100s），如图 7-4 所示。这是因为日历寿命的计算时间长且未涉及极化，较大的时间步长不会对精度产生明显影响。

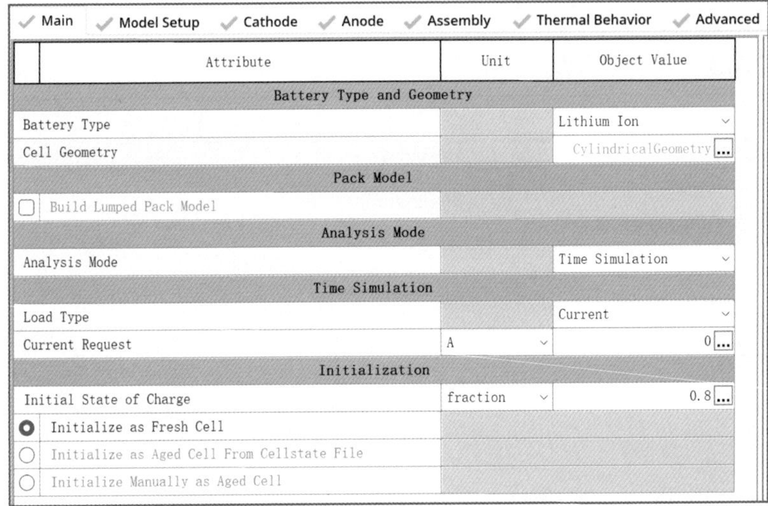

图7-2　日历寿命电池模型设置主界面

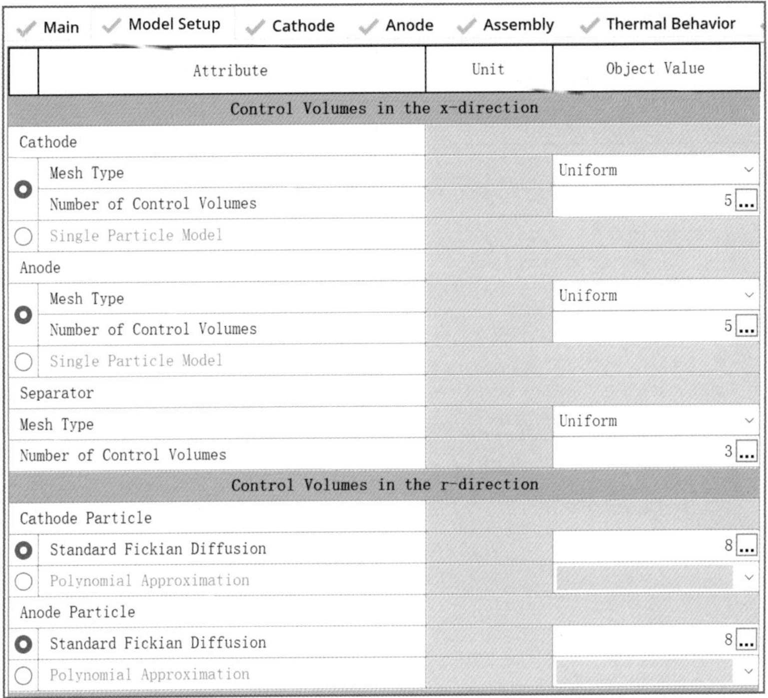

Attribute	Unit	Object Value
Cell Operating Conditions		
Open Circuit Voltage of Full Cell (100% SOC)	V	4.2
Open Circuit Voltage of Empty Cell (0% SOC)	V	def (=Calculated)
☑ Stop Simulation at Upper Cutoff Voltage	V	4.3
☑ Stop Simulation at Lower Cutoff Voltage	V	2.5
Solver Settings		
Spatial Plot Storage Frequency	s	1E7
Solver Settings		AutoLion_solver

图7-3　日历寿命电池模型设置

Main | Variable-Order Adaptive Stepping

	Attribute	Unit	Object Value
	Solver Settings		
	Time Step Size	s	100
☐	Scale Time Step Size with 1/C-Rate		
☐	Maximum Allowable C-Rate Change per Time Step		
	Maximum Iteration per TimeStep		100
	Convergence Criteria		1e-4
	Expert Solver Settings (Contact GT)		ign

图 7-4　求解器设置

3. 负极（Anode）

本例将增加 SEI 膜的生长模型。在负极设置（Anode）界面，双击绿色活性材料对象“Graphite”，打开活性材料设置界面，其中的老化模型设置界面（Degradation）如图 7-5 所示，绿色对象为指针变量。

Main | Degradation | Kinetics

	Attribute	Unit	Object Value
	Electrolyte Type		Liquid
	Film Growth		
	Initial Film Thickness	nm	5
	Film Conductivity		AnodeFilmConductivity
○	No Film Growth		
●	Anode SEI Layer Growth		
	EC Diffusivity		AnodeECDiff
	SEI Reaction Rate Coefficient		AnodeFilmGrowth
	SEI Equilibrium Potential	V	0.4
	SEI Charge Transfer Coefficient		0.5
	SEI Molecular Weight	g/mol	162
	SEI Density	g/cm^3	1.69
	SEI Porosity		0.05
	SEI Cracking Function		ign
	SEI Cracking Scaling Function		ign
○	Cathode CEI Layer Growth		
○	Cathode Rock Salt Surface Layer Growth (BETA)		
	Active Material Isolation		
●	No Active Material Isolation		
○	Linear Model		
○	Predefined Model		
○	User Defined Model		

图 7-5　负极老化模型设置界面

将初始油膜厚度设置为 5nm；将膜电导率、EC 扩散系数以及 SEI 反应速率系数项分别新建并命名为“AnodeFilmConductivity”“Anode ECDiff”“AnodeFilmGrowth”的指针变量。其中每一个变量都考虑为温度相关的 Arrhenius 函数。图 7-6 所示为这 3 个指针变量的参数设置。

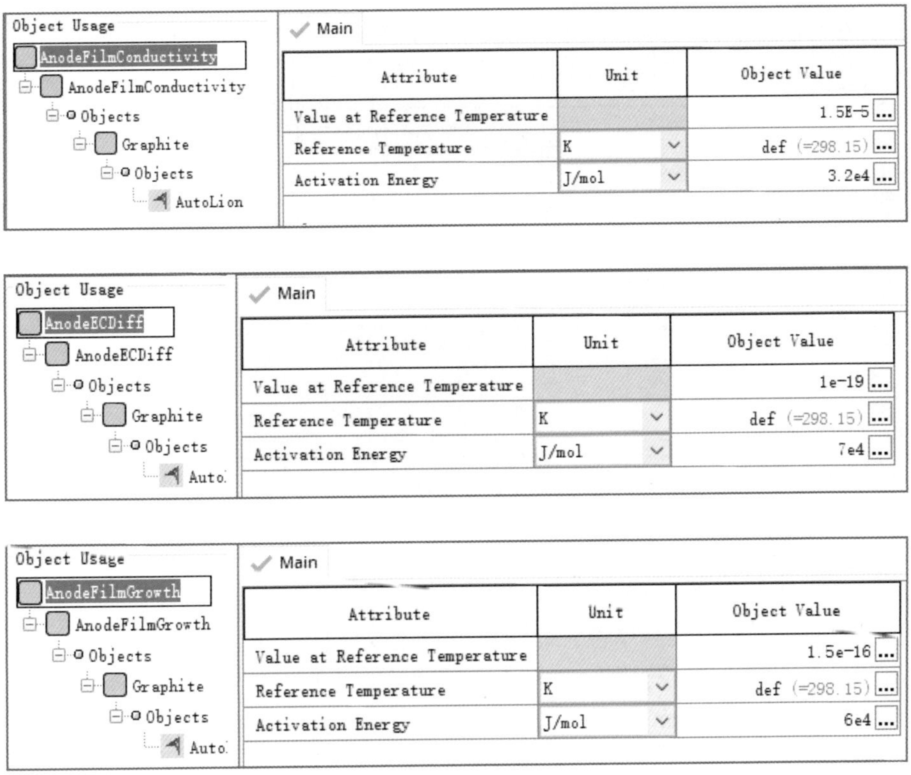

Object Usage
- AnodeFilmConductivity
  - AnodeFilmConductivity
    - Objects
      - Graphite
        - Objects
          - AutoLion

Main

Attribute	Unit	Object Value
Value at Reference Temperature		1.5E-5 ...
Reference Temperature	K	def (=298.15) ...
Activation Energy	J/mol	3.2e4 ...

Object Usage
- AnodeECDiff
  - AnodeECDiff
    - Objects
      - Graphite
        - Objects
          - Auto

Main

Attribute	Unit	Object Value
Value at Reference Temperature		1e-19 ...
Reference Temperature	K	def (=298.15) ...
Activation Energy	J/mol	7e4 ...

Object Usage
- AnodeFilmGrowth
  - AnodeFilmGrowth
    - Objects
      - Graphite
        - Objects
          - Auto

Main

Attribute	Unit	Object Value
Value at Reference Temperature		1.5e-16 ...
Reference Temperature	K	def (=298.15) ...
Activation Energy	J/mol	6e4 ...

图 7-6 膜电导率、EC 扩散系数以及 SEI 反应速率系数的指针变量

图 7-6 中各参数的物理意义如下：

Value at Reference Temperature：参考温度下的值。

Reference Temperature：参考温度值。

Activation Energy：活化能，反映温度对该参数影响的敏感性。

4. 传热模型（Thermal Behavior）

本例直接给定电芯温度为 25℃（298.15K），如图 7-7 所示。

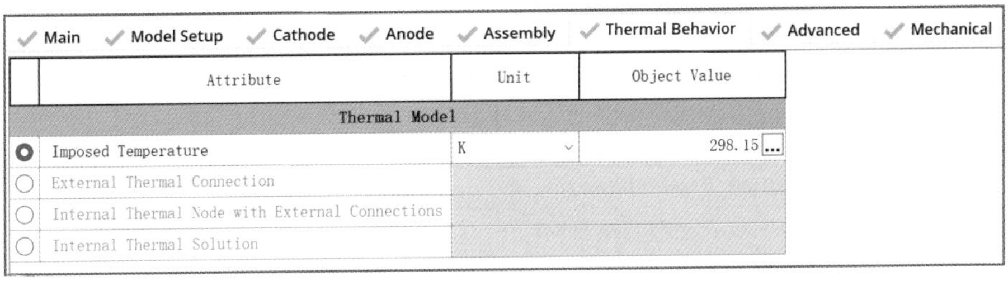

Main | Model Setup | Cathode | Anode | Assembly | Thermal Behavior | Advanced | Mechanical

	Attribute	Unit	Object Value
	Thermal Model		
◉	Imposed Temperature	K	298.15 ...
○	External Thermal Connection		
○	Internal Thermal Node with External Connections		
○	Internal Thermal Solution		

图 7-7 传热模型界面

5. 图（Plots）

用户可以在 Plots 界面选择想要的输出。由于输出选项过多，可在 Plots 界面上方面板处进行选择，如图 7-8 所示。

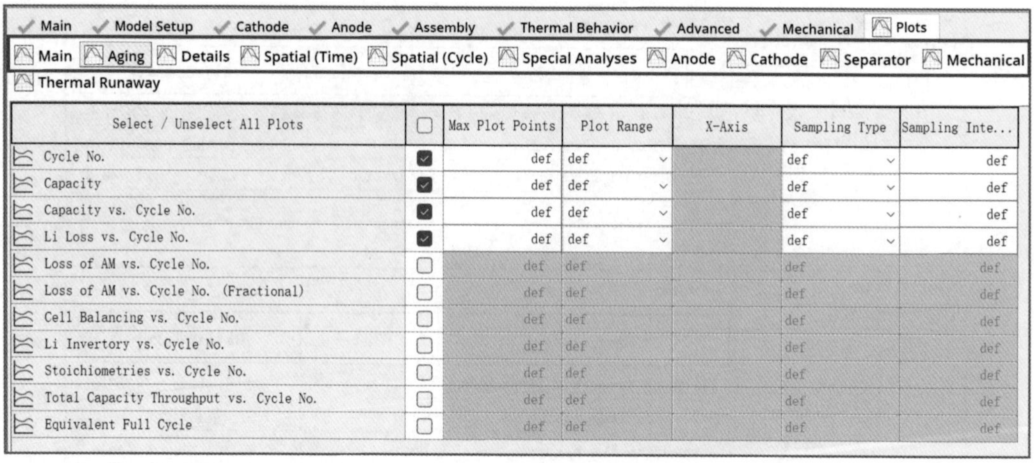

Main | Model Setup | Cathode | Anode | Assembly | Thermal Behavior | Advanced | Mechanical | Plots

Main | Aging | Details | Spatial (Time) | Spatial (Cycle) | Special Analyses | Anode | Cathode | Separator | Mechanical | Thermal Runaway

Select / Unselect All Plots	☐	Max Plot Points	Plot Range	X-Axis	Sampling Type	Sampling Inte...
Cycle No.	☑	def	def		def	def
Capacity	☑	def	def		def	def
Capacity vs. Cycle No.	☑	def	def		def	def
Li Loss vs. Cycle No.	☑	def	def		def	def
Loss of AM vs. Cycle No.	☐	def	def		def	def
Loss of AM vs. Cycle No. (Fractional)	☐	def	def		def	def
Cell Balancing vs. Cycle No.	☐	def	def		def	def
Li Invertory vs. Cycle No.	☐	def	def		def	def
Stoichiometries vs. Cycle No.	☐	def	def		def	def
Total Capacity Throughput vs. Cycle No.	☐	def	def		def	def
Equivalent Full Cycle	☐	def	def		def	def

图 7-8 Plots 设置

7.1.2 时间信号发生器设置

由于日历寿命一般以天为单位，而电池模板主要以秒（s）为时间单位，其自身并没有“天”的概念，它的时间单位是秒（s）。为了方便监控进程以及后处理，需要增加一个时间信号发生器模板（Signal Generator）。查找该模板，并拖入模型区中，命名为“Time”。时间信号发生器设置如图 7-9 所示。关于该模板参数物理意义的介绍，请参考 4.5 节。

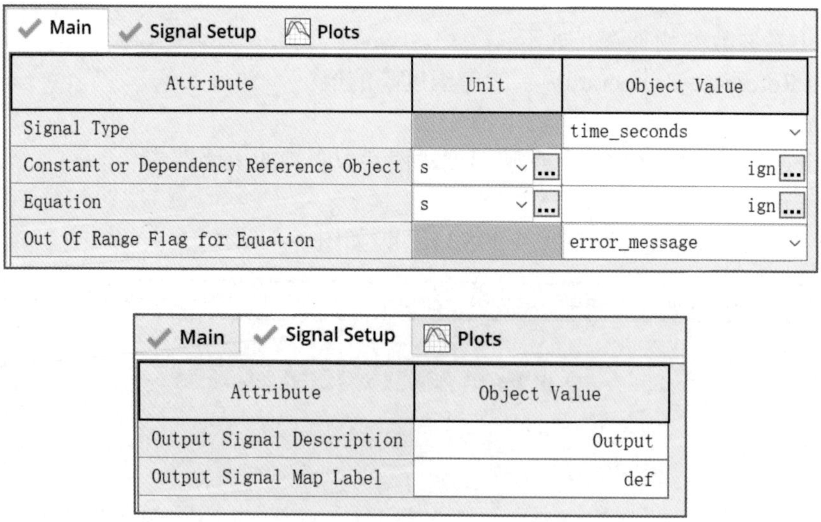

Main | Signal Setup | Plots

Attribute	Unit	Object Value
Signal Type		time_seconds
Constant or Dependency Reference Object	s	ign
Equation	s	ign
Out Of Range Flag for Equation		error_message

Main | Signal Setup | Plots

Attribute	Object Value
Output Signal Description	Output
Output Signal Map Label	def

图 7-9 时间信号发生器设置

连接时间信号发生器和电池，将出现如图 7-10 所示界面，此时需要用户定义这两个模板交换的信息。本例中需要将时间信号发生器的以“day”为单位的时间，赋给电池部件的“Cycle Counter”信号。通过该操作，电池才能“知道”一天为一个循环。

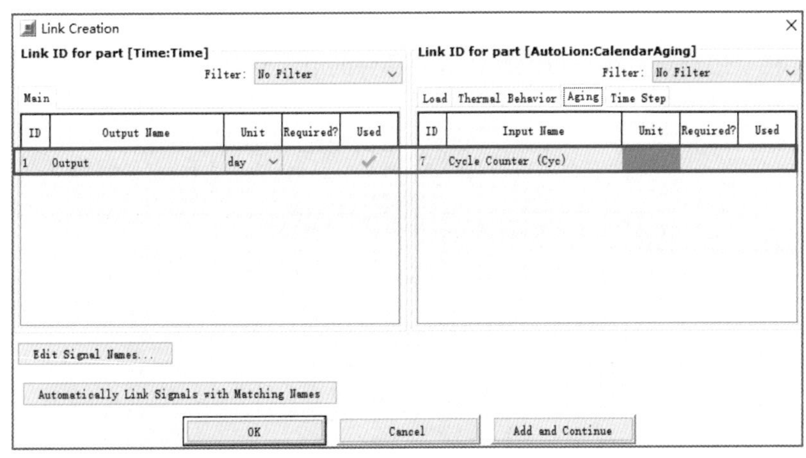

图 7-10 时间信号发生器和电池的连接信号

7.1.3 监控器设置

在计算过程中监控某些结果，将有助于我们提前判断计算是否存在问题。监控器不影响计算，只是方便监控计算进程。常用两类 Monitor：一种是 MonitorSignal；另一种是 MonitorXY。两者的区别在于 X 轴的变量不同。MonitorSignal 的 X 轴变量默认是时间，而 MonitorXY 的 X 轴允许用户自定义。本例中将用 MonitorSignal 模板监控天数、工作容量和电压；用 MonitorXY 监控工作容量随天数的变化。

查找 MonitorSignal 模板，并拖入模型区，输入参数如图 7-11 所示，用于监控时间信号发生器的天数信号。在 Legend 面板中，定义 Y 轴信号的名字为“Cycle Number”。

Object Family: CycleNumber / Days

Main | Legend | Plots

Attribute	Unit	Object Value
X-Axis Type		time
Scrolling Monitor		☐
X-Axis Initial Maximum (time/scrolling axis only)		def (=0.2 s)
Y1-Axis Label (40 Character Maximum)		Cycle Number
Y1-Axis Minimum		0
Y1-Axis Maximum		100
Y2-Axis Label (40 Character Maximum)		ign
Y2-Axis Minimum		ign
Y2-Axis Maximum		ign
Y-Axis Auto Rescaling		on
Line Width (in Pixels)		2
Show or Hide Monitor Window at Runtime		show
Object Name for Reference Curve		ign
Number of Previous Cases to Display		def (=0)
Monitor Title		ign

Main | Legend | Plots

Attribute	Input Signal #1
Legend	Cycle Number
Wireless Signal or RLT	ign
Y-Axis	Y1
Show or Hide Data Curve at Runtime	show

图 7-11 监控天数监控器（MonitorSignal）

然后连接时间信号发生器和该监控器，图 7-12 所示为两个部件的连接信息，单击“OK”完成连接。用户重复操作可以监控电池部件的电压和容量。

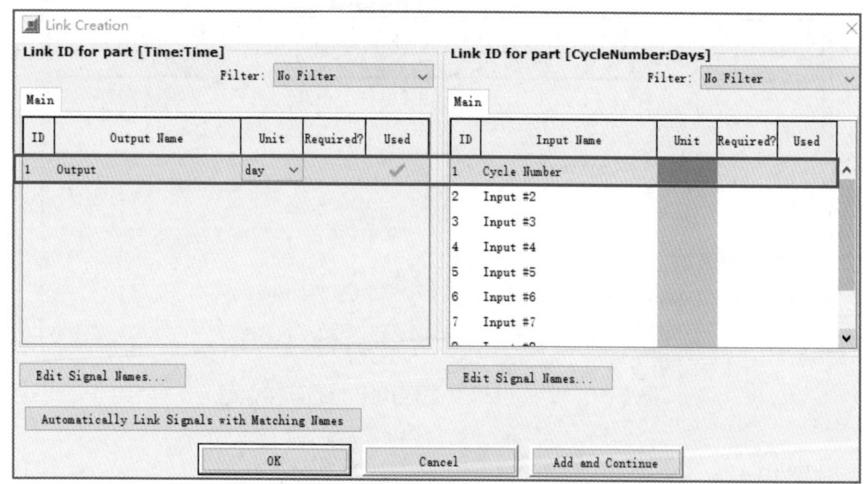

图 7-12　监控器信号连接

重复操作，查找 MonitorXY 模板，并拖入模型区，输入参数如图 7-13 所示，用户可以监控电池部件的容量随天数的变化曲线。在 Legend 面板中，定义 Y 轴信号的名称为“Capacity of Cell（Ah）”。由于 MonitorXY 模板的 X 和 Y 轴的信号都需要自定义，所以涉及两个输入信号。

Object Family

CapacityDegradation

CapacityDegradation

Main　Legend　Plots

Attribute	Unit	Object Value
X-Axis Label (40 Character Maximum)		Storage Time (Days)
Initial X-Axis Minimum		0
Initial X-Axis Maximum		100
Y1-Axis Label (40 Character Maximum)		Capacity (Ah)
Y1-Axis Minimum		2
Y1-Axis Maximum		2.3
Y2-Axis Label (40 Character Maximum)		ign
Y2-Axis Minimum		ign
Y2-Axis Maximum		ign
XY-Axes Auto Rescaling		on
Line Width (in Pixels)		2
Show or Hide Monitor Window at Runtime		show
Object Name for Reference Curve		ign
Monitor Title		ign

Main　Legend　Plots

Attribute	Y Value #1	Y Value #2
Legend	Capacity of Cell (Ah)	
Y-Axis	Y1	
Show or Hide Data Curve at Runtime	show	

图 7-13　监控天数监控器（MonitorXY）

首先，连接电池部件和该监控器，将电池部件的容量信号赋给监控器的 Y 轴信号。图 7-14 所示为两个部件的连接信息，单击“OK”完成连接。

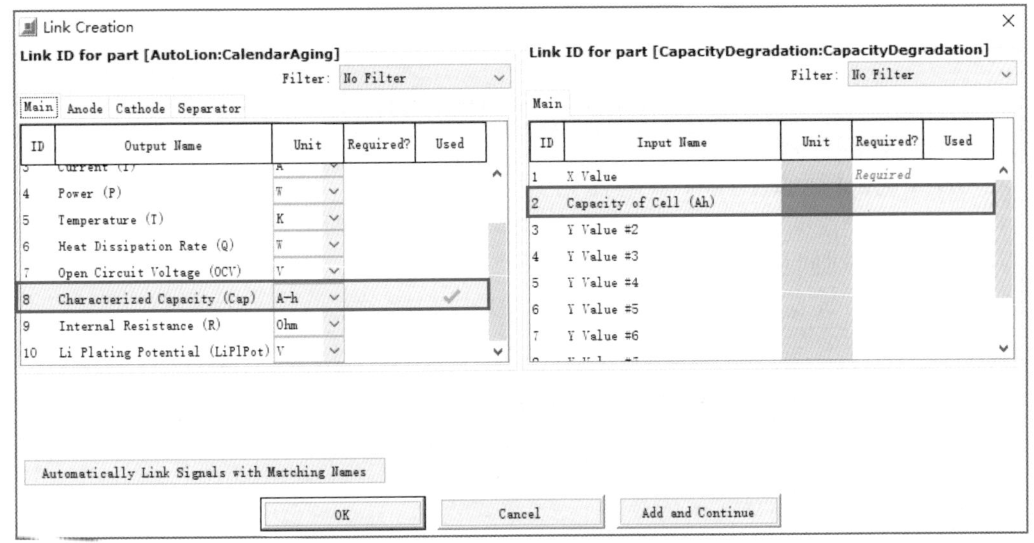

图 7-14　电池部件和该监控器信号连接

然后，连接时间信号发生器和该监控器，将时间信号发生器的以“day”为单位的时间信号赋给监控器的 X 轴信号。图 7-15 所示为两个部件的连接信息，单击“OK”完成连接。

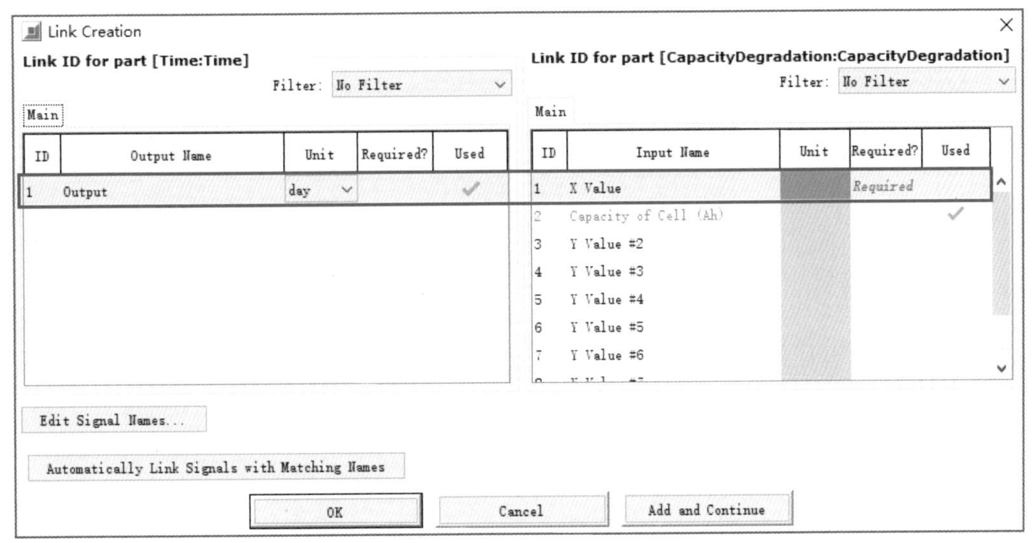

图 7-15　时间信号发生器和该监控器信号连接

7.1.4　求解设置

1. 时间控制（TimeControl）

在 Run Setup 的时间控制面板中设置计算时长为 100 天，如图 7-16 所示。

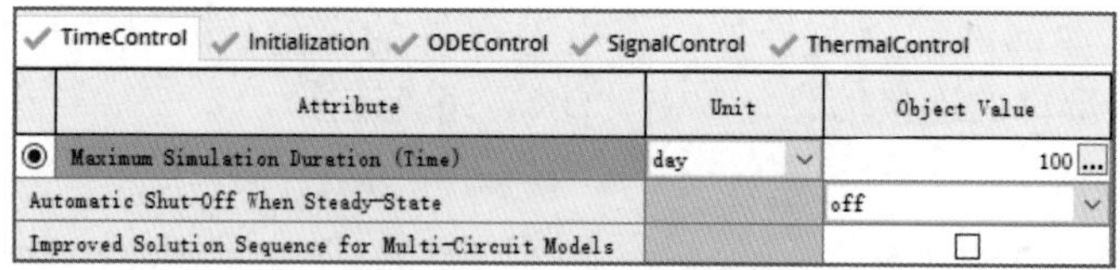

TimeControl | Initialization | ODEControl | SignalControl | ThermalControl

	Attribute	Unit	Object Value
◉	Maximum Simulation Duration (Time)	day	100
	Automatic Shut-Off When Steady-State		off
	Improved Solution Sequence for Multi-Circuit Models		☐

图 7-16　TimeControl 设置

2. 常微分方程控制（ODEControl）

在 ODEControl 面板中定义求解器指针变量，命名为“DiffEqControl_implicit”，如图 7-17 所示。选择隐式“Implicit-SDC3”算法，并设置最大时间步长为 100s，如图 7-18 所示，与电池部件中时间步长的设置相同。

TimeControl | Initialization | ODEControl | SignalControl | ThermalControl | Automation

Attribute	Unit	ODE Settings #1
Part Name List Object Identifying Circuits Belongi...		def
Integrator and Solution Control		DiffEqControl_implicit
Time Step Output Frequency		def
Maximum Ratio of Time Steps in ODE Circuits		def (=20)
Maximum Ratio of Flow/ODE Time Step		def
Solve All Circuits Together (Single Solution Clust...		☑
Modal Analysis Property Object		ign

图 7-17　ODEControl 设置

Main | SDC3

Attribute	Object Value
Integrator/Solver Type	Implicit-SDC3
Matrix Optimization Method	Cuthill-McKee
Matrix Storage Format	Skyline
Electrical Matrix Inversion Scheme	SVD

Main | SDC3

Attribute	Object Value
Maximum Integration Time Step	100
Initial Max. Integration Time Step	def
Time Step Relaxation Multiplier	5
Relative Tolerance	1E-5
Absolute Tolerance	1E-5
Convergence Control	
Jacobian Evaluation Convergence Criterion	0.001
Newton Raphson Convergence Criterion	0.1
Newton Raphson Iteration Limit	7

图 7-18　ODE 算法设置

7.1.5　结果分析

运行模型，打开后处理查看结果，图 7-19 所示为电池容量的衰退曲线。

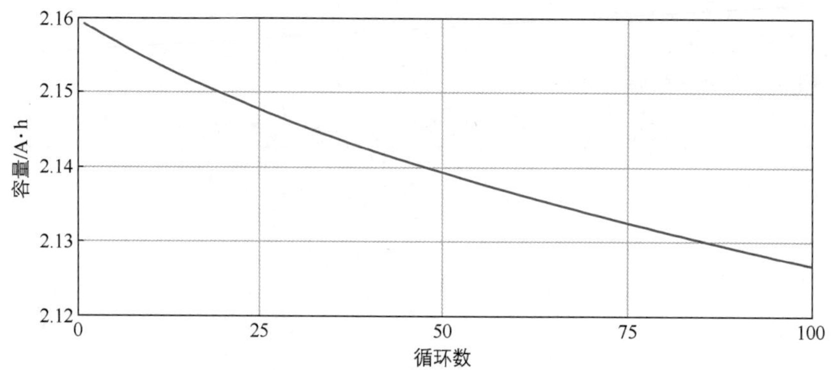

图 7-19　电池容量衰退曲线

7.2 循环寿命

本节所用电池模型仍沿用6.1节所用圆柱形电池（18650）。老化模型主要考虑SEI膜生长和负极活性材料脱落。这里通过计算100个循环，仿真电池可逆容量的变化。模型所在目录为 \GTI\v2024\examples\Battery\GT-AutoLion\Aging\CycleAging_DriveCycle.autolion。

循环逻辑分为两个部分：一是状态的定义（图7-20方框中的State）；二是状态之间的切换条件（带箭头的实线）。

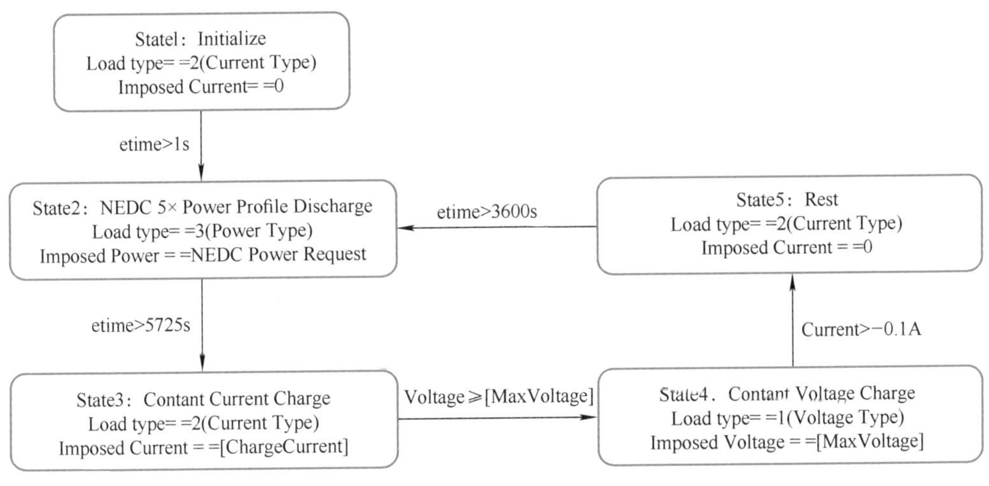

图7-20 循环逻辑

State1：首先电池处于初始静置状态。负荷形式为电流形式，电流为0A。当处于当前状态1s后（etime＞1s），进入State2。其中“etime”表示处于当前状态的时间，是软件的内部变量，不需要定义。

State2：NEDC放电状态。负荷形式为功率形式，功率需求为5个NEDC的功率曲线，当完成5个NEDC时（etime＞5725s），进入State3。

State3：恒流充电状态。负荷形式为电流形式，电流需求为定值，当充电电压超过限值时（Voltage ≥ [MaxVoltage]），进入State4。

State4：恒压充电状态。负荷形式为电压形式，电压需求为定值，当充电电流过小时（Current＞−0.1A），进入State5。注意软件中的充电电流规定为负值。

State5：恒流充电状态。负荷形式为电流形式，电流需求为定值，当处于当前状态1h后（etime＞3600s），进入State2，重新开始循环。

7.2.1 电池模型设置

新建一个模型，命名为“CycleAging_DriveCycle.autolion”。保存模型到用户指定的文件夹下。这里电池仍沿用6.1节的圆柱形电池，故直接将6.1节的电池复制到新文件中即可，将电池部件命名为“CycleAging_DriveCycle”。

1. 主界面（Main）

循环寿命电池模型设置主界面如图7-21所示。其中，分析模式（Analysis Mode）仍然为时间仿真（Time Simulation）模式。负荷形式（Load Type）选择混合形式（Mixed Requests），混合形式意味着当前电池的负荷形式由外部信号决定。静置开始时的初始SOC为1。

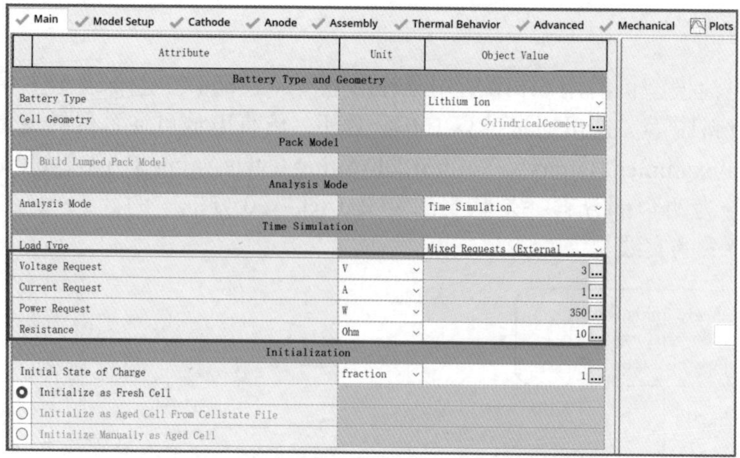
Main | Model Setup | Cathode | Anode | Assembly | Thermal Behavior | Advanced | Mechanical | Plots

Attribute	Unit	Object Value
Battery Type and Geometry		
Battery Type		Lithium Ion
Cell Geometry		CylindricalGeometry
Pack Model		
Build Lumped Pack Model		
Analysis Mode		
Analysis Mode		Time Simulation
Time Simulation		
Load Type		Mixed Requests (External ...
Voltage Request	V	3
Current Request	A	1
Power Request	W	350
Resistance	Ohm	10
Initialization		
Initial State of Charge	fraction	1
Initialize as Fresh Cell		
Initialize as Aged Cell From Cellstate File		
Initialize Manually as Aged Cell		

图 7-21　循环寿命电池模型设置主界面

注意事项： 当选择混合形式时，图 7-21 方框中的各种负荷值输入任意值即可，不允许空白。

2. 模型设置（Model Setup）

模型设置界面如图 7-22 所示。由于循环逻辑中存在动态负荷，故采用小时间步（1s），如图 7-23 所示。

Main | Model Setup | Cathode | Anode | Assembly | Thermal Behavior | Advanced

Attribute	Unit	Object Value
Control Volumes in the x-direction		
Cathode		
Mesh Type		Uniform
Number of Control Volumes		5
Single Particle Model		
Anode		
Mesh Type		Uniform
Number of Control Volumes		5
Single Particle Model		
Separator		
Mesh Type		Uniform
Number of Control Volumes		3
Control Volumes in the r-direction		
Cathode Particle		
Standard Fickian Diffusion		8
Polynomial Approximation		
Anode Particle		
Standard Fickian Diffusion		8
Polynomial Approximation		
Cell Operating Conditions		
Open Circuit Voltage of Full Cell (100% SOC)	V	4.2
Open Circuit Voltage of Empty Cell (0% SOC)	V	def (=Calculated)
Stop Simulation at Upper Cutoff Voltage	V	4.3
Stop Simulation at Lower Cutoff Voltage	V	2.5

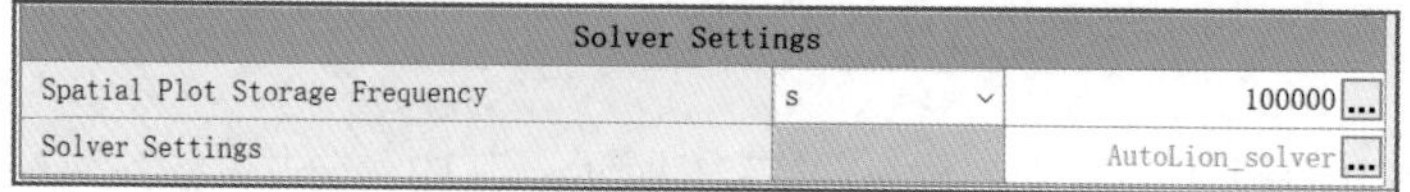

Solver Settings		
Spatial Plot Storage Frequency	s	100000
Solver Settings		AutoLion_solver

图 7-22　模型设置

Main | Variable-Order Adaptive Stepping

Attribute	Unit	Object Value
Solver Settings		
Time Step Size	s	1
Scale Time Step Size with 1/C-Rate		
Maximum Allowable C-Rate Change per Time Step		
Maximum Iteration per TimeStep		100
Convergence Criteria		1e-8
Expert Solver Settings (Contact GT)		ign

图 7-23 求解器设置

3. 负极（Anode）

本例将增加 SEI 膜生长和负极活性材料脱落模型。在负极设置（Anode）界面，双击绿色活性材料对象“Graphite”，打开活性材料设置界面，其中的老化模型设置界面（Degradation）如图 7-24 所示，绿色对象为指针变量。SEI 膜电导率和生长模型与 6.1 节中的设置相同，故不再赘述。

Main | Degradation | Kinetics

Attribute	Unit	Object Value
Electrolyte Type		Liquid
Film Growth		
Initial Film Thickness	nm	5
Film Conductivity		AnodeFilmConductivity
No Film Growth		
Anode SEI Layer Growth		
EC Diffusivity		AnodeECDiff
SEI Reaction Rate Coefficient		AnodeFilmGrowth
SEI Equilibrium Potential	V	0.4
SEI Charge Transfer Coefficient		0.5
SEI Molecular Weight	g/mol	162
SEI Density	g/cm^3	1.69
SEI Porosity		0.05
SEI Cracking Function		ign
SEI Cracking Scaling Function		ign
Cathode CEI Layer Growth		
Cathode Rock Salt Surface Layer Growth (BETA)		
Active Material Isolation		
No Active Material Isolation		
Linear Model		
Isolation Rate Coefficient [m^3/A-s]		AnodeAMI
Predefined Model		
User Defined Model		
Lithium Plating/Stripping (Anode Only)		
No Lithium Plating/Stripping		
Irreversible Lithium Plating		
Reversible Lithium Plating/Stripping		

图 7-24 负极老化模型设置界面

打开负极活性材料脱落模型，新建一个名为“AnodeAMI”的指针变量，考虑为温度相关的 Arrhenius 函数。图 7-25 所示为该指针变量的参数设置。

Main

Attribute	Unit	Object Value
Value at Reference Temperature	...	2e-14 ...
Reference Temperature	K	def (=298.15) ...
Activation Energy	J/mol	0 ...

图 7-25　负极活性材料脱落指针变量设置

4. 传热模型（Thermal Behavior）

本例直接给定电芯温度为 25℃（298.15K），如图 7-26 所示。

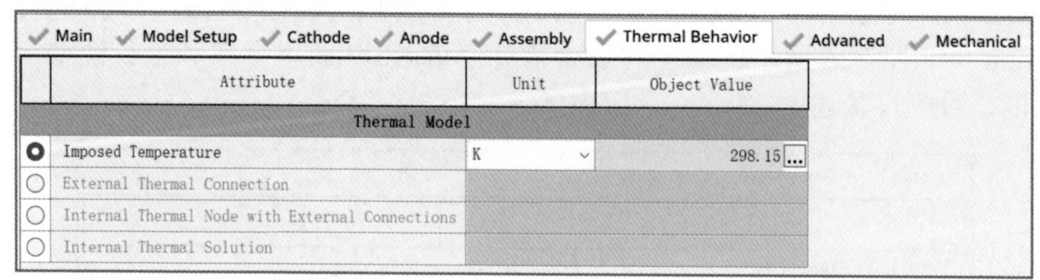
Main | Model Setup | Cathode | Anode | Assembly | Thermal Behavior | Advanced | Mechanical

	Attribute	Unit	Object Value
	Thermal Model		
●	Imposed Temperature	K	298.15 ...
○	External Thermal Connection		
○	Internal Thermal Node with External Connections		
○	Internal Thermal Solution		

图 7-26　传热模型界面

5. 图（Plots）

用户可以在 Plots 界面选择想要的输出。由于输出选项过多，可在 Plots 界面上方面板处进行选择，如图 7-27 所示。

Main | Model Setup | Cathode | Anode | Assembly | Thermal Behavior | Advanced | Mechanical | Plots

Main | Aging | Details | Spatial (Time) | Spatial (Cycle) | Special Analyses | Anode | Cathode | Separator | Mechanical | Thermal Runaway

Select / Unselect All Plots	☐	Max Plot Points	Plot Range	X-Axis	Sampling Type	Sampling Inte...
Cycle No.	☑	def	def		def	def
Capacity	☑	def	def		def	def
Capacity vs. Cycle No.	☑	def	def		def	def
Li Loss vs. Cycle No.	☑	def	def		def	def
Loss of AM vs. Cycle No.	☐	def	def		def	def
Loss of AM vs. Cycle No. (Fractional)	☐	def	def		def	def
Cell Balancing vs. Cycle No.	☐	def	def		def	def
Li Invertory vs. Cycle No.	☐	def	def		def	def
Stoichiometries vs. Cycle No.	☐	def	def		def	def
Total Capacity Throughput vs. Cycle No.	☑	def	def		def	def
Equivalent Full Cycle	☑	def	def		def	def

图 7-27　Plots 设置

7.2.2　循环逻辑设置

1. 新建查表对象

在设置循环逻辑之前，用户首先需要增加两个查表对象，目的是描述 NEDC 功率需求曲线，以及 NEDC 工况过程中的电芯温度变化曲线。后续在循环逻辑设置中将引用这两个查表对象。通过查找，找到名为“XYTable”的模板，双击该对象，新建查表对象，命名为

“NEDC_5x_Power”。重复操作，建立名为“NEDC_5x_Temperature”的电芯温度查表对象。图 7-28、图 7-29 所示分别为这两个查表对象的内容。

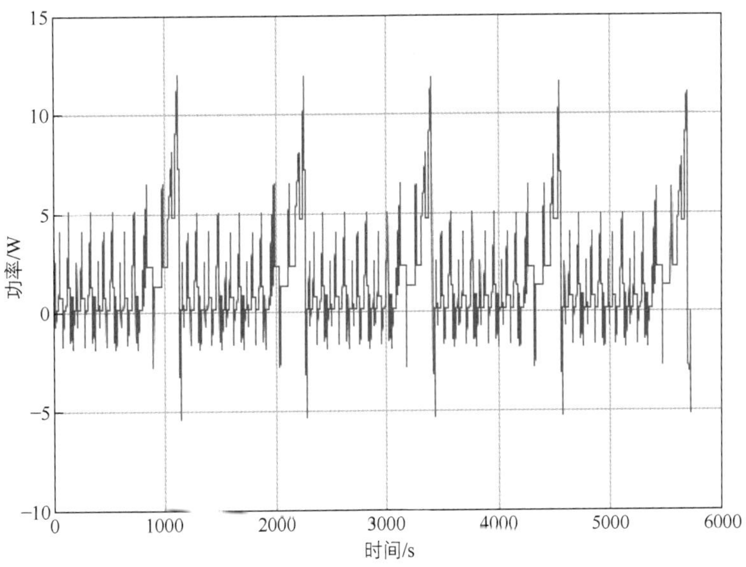

图 7-28 功率曲线（NEDC_5x_Power）

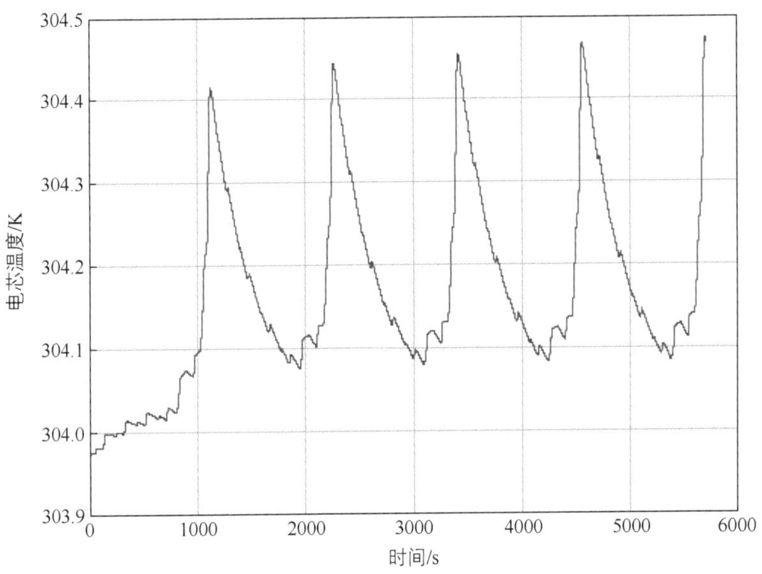

图 7-29 温度曲线（NEDC_5x_Temperature）

关于这两个对象的具体数值，可以打开模型文件（\GTI\v2024\examples\Battery\GT-AutoLion\Aging\CycleAging_DriveCycle.autolion），在模型树区域找到这两个对象，如图 7-30 中方框处，双击打开后，可以直接复制数据。

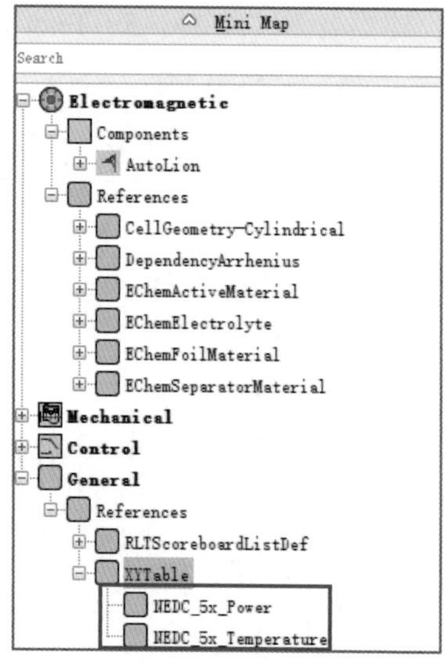

图 7-30　NEDC 查表对象

2. 事件管理器（Event Manager）

本例中的循环逻辑通过一个名为“Event Manager”的模板来实现，该模板可以定义状态以及状态间的切换条件。关于该模板的详细介绍请参考 4.5 节。查找该模板并拖入模型区域，命名为“CCCV_Controls”。

图 7-31、图 7-32、图 7-33 所示分别为本例循环逻辑的输入（Inputs）、输出（Outputs）以及事件（Events）界面。输入界面定义了名为“Current”“Voltage”“SOC”的变量名，在循环逻辑的状态切换条件中将会使用这些变量。

Events　Inputs　Outputs　Plots

Att...	Input Descriptions	Input Names	Wireless Signals or RLTs	Input Signal Map Labels	Input Signal Units
1	Cell Current ...	Current ...	ign ...	def	ign ...
2	Cell Voltage ...	Voltage ...	...		...
3	State of Charge ...	SOC ...	...		...

图 7-31　事件管理器的输入（Inputs）界面

输出（Outputs）界面定义了负荷形式（Load Type）、电流需求（Imposed Current）、电压需求（Imposed Voltage）、功率需求（Imposed Power）以及电芯温度（Imposed Temperature）5 个输出，如图 7-32 所示。这 5 个输出将赋给电池对应的信号。不同状态下会有不同的输出。

Events　Inputs　Outputs　Plots

Att...	Output Descriptions	Output Signal Map Labels	Output Signal Units
1	Load Type (1=Voltage, 2=Current, 3=Power)	def	ign ...
2	Imposed Current (A)		...
3	Imposed Voltage (V)		...
4	Imposed Power (W)		...
5	Imposed Temperature (K)		...

图 7-32　事件管理器的输出（Outputs）界面

Events 界面定义了 5 个状态和对应的切换条件。关于这些状态和对应切换条件的说明请参考图 7-20。State2 的功率需求和电芯温度曲线需要引用前文建立的 XYTable，可以通过一个查表函数（Lookup）得到。

查表函数的语法为 LookupXY（XYTable object name，X-value）。XYTable 为所查表的名字，如本例中的 NEDC_5x_Power。X-value 为查表输入，本例中输入为 etime，即处于当前状态下的时间。

另外，Events 界面如图 7-33 所示，充电电流值、充电最大电压值可以分别设置为变量 [ChargeCurrent] 和 [MaxVoltage]，方便在 Case Setup 中统一赋值。

Events　Inputs　Outputs　Plots

Att...	Event Descriptions	Event Exit Criterion	Next Event No.	Load Type (1=Voltage,	Imposed Current (A)	Imposed Voltage (V)	Imposed Power (W)	Imposed Temperature (K)
1	Initialize	etime>1	2	2	0	3	0	304
2	NEDC 5x Power	etime>5725	3	3	0	3	=LookupXY(NEDC_5x_Power, etime)	=LookupXY(NEDC_5x_Temperature, etime)
3	CC Charge	Voltage>=[MaxVoltage]	4	2	[ChargeCurrent]	3	0	304
4	CV Charge	Current>-0.1	5	1	0	[MaxVoltage]	0	304
5	Rest for 1 Hour	etime>3600	2	2	0	3	0	304

图 7-33　事件管理器的事件（Events）界面

事件管理器设置完成后，按表 7-1 连接 Event Manager 部件和电池部件。

表 7-1　信号连接

信号连接始点		信号连接终点	
部件	部件的信号	部件	部件的信号
CycleAging_DriveCycle	Current	CCCV_Controls	Cell Current
CycleAging_DriveCycle	Voltage	CCCV_Controls	Cell Voltage
CycleAging_DriveCycle	SOC	CCCV_Controls	State of Charge
CCCV_Controls	Load Type	CycleAging_DriveCycle	Load Type
CCCV_Controls	Imposed Current	CycleAging_DriveCycle	Current Request
CCCV_Controls	Imposed Voltage	CycleAging_DriveCycle	Voltage Request
CCCV_Controls	Imposed Power	CycleAging_DriveCycle	Power Request

连接完成后，如图 7-34 所示。

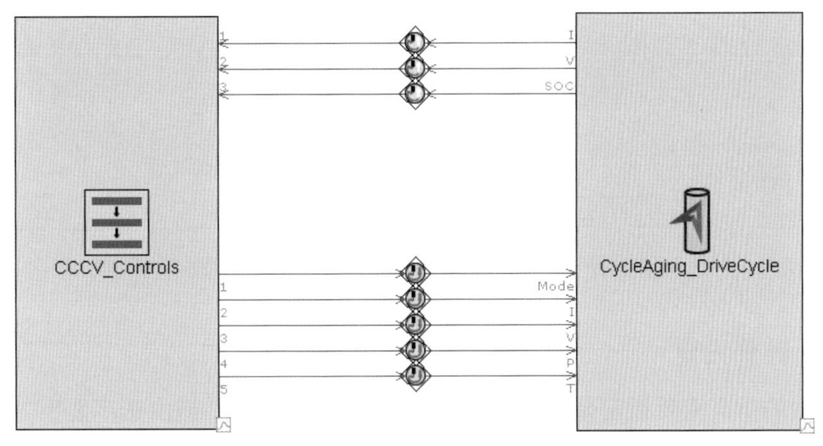

图 7-34　事件管理器与电池的信号连接

7.2.3 循环计数设置

循环寿命的仿真需要指定循环数。循环数的计算可以通过一个名为“EventCounter”的模板。该模板通过判断某特定事件的发生来进行计数。查找该模板并拖入模型区，命名为“CycleCounter”。图 7-35 和图 7-36 所示为 Event Counter 模板的设置主界面和变量界面。主界面定义特定事件（State==2），变量界面声明特定事件中所用到的变量（如 State）。该设置的意义为：当状态为 2 时，计数一次。由于循环逻辑中 State2 每次循环只出现一次，故该模块输出的计数即循环数。

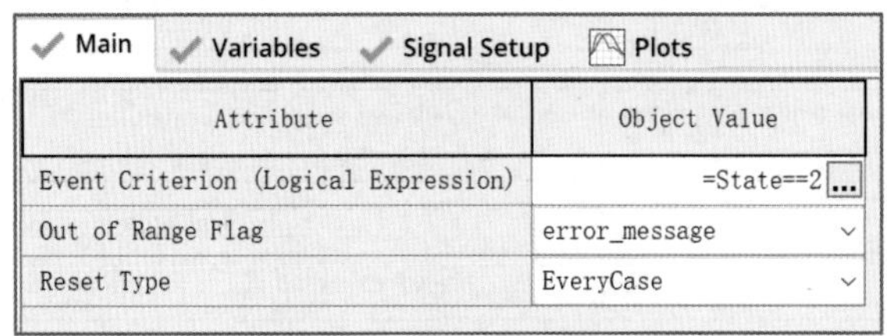

图 7-35 循环计数主界面

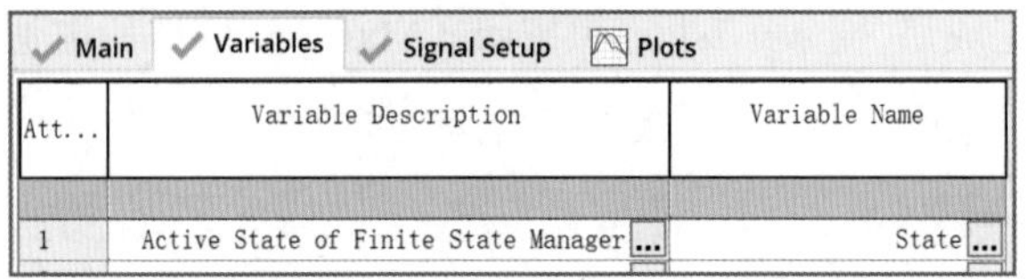

图 7-36 循环计数变量界面

通过连接事件管理器部件和循环计数部件，如图 7-37 所示，可以将连接事件管理器的状态输出信号（Active Event）赋给循环计数部件的 State 变量。单击“OK”，完成连接。

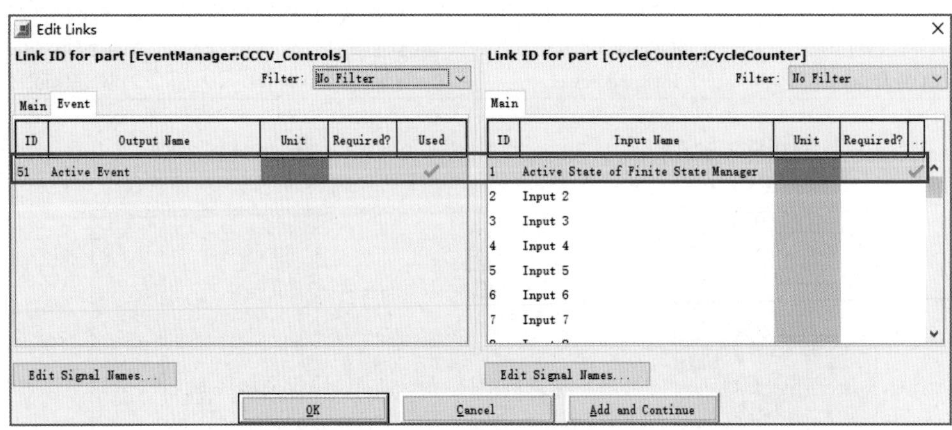

图 7-37 事件管理器与循环计数部件的信号连接

7.2.4 终止计算设置

循环寿命的仿真需要指定循环数（本例中为 100 个循环），但由于不能事先知道每个循环需要耗费多长时间，故不能通过运行设置（Run Setup）中的计算时长来规定计算终止条

件。因此，需要增加一个终止计算（Stop Simulation）模板，通过指定循环数规定计算终止条件。查找该模板并拖入模型区，命名该部件为“Stop Simulation”。关于该模板参数的说明请参考 4.5 节。终止计算设置如图 7-38 所示，在终止计算条件（Threshold）中直接输入要计算的循环数，或设置为变量 [NumberOfCycles]，后续可以在 Case Setup 中统一设置。该设置表明当循环数高于指定的循环数时，计算终止。

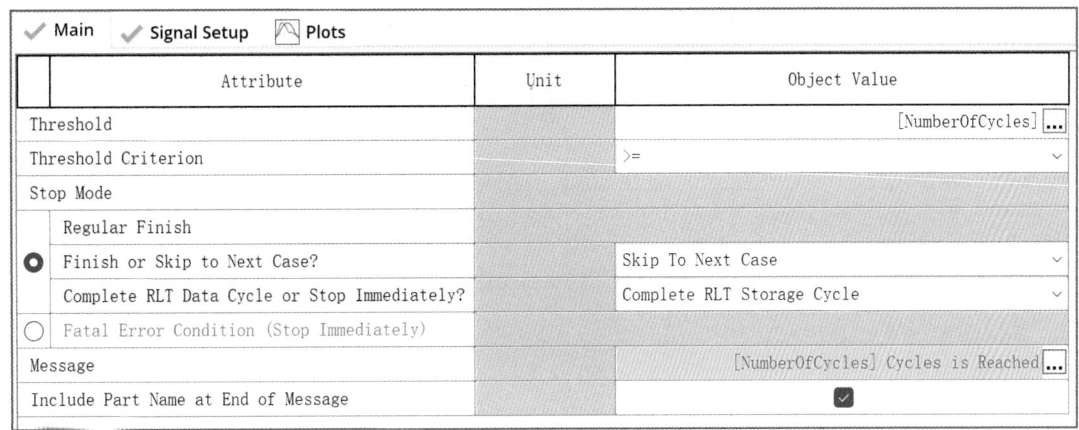

图 7-38　终止计算设置

信号连接界面如图 7-39 所示。连接循环计数部件和终止计算部件，可以将循环计数部件输出信号赋给终止计算部件的输入。单击“OK”，完成连接。连接循环计数部件和电芯部件，可以将循环计数部件输出信号赋给电芯部件的循环计数信号。单击“OK”，完成连接。

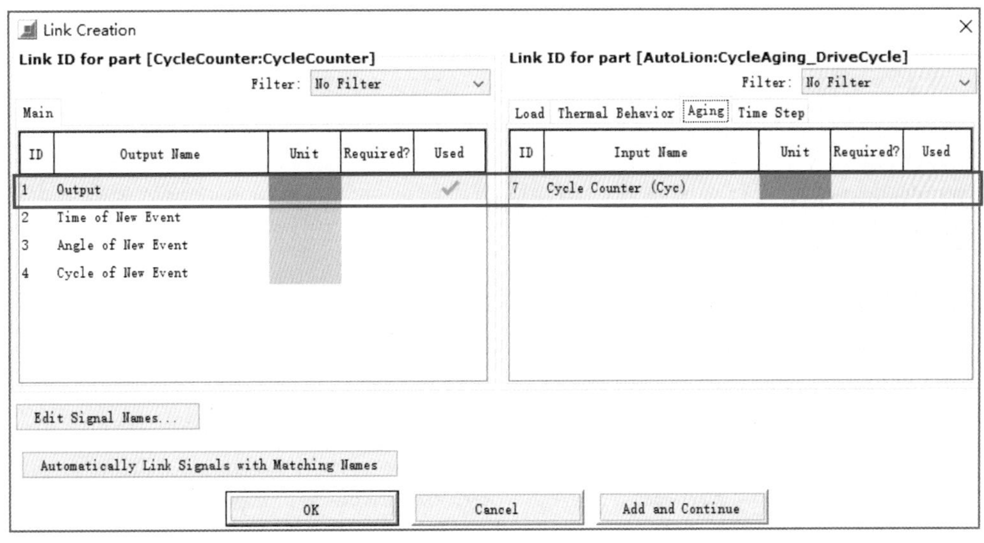

图 7-39　信号连接

7.2.5　监控器设置

用户可以灵活增加几个监控器。循环寿命最终模型如图 7-40 所示。

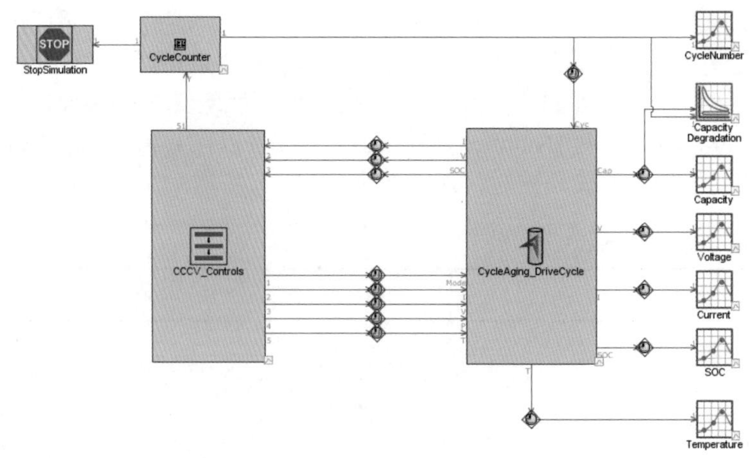

图 7-40　循环寿命最终模型

7.2.6　求解设置

1. 时间控制（TimeControl）

在 Run Setup 的时间控制面板中设置的计算时长要足够长（超过 100 个循环所用时间）。由于每个循环不可能超过 4h，故设置计算时长为 4 倍的循环数，如图 7-41 所示。

TimeControl | Initialization | ODEControl | SignalControl | ThermalControl | Automation

Attribute	Unit	Object Value
Maximum Simulation Duration (Time)	h	=[NumberOfCycles(No Unit)]*4
Automatic Shut-Off When Steady-State		off
Improved Solution Sequence for Multi-Circuit Models		☐

图 7-41　TimeControl 设置

2. 常微分方程控制（ODEControl）

ODEControl 采用与日历寿命案例中相同的设置即可，但最大时间步长需要设置为 1s，与电池部件中时间步长的设置相同。

7.2.7　案例设置

在案例设置（Case Setup）中给所建立变量赋值，如图 7-42 所示。

Main | Design of Experiments | All

Main

Parameter	Unit	Description	Case 1
Case On/Off		**Check Box to Turn Case On**	☑
Case Label		**Unique Text for Plot Legends**	
DischargeCurrent	A	Discharge Current	3.6
ChargeCurrent	A	Charge Current	-3.6
MinVoltage	V	Minimum Voltage of Cell	2.8
MaxVoltage	V	Max Voltage of Cell	4.2
DoD_Cycle		Depth of Discharge per cycle	0.95
NumberOfCycles		Number of Cycles to Run	100

图 7-42　循环寿命 Case Setup 界面

7.2.8 结果分析

运行模型，用户可以打开后处理查看结果，图 7-43 所示为电池工作容量的衰退曲线。

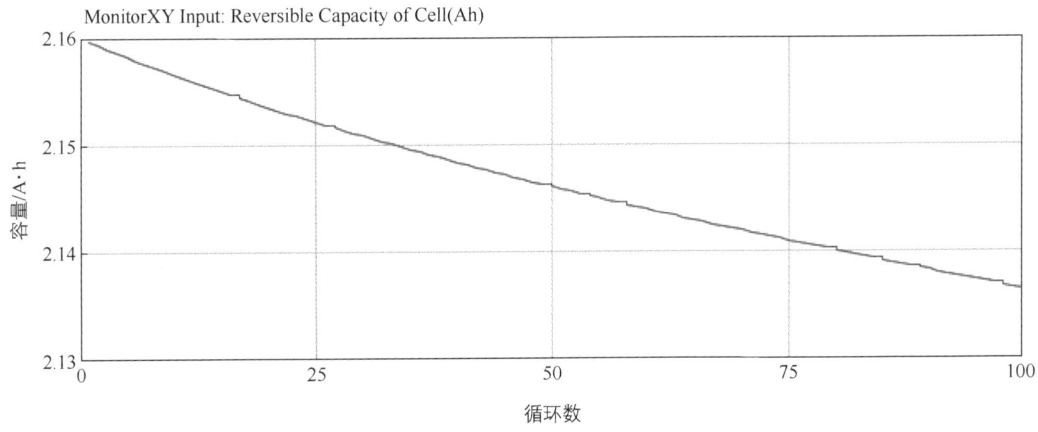

图 7-43 电池工作容量衰退曲线

7.3 容量退化分析

用户有时需要分析实际容量（依倍率而不同）的衰退，而非可逆容量（极小电流下的容量）的衰退。容量退化分析模式（Capacity Fade Analysis）就是为了快速计算实际容量的衰退。经过寿命分析计算后，模型所在目录下会生成一个 .state 文件，该文件包含了电池老化状态的信息。在容量退化分析模式中，模型会调用该文件，针对不同老化程度（不同循环）的电池，进行用户指定的放电工况。由于仅是短时间放电工况，故不需要开启任何老化模型。模型所在目录为 \GTI\v2024\examples\Battery\GT-AutoLion\Aging\CapacityFadeAnalysis.autolion。

7.3.1 电池模型设置

新建一个模型，命名为“CapacityFadeAnalysis.autolion”。保存模型到用户指定的文件夹下。电池仍沿用 6.1 节的圆柱形电池，但将考虑电池包的串并联数。直接将 6.1 节的电池复制到新文件中即可。

1. 主界面（Main）

图 7-44 所示为电池模型设置主界面（Main）。Pack 为 3P96S。分析模式（Analysis Mode）为容量退化分析模式（Capacity Fade Analysis）。在 Life State Filename for Capacity or Power Fade Analysis 处单击[...]，选择循环寿命或日历寿命目录中的 .state 文件，或者将该文件复制到当前目录下，再进行选择。本例中选择 7.2 节循环寿命的结果文件——CycleAging_DriveCycle.state。放电电流设置为 2A，每 5 个循环分析一次，最大分析到第 26 个循环。

2. 模型设置（Model Setup）

Model Setup 界面如图 7-45 所示。设置时间步长为 0.1s，如图 7-46 所示。

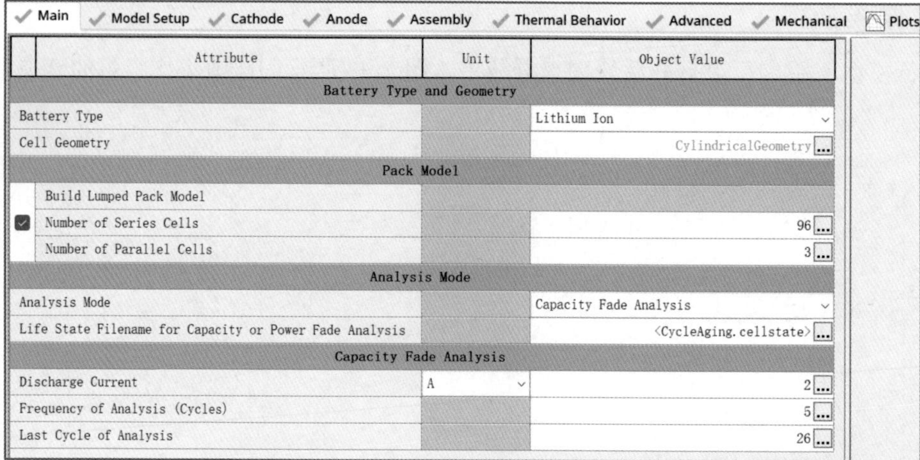

Main | Model Setup | Cathode | Anode | Assembly | Thermal Behavior | Advanced | Mechanical | Plots

Attribute	Unit	Object Value
Battery Type and Geometry		
Battery Type		Lithium Ion
Cell Geometry		CylindricalGeometry
Pack Model		
Build Lumped Pack Model		
Number of Series Cells		96
Number of Parallel Cells		3
Analysis Mode		
Analysis Mode		Capacity Fade Analysis
Life State Filename for Capacity or Power Fade Analysis		<CycleAging.cellstate>
Capacity Fade Analysis		
Discharge Current	A	2
Frequency of Analysis (Cycles)		5
Last Cycle of Analysis		26

图 7-44　容量退化分析电池模型设置主界面

Main | Model Setup | Cathode | Anode | Assembly | Thermal Behavior | Advanced | Mechanical | Plots

Attribute	Unit	Object Value
Control Volumes in the x-direction		
Cathode		
Mesh Type		Uniform
Number of Control Volumes		5
Single Particle Model		
Anode		
Mesh Type		Uniform
Number of Control Volumes		5
Single Particle Model		
Separator		
Mesh Type		Uniform
Number of Control Volumes		3
Control Volumes in the r-direction		
Cathode Particle		
Standard Fickian Diffusion		10
Polynomial Approximation		
Anode Particle		
Standard Fickian Diffusion		10
Polynomial Approximation		

Cell Operating Conditions		
Open Circuit Voltage of Full Cell (100% SOC)	V	4.2
Open Circuit Voltage of Empty Cell (0% SOC)	V	def (=Calculated)
Stop Simulation at Upper Cutoff Voltage	V	4.3
Stop Simulation at Lower Cutoff Voltage	V	2.5
Solver Settings		
Spatial Plot Storage Frequency	s	100
Solver Settings		AutoLion_solver

图 7-45　模型设置

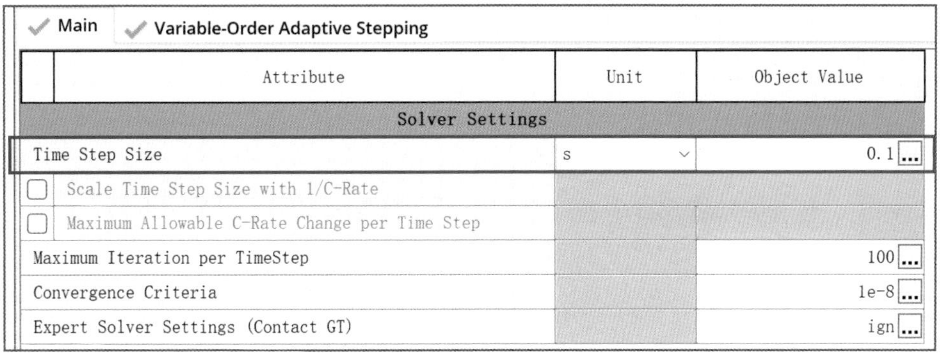

	Main / Variable-Order Adaptive Stepping		
	Attribute	Unit	Object Value
	Solver Settings		
	Time Step Size	s	0.1
☐	Scale Time Step Size with 1/C-Rate		
☐	Maximum Allowable C-Rate Change per Time Step		
	Maximum Iteration per TimeStep		100
	Convergence Criteria		1e-8
	Expert Solver Settings (Contact GT)		ign

图 7-46　求解器设置

3. 传热模型（Thermal Behavior）

考虑到电池与外界环境发生对流换热，传热模型设置如图 7-47 所示。

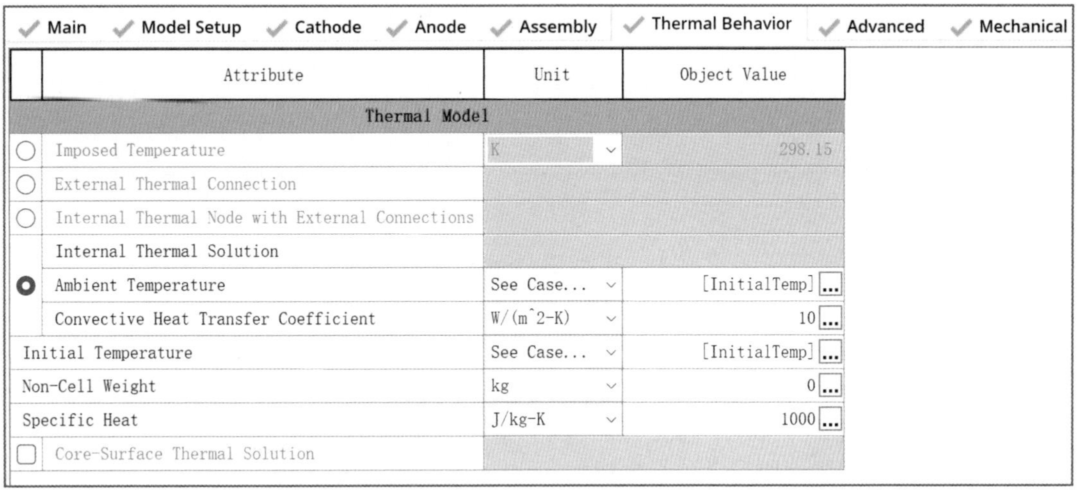

	Main / Model Setup / Cathode / Anode / Assembly / Thermal Behavior / Advanced / Mechanical		
	Attribute	Unit	Object Value
	Thermal Model		
○	Imposed Temperature	K	298.15
○	External Thermal Connection		
○	Internal Thermal Node with External Connections		
	Internal Thermal Solution		
●	Ambient Temperature	See Case...	[InitialTemp]
	Convective Heat Transfer Coefficient	W/(m^2-K)	10
	Initial Temperature	See Case...	[InitialTemp]
	Non-Cell Weight	kg	0
	Specific Heat	J/kg-K	1000
☐	Core-Surface Thermal Solution		

图 7-47　传热模型设置

7.3.2　求解设置

1. 时间控制（TimeControl）

如图 7-48 所示，设置计算时长为 4200s，该时长足够电池放电结束。

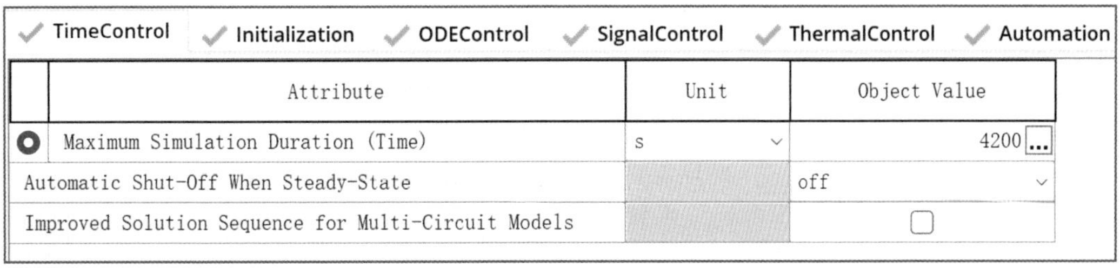

	TimeControl / Initialization / ODEControl / SignalControl / ThermalControl / Automation		
	Attribute	Unit	Object Value
●	Maximum Simulation Duration (Time)	s	4200
	Automatic Shut-Off When Steady-State		off
	Improved Solution Sequence for Multi-Circuit Models		☐

图 7-48　TimeControl 设置

2. 常微分方程控制（ODEControl）

ODEControl 的设置与日历寿命案例中相同即可，但最大时间步长需要设置为 1s，与电池部件中时间步长的设置相同。

7.3.3 结果分析

运行模型，打开后处理查看结果，图 7-49 所示为电池实际容量的衰退曲线。

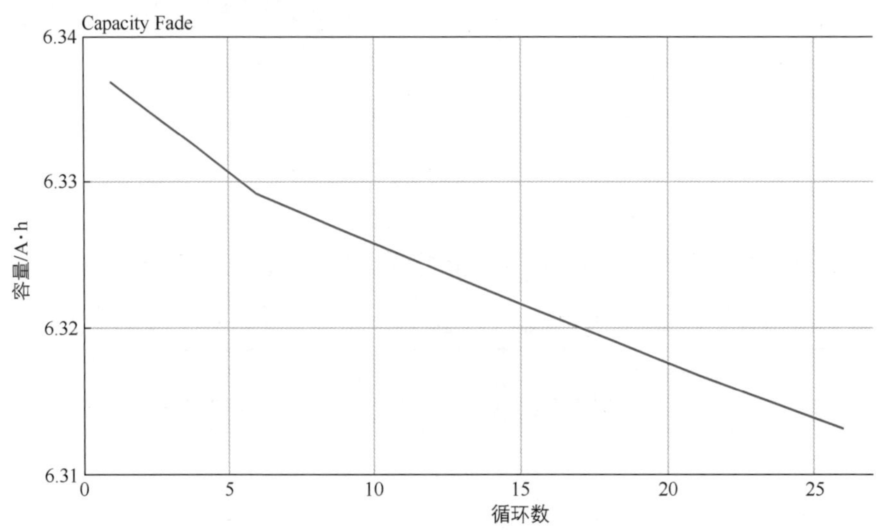

图 7-49 电池实际容量的衰退曲线

7.4 功率退化分析

功率退化分析模式（Power Fade Analysis）是为了分析电池功率的衰退。与容量退化分析类似，模型仍然需要调用寿命分析生成的 .state 文件，针对不同老化程度（不同循环）的电池，进行脉冲电流放电。由于仅是短时间放电工况，不需要开启任何老化模型。模型所在目录为 \GTI\v2024\examples\Battery\GT-AutoLion\Aging\PowerFadeAnalysis.autolion。

7.4.1 电池模型设置

新建一个模型，命名为“PowerFadeAnalysis.autolion”。保存模型到用户指定的文件夹下。电池仍沿用 6.1 节的圆柱形电池，但将考虑电池包的串并联数。直接将 6.1 节的电池复制到新文件中即可。

1. 主界面（Main）

功率退化分析电池模型设置主界面如图 7-50 所示。Pack 为 3P96S。分析模式（Analysis Mode）为功率退化分析模式（Power Fade Analysis）；在 Life State Filename for Capacity or Power Fade Analysis 处单击...，选择循环寿命或日历寿命目录中的 .state 文件，或者将该文件复制到当前目录下，再进行选择。本例中选择 7.2 节循环寿命的结果文件——CycleAging_DriveCycle.state。初始 SOC 为 1，放电脉冲电流幅值为 10A，占空比为 10s，每 9 个循环分析一次，最大分析到第 100 个循环。

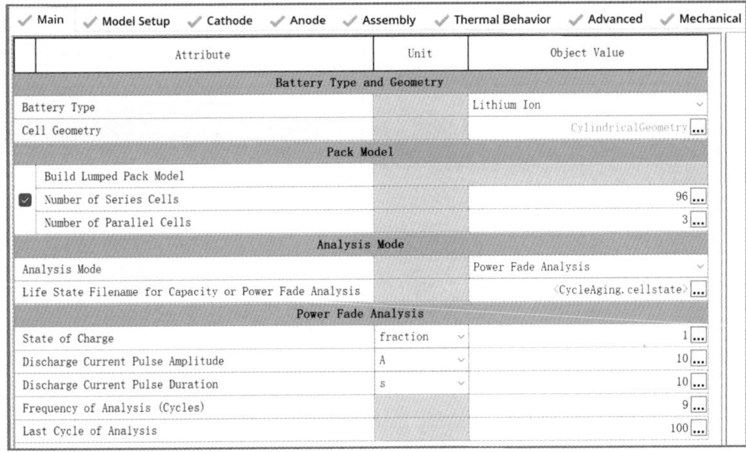

Main | Model Setup | Cathode | Anode | Assembly | Thermal Behavior | Advanced | Mechanical

Attribute	Unit	Object Value
Battery Type and Geometry		
Battery Type		Lithium Ion
Cell Geometry		CylindricalGeometry
Pack Model		
Build Lumped Pack Model		
Number of Series Cells		96
Number of Parallel Cells		3
Analysis Mode		
Analysis Mode		Power Fade Analysis
Life State Filename for Capacity or Power Fade Analysis		<CycleAging.cellstate>
Power Fade Analysis		
State of Charge	fraction	1
Discharge Current Pulse Amplitude	A	10
Discharge Current Pulse Duration	s	10
Frequency of Analysis (Cycles)		9
Last Cycle of Analysis		100

图 7-50 功率退化分析电池模型设置主界面

2. 模型设置（Model Setup）

Model Setup 界面如图 7-51 所示。采用小时间步（0.1s），如图 7-52 所示。

Main | Model Setup | Cathode | Anode | Assembly | Thermal Behavior | Advanced

Attribute	Unit	Object Value
Control Volumes in the x-direction		
Cathode		
Mesh Type		Uniform
Number of Control Volumes		5
Single Particle Model		
Anode		
Mesh Type		Uniform
Number of Control Volumes		5
Single Particle Model		
Separator		
Mesh Type		Uniform
Number of Control Volumes		3
Control Volumes in the r-direction		
Cathode Particle		
Standard Fickian Diffusion		10
Polynomial Approximation		
Anode Particle		
Standard Fickian Diffusion		10
Polynomial Approximation		

Attribute	Unit	Object Value
Cell Operating Conditions		
Open Circuit Voltage of Full Cell (100% SOC)	V	4.2
Open Circuit Voltage of Empty Cell (0% SOC)	V	def (=Calculated)
Stop Simulation at Upper Cutoff Voltage	V	4.3
Stop Simulation at Lower Cutoff Voltage	V	2.5
Solver Settings		
Spatial Plot Storage Frequency	s	10
Solver Settings		AutoLion_solver

图 7-51 模型设置

Main | Variable-Order Adaptive Stepping

	Attribute	Unit	Object Value
	Solver Settings		
	Time Step Size	s	0.1
☐	Scale Time Step Size with 1/C-Rate		
☐	Maximum Allowable C-Rate Change per Time Step		
	Maximum Iteration per TimeStep		100
	Convergence Criteria		1e-8
	Expert Solver Settings (Contact GT)		ign

图 7-52　求解器设置

3. 传热模型（Thermal Behavior）

考虑到电池与外界环境发生对流换热，传热模型设置如图 7-53 所示。

Main | Model Setup | Cathode | Anode | Assembly | Thermal Behavior | Advanced

	Attribute	Unit	Object Value
	Thermal Model		
○	Imposed Temperature	C	-223.15
○	External Thermal Connection		
○	Internal Thermal Node with External Connections		
	Internal Thermal Solution		
●	Ambient Temperature	See Case...	[InitialTemp]
	Convective Heat Transfer Coefficient	W/(m^2-K)	10
	Initial Temperature	See Case...	[InitialTemp]
	Non-Cell Weight	kg	0
	Specific Heat	J/kg-K	1000
☐	Core-Surface Thermal Solution		

图 7-53　传热模型设置

7.4.2　求解设置

这里的求解设置与容量退化分析相同。

7.4.3　结果分析

运行模型，打开后处理查看结果，图 7-54 所示为电池功率的衰退曲线。

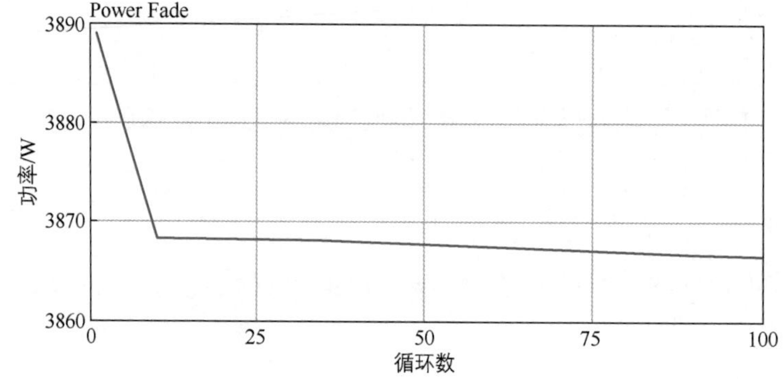

图 7-54　电池功率的衰退曲线

第8章 模型标定

模型标定又称为模型参数辨识。标定是通过寻找一组模型参数使得仿真结果与试验结果尽可能吻合，同时满足约束条件。标定一般分为手动标定和自动标定。

1. 手动标定

手动标定需要用户手动调整标定参数，使得仿真结果与试验结果尽可能吻合。该方式主观性较强，需要用户对于模型参数的物理意义有较好的理解，且对模型参数的影响规律有较为丰富的经验。当多工况同时标定时，工作量较大。

2. 自动标定

自动标定是通过优化工具进行自动参数辨识，使得仿真结果与试验结果尽可能吻合。该方式常用于标定参数较多的情景。虽然自动标定属于自动化操作，但标定参数及其区间的选择仍然依赖用户的经验。此外，由于在多目标优化（如电压曲线）中，需要将多目标转化为单目标，这可能导致优化的结果并不理想。

无论使用哪一种标定方法，都需要用户了解模型参数的物理意义和影响规律。本章将主要介绍电池模型自动标定的方法。

8.1 优化概念介绍

8.1.1 优化问题的一般形式

优化问题由设计因子（Factor）、目标响应（Response）和约束条件（Constraint）组成。可以概括为如下的一般形式：

求一组设计因子： $\boldsymbol{X}=\left[x_1,x_2,\cdots,x_n\right]^{\mathrm{T}}$

最小化目标响应函数： $f(\boldsymbol{X})$

同时满足约束条件：

① 不等式约束： $g_u(\boldsymbol{X})\leqslant 0\ (u=1,2,\cdots,p)$

② 等式约束： $h_v(\boldsymbol{X})=0\ (v=1,2,\cdots,m)$

优化问题一般表示为最小化（Minimize）的形式，但除了最小化的形式外，还有最大化（Maximize）、定目标（Target）的形式。其他两种形式可以方便地转化为最小化的形式。

8.1.2 全局最优和局部最优

在优化过程中，区分局部优化和全局优化是很重要的，因为优化的目标是尽可能寻找全局最优点。图8-1显示了单输入变量 x 的函数 $f(x)$ 的曲线。这个函数有许多局部最小值和一个全局最小值。除非用户对系统的复杂性有一定的了解，否则用户难以区分一种优化计算结果收敛到的最优解是局部最优还是全局最优。

优化算法也分为局部算法和全局算法。局部算法取决于因子的初始值，易于收敛到最接近初始响应的最优值。相比之下，全局算法通常使用随机方法，更有利于对整个设计空间进行搜索。

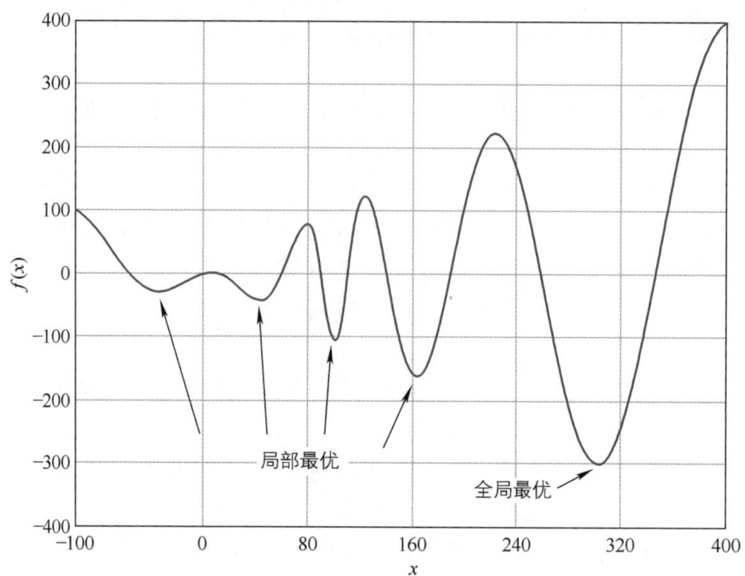

图 8-1　全局最优和局部最优

8.1.3　设计因子

一组设计因子 $[x_1, x_2, \cdots, x_n]$ 代表一个特定的设计方案。电化学电池模型参数较多，如何选择设计因子以及如何确定它们的取值范围是自动标定的关键。选择设计因子的原则有两个：一是参数来源不确定，如正负极材料的首充首放容量、接触电阻、活化能等；二是参数对结果的影响应该敏感，这意味着在进行自动标定之前需要进行备选参数的敏感性分析。

在 GT-AutoLion 的优化工具中，当多工况同时进行优化时，如多个倍率下的电压曲线标定，设计因子被进一步区分为两种类型："Independent" 类型和 "Sweep" 类型。

1）Independent

每一个工况下都有其单独的一组设计因子 $[x_1, x_2, \cdots, x_n]$，使得该工况下的响应最优。这种情况对于电池仿真并不多见，因为这意味着电池的模型参数可以依工况不同，而当前的电池内部参数并没有如此自由"可调"。

2）Sweep

所有工况下都有相同的一组设计因子 $[x_1, x_2, \cdots, x_n]$，使得所有工况下的响应同时最优。

8.1.4　目标响应

按照目标响应的数量，优化问题可分为单目标优化和多目标优化。单目标（Single Objective）优化只需要使一个目标函数最优。多目标（Multi-Objective）优化能够综合考虑多个目标，这可以是多个响应最小或最大的组合。对于多目标优化，GT-SUITE 提供了加权和法（weighted-sum）和帕累托（Pareto）方法。

1. 加权和法（weighted-sum）

加权和法是将多个响应叠加到一个目标函数中，即将多目标优化问题转化为单目标优

化问题。例如，为了最大化响应 R_1 和最小化响应 R_2，可以将目标函数设置为

$$f = \frac{R_1}{R_{\text{norm},1}} - \frac{R_2}{R_{\text{norm},2}} \tag{8-1}$$

式中，分母项是为了将每个响应归一化，当将两个目标合并为单一目标函数时，它们的数量级应该基本相同。如果没有对多个目标进行归一化处理，目标函数将以较大数量级的响应为主。由于最终只是以单目标优化进行处理，故加权和法选择最优解比较方便。

2. 帕累托（Pareto）方法

工程设计中的绝大多数优化问题都需要在多个目标之间均衡，而加权和法难以体现不同目标之间的均衡。帕累托方法则是寻找和创建 Pareto 前沿，以此体现不同目标的均衡。Pareto 前沿就是绘制一个响应与另一个响应的对比图。图 8-2 所示为最小化两个响应 f_1 和 f_2 而生成的 Pareto 图。图中每个数据点代表一组变量。两个蓝色的点表示只单独最小化 f_1 或者 f_2，而不考虑彼此之间的关系。要同时最小化两者，实际上没有单一的最佳解决方案。更确切地说，最优解是由一系列连续的红点组成，也称为 Pareto 点（蓝色点也是 Pareto 点）。这些 Pareto 点统称为 Pareto 前沿。多目标优化时，设计者需要考虑不同目标之间的均衡，需要使用其他的判断标准来选择最优解。如果没有额外的判断标准，那么所有的 Pareto 点都被认为是同样好的，这意味着此时无法选择最优解。上述例子是两个目标都最小化问题，Pareto 图还可以反映两个目标最大化问题，或者一个目标最大化一个目标最小化。多目标优化往往使因子之间关系变得复杂，从而导致更复杂、多模态，且包含局部最优的响应面。因此，多目标优化问题常采用启发式算法等来解决。

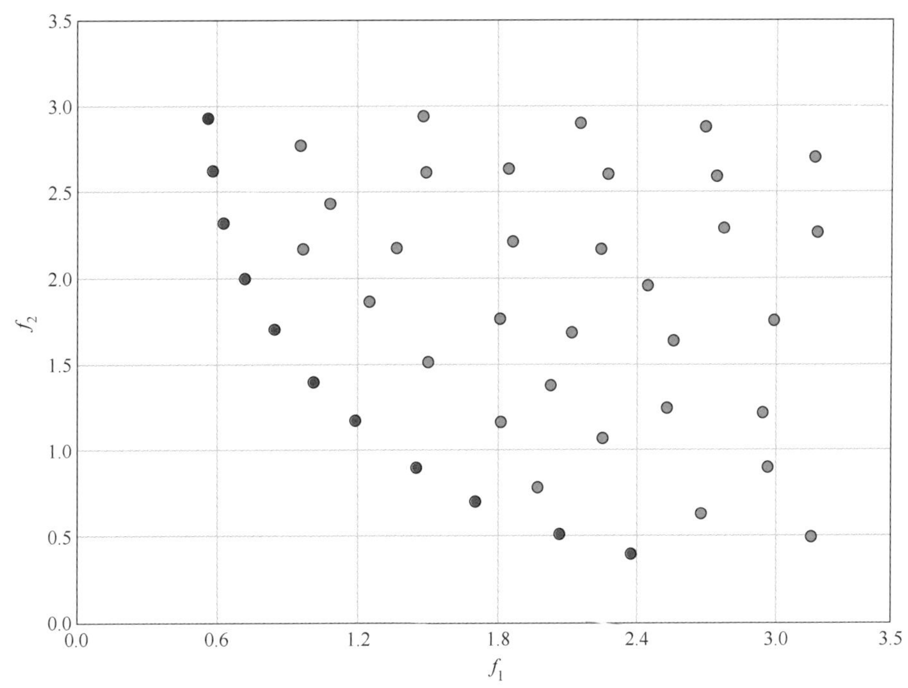

图 8-2 Pareto 图

8.1.5 目标响应函数

1. 单目标

（1）设计因子均为 Independent 类型　目标响应函数即为每一个工况的目标响应值 R。当优化问题选择为定目标（Target）优化时，目标响应函数为

$$f=(R-R_{\text{target}})^2 \tag{8-2}$$

式中，R_{target} 为目标响应值。

（2）设计因子存在 Sweep 类型　目标响应函数有 3 种：

① 不同工况响应加权平均值

$$f=\frac{\sum_n \omega_n R_n}{\sum_n \omega_n} \tag{8-3}$$

② 不同工况响应加权最小值

$$f=\min(\omega_1 R_1,\omega_2 R_2,\cdots,\omega_n R_n) \tag{8-4}$$

③ 不同工况响应加权最大值

$$f=\max(\omega_1 R_1,\omega_2 R_2,\cdots,\omega_n R_n) \tag{8-5}$$

式中，ω_n 为不同工况的权重，一般为 1；R_n 为各工况下的响应；n 为工况编号。当优化问题选择为定目标（Target）优化时

$$R_n=(R_n-R_{n,\text{target}})^2 \tag{8-6}$$

式中，$R_{n,\text{target}}$ 为第 n 个工况下的目标响应值。

2. 多目标

当采用 Pareto 法时，优化计算不会试图通过最小化或最大化单个数学函数来寻找单个最优设计。当采用加权和法时，优化计算会创建一个单一的目标函数来最小化或最大化，从而找到一个单一的最优设计。

1）当设计因子均为 Independent 类型时，多个响应的目标响应函数为

$$f=\sum_{\text{response } i}\frac{S_i\omega_{\text{r},i}R_i}{R_{\text{norm},i}} \tag{8-7}$$

式中，$\omega_{\text{r},i}$ 为不同响应的权重；R_i 为第 i 个响应，当目标响应是定目标（Target）时，$R_i=(R_i-R_{\text{target}})^2$；$R_{\text{norm},i}$ 为归一化项；S_i 为响应的符号项。

① 当优化问题为最小化（Minimum）或定目标（Target）时，响应的符号项分别为

$$S_{i,\text{maximize}}=-1$$

$$S_{i,\text{minimize}}=1$$

$$S_{i,\text{target}}=1$$

② 当优化问题为最大化（Maximize）时

$$S_{i,\text{maximize}}=1$$

$$S_{i,\text{minimize}}=-1$$

$$S_{i,\text{target}}=-1$$

2）当设计因子中存在 Sweep 变量时，目标函数为

$$f=\sum_{\text{response } i}\frac{S_i\omega_{\text{r},i}g_i}{g_{\text{norm},i}} \tag{8-8}$$

式中，$\omega_{\text{r},i}$ 为不同响应的权重；g_i 为第 i 个响应；$g_{\text{norm},i}$ 为归一化项。其中 g_i 也有 3 种函数形式：

① 不同工况响应加权平均值

$$g_i=\frac{\sum_n\omega_n R_{i,n}}{\sum_n\omega_n} \tag{8-9}$$

② 不同工况响应加权最小值

$$g_i=\min(\omega_1 R_{i,1},\omega_2 R_{i,2},\dots,\omega_n R_{i,n}) \tag{8-10}$$

③ 不同工况响应加权最大值

$$g_i=\max(\omega_1 R_{i,1},\omega_2 R_{i,2},\dots,\omega_n R_{i,n}) \tag{8-11}$$

式中，ω 为不同工况的权重，一般为 1；R 为各工况下的响应；n 为工况编号。当目标响应是定目标（Target）时，$R_n=(R_n-R_{\text{target},n})^2$。

3. 瞬态目标响应函数

瞬态目标响应是指随着时间变化的目标响应，例如电压曲线、电芯温度曲线。瞬态目标响应的优化可以看作是一个无限多目标的优化问题，因为每一时刻都有一个目标响应。首先需要通过积分将瞬态目标响应函数转化为单目标响应函数，即

$$\text{RMES}_i=\sqrt{\frac{\int_{t_{\text{start},i}}^{t_{\text{end},i}}(R(t)_i-R(t)_{\text{target},i})^2\,\mathrm{d}t}{t_{\text{end},i}-t_{\text{start},i}}} \tag{8-12}$$

式中，RMES_i 表示瞬态响应 i（如电压曲线）的计算结果和试验结果的均方差；$R(t)$ 为 t 时刻下的计算结果；$R(t)_{\text{target}}$ 为 t 时刻下的试验结果；$t_{\text{start},i}$ 和 $t_{\text{end},i}$ 分别为积分起止时刻。

当存在多个瞬态响应曲线同时进行优化时，如电压曲线和电芯温度曲线，那么目标响应函数为（设计因子均为 Independent 类型）

$$f=\sum_{\text{response } i}\frac{\omega_{\text{r},i}\text{RMES}_i}{\text{RMES}_{\text{norm},i}} \tag{8-13}$$

式中，$\omega_{\text{r},i}$ 为第 i 个瞬态响应的权重；$\text{RMES}_{\text{norm},i}$ 为归一化项。

如果设计因子中存在 Sweep 类型时，目标响应函数为

$$f=\sum_{\text{response } i}\frac{S_i\omega_{r,i}g_i}{g_{\text{norm},i}} \tag{8-14}$$

式中，$\omega_{r,i}$ 为不同响应的权重；g_i 为第 i 个响应；$g_{\text{norm},i}$ 为归一化项。其中 g_i 的表达式为

$$g_i=\frac{\sum_n \omega_n \text{RMES}_{i,n}}{\sum_n \omega_n} \tag{8-15}$$

式中，ω_n 为第 n 个工况的权重，一般为 1；n 为工况编号。

8.1.6 约束条件及可行设计

任何设计问题都带有设计要求和限制条件，即优化问题的约束条件。满足约束条件的设计方案 $[x_1,x_2,\cdots,x_n]$ 称为可行设计（Feasible design），最优设计方案是可行设计中的一种。

8.1.7 搜索算法

GT-SUITE 提供了 5 种搜索算法，分别是：NSGA-Ⅲ、CMA-ES（Covariance Matrix Adaptation Evolution Strategy）、Simplex、Discrete-Grid、Brent Method。其中，Brent Method 只在 Simple Optimizer（简单优化）计算中使用，而 GT-SUITE 不推荐使用 Simple Optimizer 进行优化，故本节只对前 4 种优化算法进行介绍。

1. NSGA-Ⅲ

NSGA-Ⅲ是基于著名的遗传算法 NSGA-Ⅱ开发出来的，特别适用于多目标的 Pareto 优化。该算法可以对设计空间进行广泛的搜索，对于中度及高度复杂的优化问题推荐选择该算法。该算法的特点有：

1）应用于 3 个或 3 个以上的变量因子，且变量因子和响应存在非线性关系。

2）优化问题是多模态的，且包括多个局部最优值。

3）优化问题有一个或多个约束。

NSGA-Ⅲ算法的两个关键输入是种群数和进化代数。二者乘积即为优化计算运行的步数，使用 NSGA-Ⅲ算法时不存在自动停止的准则，优化计算将根据进化代数完成所有计算步后停止。

NSGA-Ⅲ算法有 5 个参数设置，分别为种群数、交叉率、交叉率分布指数、突变率和突变率分布指数。对于不同的问题，通常可以找到一组最优的参数设置。如果用户希望多次使用 NSGA-Ⅲ算法来解决类似的问题，那么有必要尝试使用不同的参数设置，否则，使用默认参数设置就可以进行 NSGA-Ⅲ算法的计算。

2. CMA-ES

CMA-ES 算法是一种随机的、无梯度的遗传算法。对于许多单目标优化问题，CMA-ES 的收敛速度比 NSGA-Ⅲ更快。CMA-ES 算法的特点和适用问题与 NSGA-Ⅲ算法相同，CMA-ES 算法的两个关键输入也是种群数和进化代数。

3. Simplex

Simplex 算法是一种无梯度的、Nelder-Mead 单纯形法，在优化计算中广泛使用。Simplex 算法适用于局部优化，一般收敛到局部最小值或最大值，因此该算法不适用于已知的多模态问题。

4. Discrete-Grid

Discrete-Grid 是一种二分法，优化计算过程中不断将搜索空间一分为二，在子空间中继续搜索目标值，Discrete-Grid 是一种简单的、确定性的方法。该算法首先使用工况中给定的初始变量值进行计算，然后计算每个变量的上限和下限，进而确定要对哪个子空间进一步分割。图 8-3 所示为使用 Discrete-Grid 算法进行单变量最小化的实例，其中编号点表示优化计算的次数。

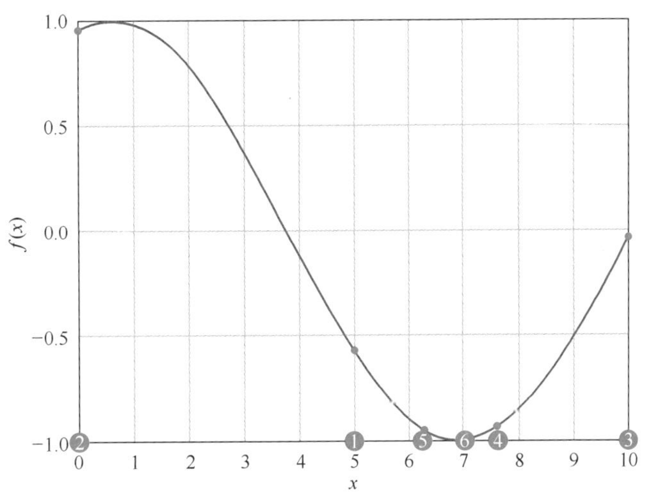

图 8-3　Discrete-Grid 算法单变量优化过程

图 8-4 所示为使用 Discrete-Grid 算法进行两变量最大化的一个实例，总共进行了 23 次优化计算，颜色深浅表示响应的大小，绿点表示真正的最大值。

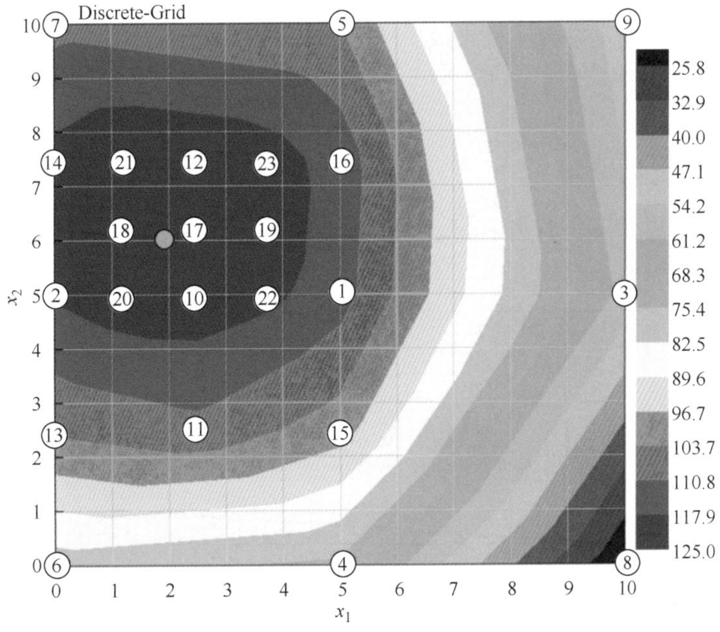

图 8-4　Discrete-Grid 算法两变量优化过程

Discrete-Grid 对于单变量定目标优化问题是最有效的算法。该算法的特点有：

1）主要运用于比较简单的求解，1 ~ 3 个变量。

2）可以采用并行迭代算法。

3）可以采用分布式计算。

4）允许的最大变量数为 5 个。

选择哪种优化算法计算最需要考虑的是所解问题属于局部优化还是全局优化。局部优化和全局优化又取决于问题是否属于多模态。多模态问题通常有多个变量（4 个或更多），使用一个或多个约束条件，并且响应与变量因子之间存在非线性关系。对于局部优化，推荐使用 Simple 算法。对于全局优化，推荐使用 NSGA-Ⅲ算法或 CMA-ES 算法。

8.2 集成设计优化工具

8.2.1 集成设计优化介绍

GT-SUITE 提供了两种优化计算方法，分别是集成设计优化（Integrated Design Optimizer）和简单优化（Simple Optimizer）。由于 GT-SUITE 不推荐使用简单优化，故本书不对简单优化进行介绍，只介绍集成设计优化。

集成设计优化的特点如下：

1）更稳健的算法，如 GA、CMA-ES、Simple。

2）可通过扫掠（Sweep）因子，实现多工况的同时优化。

3）可进行多目标 Pareto 优化研究，为加权多目标研究提供简单的设置。

4）可进行瞬态目标优化研究。

5）可以采用分布式计算。

6）能够优化 GEM3D 和 COOL3D 中的参数。

7）可以在某一个特定参数运算失败后接着继续计算，并自动避开对应的参数。

8）可使用纯整数型因子。

9）可续算。

8.2.2 集成设计优化设置

用户在 GT-ISE 界面下，单击 Home > Optimization > Design Optimizer，打开设计优化界面，如图 8-5 所示。

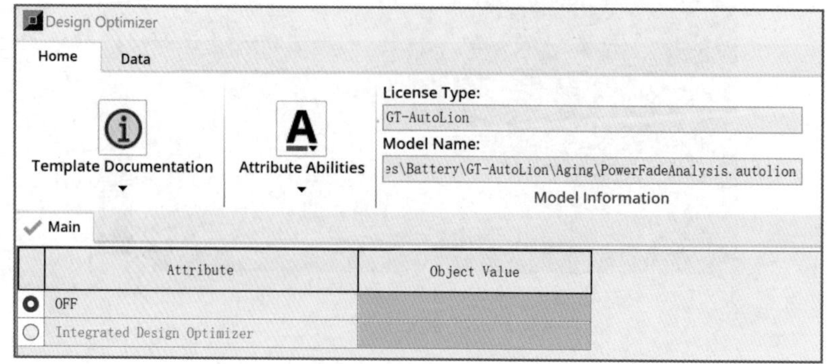

图 8-5　设计优化界面

优化设置默认为关闭状态，单击“IntegratedDesignOptimizer”，打开集成设计优化设置界面，如图 8-6 所示。该界面主要包括优化类型（Optimization Type）、工况处理（Case Handling）、算法（Search Algorithm）、优化选项（Optimizer Options）、设计因子（Factors）和目标响应（Response RLTs and Objectives）。

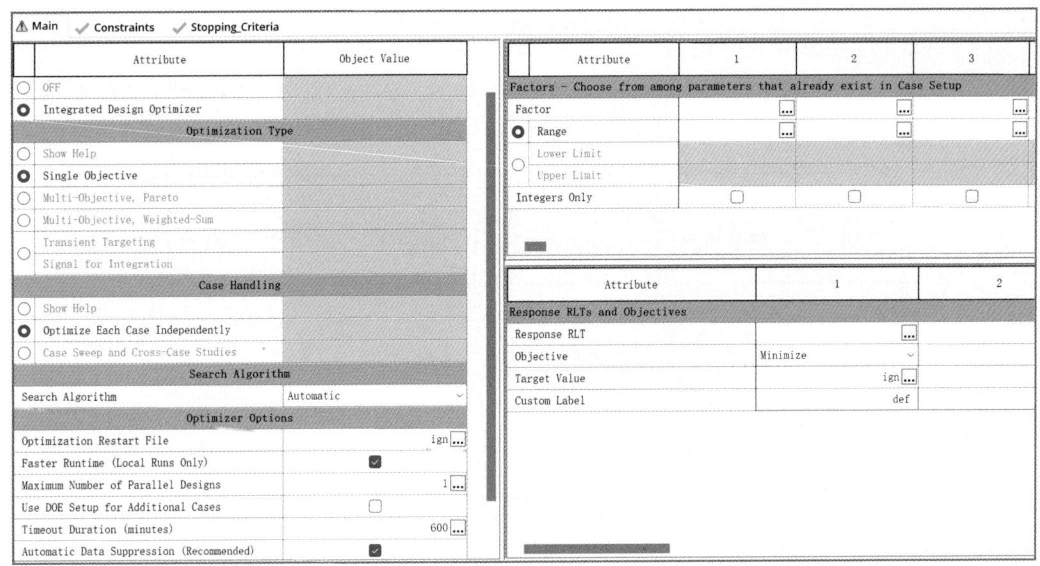

图 8-6　集成设计优化设置界面

1. 主界面（Main）

（1）优化类型（Optimization Type）　优化类型包括单目标（Single Objective）、多目标 -Pareto、多目标 - 加权和法和瞬态目标。用户根据优化问题选择相应的类型。

（2）工况处理（Case Handling）

OptimizeEachCaseIndependently：所有激活的工况单独进行优化，涉及“Sweep”的变量都会被隐藏，只显示“Independent”变量。

CaseSweepandCross-CaseStudies：使用一个或多个带有“扫略”属性的因子，对多个工况进行优化。

（3）搜索算法（Search Algorithm）　用户根据前文对 GT-SUITE 优化算法的介绍，选择相应的求解算法，最大设计步数（Maximum Number of Parallel Designs）可以保持默认值。

（4）优化选项（Integrated Design Optimizer Options）

Optimization Restart File：GT-SUITE 优化求解时会生成后缀为 .optstate 的文件，以保存所有的优化数据。当用户需要重新计算时，可以导入该文件，恢复之前的优化计算。

Faster Runtime：选择该选项，优化计算可以节省计算时间，提高计算效率。

Maximum Number of Parallel Designs：并行计算数。当其值大于 1，可以向分布式服务器并行提交多个优化，但需要多个许可证。由于每个优化都作为单独的计算任务提交给分布式系统，因此该选项决定了分布式队列中运行的最大计算任务数量。

Timeout Duration（minutes）：用于设定一个优化设计的最大计算时长。当一个设计计算时间超过了设定值，仿真计算停止，则该设计被认为是失败的。一个超时的设计将被记录在日志面板中。默认值为 600。

SaveDesignFiles：选择该选项，所有优化的计算文件都会保存在名为 tmp_modelname_Opt 的文件夹中。不选择该选项，tmp_modelname_Opt 文件夹将在优化完成后被删除。

Automatic Data Suppression（Recommended）：选择该选项，优化计算时软件自动压缩无用的文件，避免产生较大的结果文件（.gdx）。建议用户选择该选项。

2. 设计因子（Factors）

（1）Factor　通过值选择按钮，选择 Case Setup 中已经定义的变量。在 Case Handling 下，用户选择“Case Sweep and Cross-Case Studies”，则会要求对变量选择“Independent”属性或“Sweep”属性，如图 8-7 所示，并且至少有一个变量属性是“Sweep”。

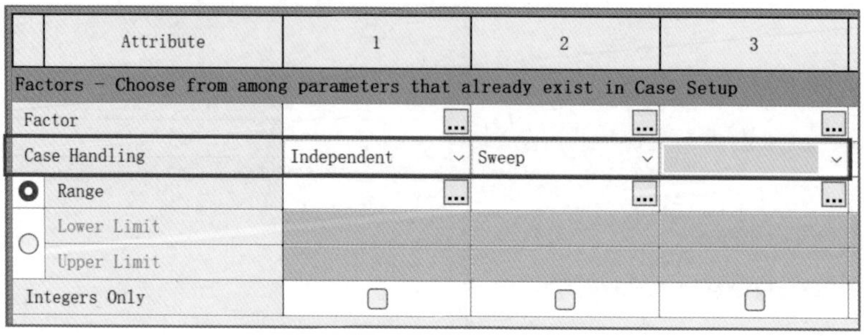

Attribute	1	2	3
Factors - Choose from among parameters that already exist in Case Setup			
Factor	...	...	...
Case Handling	Independent	Sweep	
Range	...	...	...
Lower Limit			
Upper Limit			
Integers Only	☐	☐	☐

图 8-7　选择 Case Handling 的变量

（2）变量取值范围　变量取值范围有两种选择，分别是 Range 和 Lower Limit/ Upper Limit。用户选择 Range 时，需要给定变量变动百分比；选择 Lower/Upper Limit 时，需要用户给定变量的上下限值。Resolution 即分辨率，简单理解为每次计算步，变量变动大小，一般为 1%～5%，最大值为 40%。

（3）Integer-Only Factors　即整数型变量，当对电芯数等变量（这些变量只能是整数）进行优化时，选择该选项。该选项仅支持 NSGA- Ⅲ算法和 CMA-ES 算法。

3. 响应和目标（Response RLTs and Objectives）

（1）Response RLT　在 Response RLT 中定义响应。如果是稳态响应，通过值选择按钮直接选择结果或者其他导出量；如果是瞬态响应，则需要将瞬态响应转化为一个值，需要增加一个 MathEquation 模板。

（2）Objective　在 Objective 中定义目标，Objective 中有 3 种定义方式，分别是 Minimum（最小值）、Maximum（最大值）和 Target（目标值），当用户选择 Target 时，需要在 Target Value 输入给定的具体数值。

8.2.3　优化求解界面

用户完成优化设置后，单击“Run Simulation”按钮将进行优化计算，软件会在 GT-Post 中打开优化求解界面，如图 8-8 所示。

工具栏（Ribbon）：有暂停、停止、结果查看、日志导出等命令。

优化架构（Configuration Panel）：显示设计优化的响应、变量、约束等。

进程面板（Progress Panel）：显示求解进度、开始时间和总的运行时间。

日志面板（Log Panel）：显示每一个设计求解情况，以及最后的优化结果。

设计表（Designs Table）：显示每一个设计的编号、工况，设计因子值及相应的响应结果。

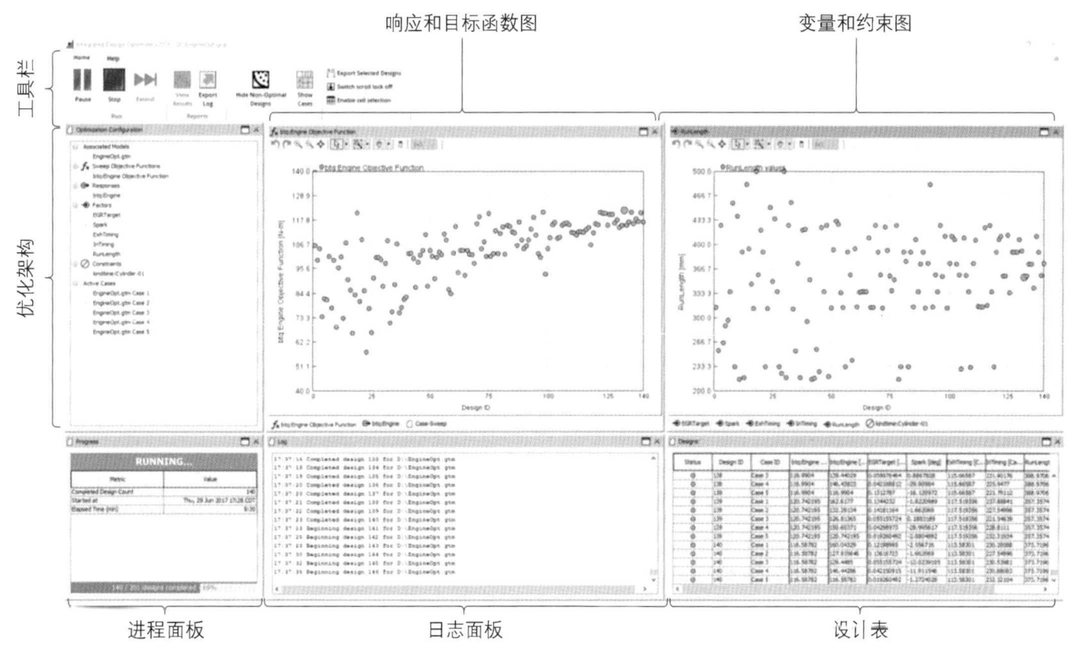

图 8-8 优化求解界面

变量和约束图（Factor and Constraint Plot）：显示迭代过程中设计因子和约束变量的变化图。

响应和目标函数图（Response and Objective Function Plot）：显示迭代过程中响应变化图。

8.3 标定流程

电化学电池模型参数较多，可以采用手动标定或自动优化标定的方法。手动标定需要对模型参数有较好地理解，并积累一定的经验。自动标定虽然可以通过优化算法实现自动标定，但因子的选择以及其取值范围仍然要依赖于用户的经验。标定所需的试验数据按照从简单到复杂的原则，即从小倍率电流到大倍率电流、从常温到高低温度、从日历寿命到循环寿命。一个理想的标定流程如下：

1）常温小倍率（1/50 ~ 1/10C）放电电压曲线。用于标定可逆容量和 OCV。

2）常温大倍率（≥ 1C）放电电压和电芯温升曲线。用于标定极化相关参数。

3）高、低温下的大倍率（≥ 1C）放电和电芯温升曲线。用于标定温度相关参数。

4）动态脉冲电流 HPPC 测试。用于标定动态响应。

5）常温以及不同温度下的日历寿命。用于标定正负极膜的老化参数，此时活性材料脱落和析锂模型可不必打开。

6）常温以及不同温度下的循环寿命。用于标定活性颗粒物脱落和析锂模型的老化参数。

由于用户试验数据的限制，特别是寿命相关数据，可采用软件默认值。

8.4 标定案例

本小节将通过前述优化工具进行一个软包电池开路电压（OCV）曲线的标定。图 8-9 所示为该试验的 OCV 曲线，横坐标为试验时间，纵坐标为开路电压。模型所在目录为 \GTI\v2024\tutorials\Modeling_Applications\Battery\AutoLion_Calibration\04-OCV_Calibration。

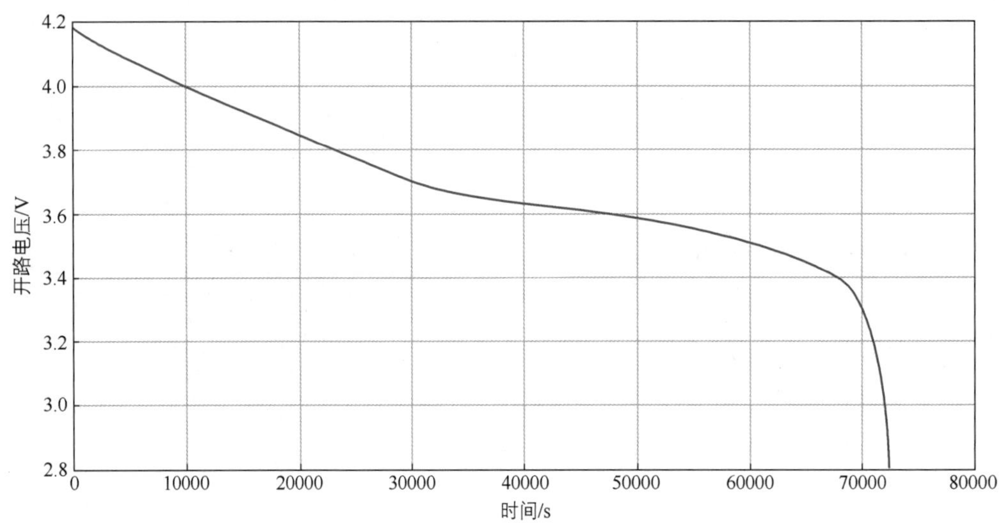

图 8-9 试验 OCV 曲线

8.4.1 电池模型设置

首先新建一个模型文件，命名为“OCV_Calibration.autolion”。保存模型到用户指定的文件夹下。将 AutoLion 电池模板拖入模型区，建立一个名为“AutoLion”的部件。该电池模型采用 21700 圆柱形电池，模型设置界面中的时间步长设置为 200s。

8.4.2 设计因子设置

为了标定 OCV，本例选择了 3 个设计因子。为了在优化设置中调用这些因子，首先需要在电池模型中建立 3 个变量。变量名称及其取值范围见表 8-1。

表 8-1 变量名称及其取值范围

设计因子	变量名	取值范围
正极载量（mA · h/cm^2）	[CathodeLoading]	3.15 ~ 3.45
负极 N/P 比	[N_over_P]	1.05 ~ 1.25
初始 SOC	[Initial_SOC]	0.98 ~ 1.0

8.4.3 目标响应设置

使用 MonitorSignal 模板，如图 8-10 所示，将电芯电压仿真结果与实验值进行对比，可实时监测计算过程中的电芯电压。

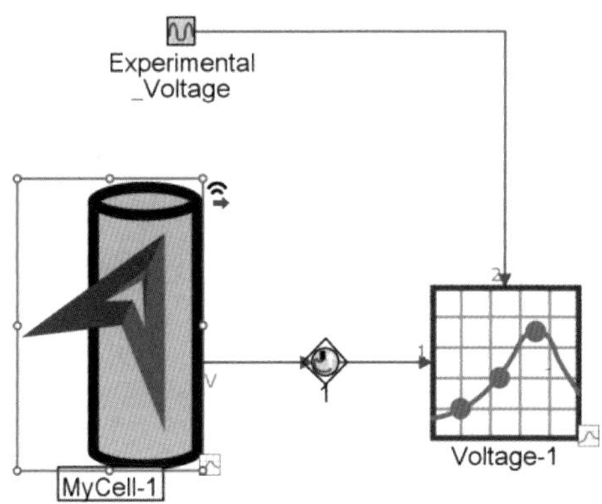

图 8-10　连接模型

8.4.4　优化设置

单击 Home > Optimization > Design Optimizer，打开优化设置界面，选择集成设计优化器。

1. 主界面（Main）

优化设置主界面（Main）如图 8-11 所示。

Main　Constraints　Stopping_Criteria

	Attribute	Object Value
○	OFF	
●	Integrated Design Optimizer	
	Optimization Type	
○	Show Help	
○	Single Objective	
○	Multi-Objective, Pareto	
○	Multi-Objective, Weighted-Sum	
●	Transient Targeting	
	Integration Basis	EntireRun
	Case Handling	
○	Show Help	
○	Optimize Each Case Independently	
●	Case Sweep and Cross-Case Studies	
	Search Algorithm	
	Search Algorithm	Accelerated GA
	Population Size	def (=calculated)
	Number of Generations	def (=15)
	Show Genetic Algorithm Settings	☐

Optimizer Options	
Optimization Restart File	ign
Faster Runtime (Local Runs Only)	☑
Maximum Number of Parallel Designs	1
Use DOE Setup for Additional Cases	☐
Timeout Duration (minutes)	600
Automatic Data Suppression (Recommended)	☑
Save Design Files?	☐
Close Optimizer Window After Completion	☐

图 8-11　优化设置主界面

优化类型选择单目标，本例中将多目标转化为单目标，便于用户理解多目标优化的过程；由于本例只有一个工况，故工况处理选择“Optimize Each Case Independently”选项即可；搜索算法选择“Accelerated GA”算法，种群数和进化代数都为默认值。种群数的默认值是根据设计因子的数量查表得来的，见表 8-2。

表 8-2　设计因子数对应的种群数

设计因子数	种群数
3	10
4	16
5	20
6	26
7	30
8	40
≥ 9	50

2. 设计因子选择（Factor）

单击 Factor 的值选择按钮 ...，选择 8.4.2 节所建立的变量，并相应地设置取值范围，如图 8-12 所示。

Factors - Choose from among parameters that already exist in Case Setup			
Factor	CathodeLoading	N_over_P	InitialSOC
Case Handling	Sweep	Sweep	Sweep
○ Range			
◉ Lower Limit	3.15	1.05	0.98
Upper Limit	3.45	1.25	1.0
Integers Only	☐	☐	☐

图 8-12　设计因子选择

3. 目标响应选择（Response RLT）

单击 Response RLT 的值选择按钮 ...，选择电池部件的输出“Voltage”作为目标响应，如图 8-13 所示。

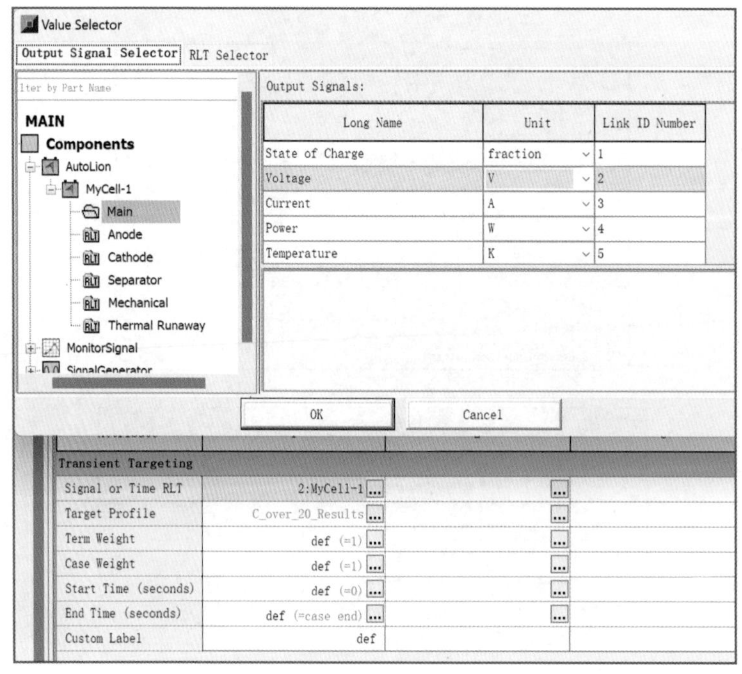

图 8-13　目标响应选择

8.4.5　监控器设置

为了在计算过程中方便展示试验结果和计算结果，需要增加一个 Monitor。查找 Monitor Signal 模板，拖入模型区，命名为“Voltage”。X 轴为时间，Y 轴为电压数据。监控器设置界面如图 8-14 所示。

Main　Plot Properties　Plots

Attribute	Unit	Object Value
General		
Show or Hide Monitor Window at Runtime		show
Monitor Title		ign
Number of Previous Cases to Display		def (=0)
Line Width (in Pixels)		2
Object Name for Reference Curve		ign
X Axis Properties		
Scrolling Monitor		☐
X-Axis Type		time
X-Axis Initial Maximum (time/scrolling axis only)	...	def (=0.2 s)
X-Axis Log Scale		☐
Y Axis Properties		
Y-Axis Auto Rescaling		on
Y1-Axis Label (40 Character Maximum)		Voltage
Y1-Axis Minimum	...	2.8
Y1-Axis Maximum	...	4.2
Y1-Axis Log Scale		☐
☐ Y2-Axis Label (40 Character Maximum)		

Main　Plot Properties　Plots

Attribute	Input Signal #1	Input Signal #2	Input Signal #3
Plot Name	AutoLion	Experimental	
Wireless Signal or RLT	ign		
Y-Axis	Y1		
Show or Hide Data Curve at Runtime	show		
Line Style	———	———	
Line Weight	———	———	
Symbol Style	none	none	
Symbol Size	6	6	
☐ User Line Color	000000	000000	

图 8-14　监控器设置界面

连接模型如图 8-15 所示。

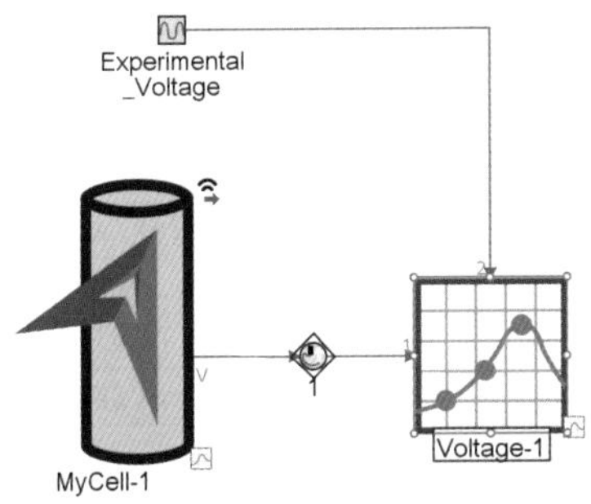

图 8-15　最终模型

8.4.6 求解设置

1. 时间控制（TimeControl）

在 Run Setup 的时间控制面板中设置的计算时长需要足够长，如图 8-16 所示，将其设置为 25h。

TimeControl | Initialization | ODEControl | SignalControl | ThermalControl | Automation

Attribute	Unit	Object Value
Maximum Simulation Duration (Time)	h	25
Automatic Shut-Off When Steady-State		off
Improved Solution Sequence for Multi-Circuit Models		☐

图 8-16 TimeControl 设置

2. 常微分方程控制（ODEControl）

ODEControl 求解器选择“Implicit-SDC3”算法，将最大时间步长设置为 200s，与电池部件中时间步长的设置相同。

8.4.7 案例设置

案例设置（Case Setup）界面如图 8-17 所示。

Main | Design of Experiments | Cell Balancing | All

Main

Parameter	Unit	Description	Case 1
Case On/Off		Check Box to Turn Case On	☑
Case Label		Unique Text for Plot Legends	
timestep	s	Time Step Size	200
InitialSOC (Optimi...	fraction	Initial State of Charge	0.99

Main | Design of Experiments | Cell Balancing | All

Cell Balancing

Parameter	Unit	Description	Case 1
Case On/Off		Check Box to Turn Case On	☑
Case Label		Unique Text for Plot Legends	
CathodeLoading (Op...	mAh/cm^2	Capacity Loading	3.3
N_over_P (Optimizer)	fraction	N/P Ratio	1.15
Cathode_FCC	mAh/g	First Charge Capacity	179
Cathode_FDC	mAh/g	First Discharge Capacity	161
Cathode_Umax	V	Umax	4.3
Anode_FCC	mAh/g	First Charge Capacity	371.933
Anode_FDC	mAh/g	First Discharge Capacity	350
Anode_Umax	V	Umax	2

图 8-17 Case Setup 界面

8.4.8　优化求解界面

计算完成后，用户可以在日志面板（Log Panel）看到最优结果——使得目标响应最优的一组设计因子。优化求解界面如图 8-18 所示。

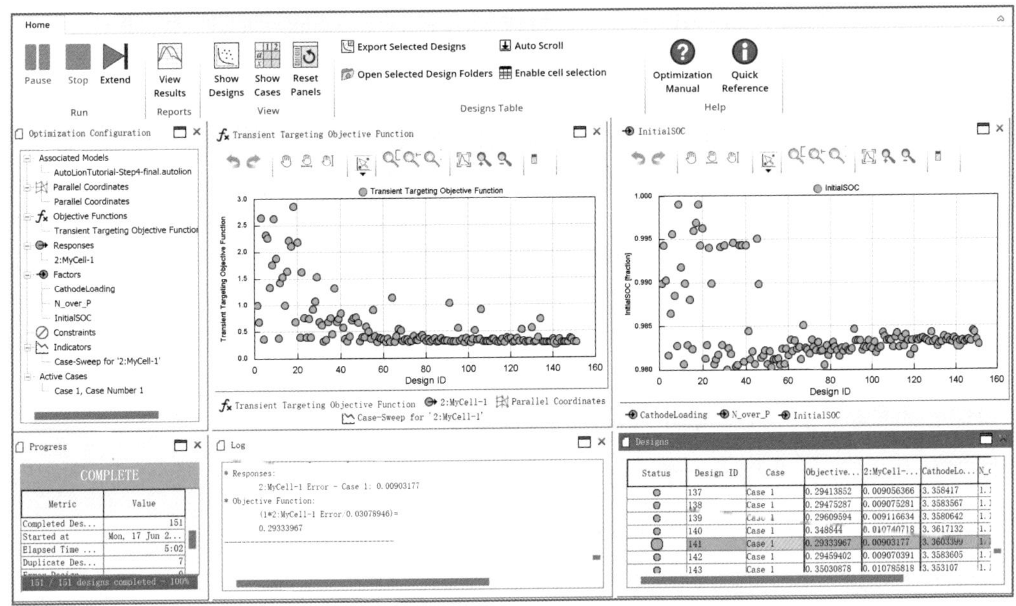

图 8-18　优化求解界面

8.4.9　结果分析

计算完成后，单击 Home>View Results。用户也可以在 GT-Post 中查看优化结果，如图 8-19 所示。

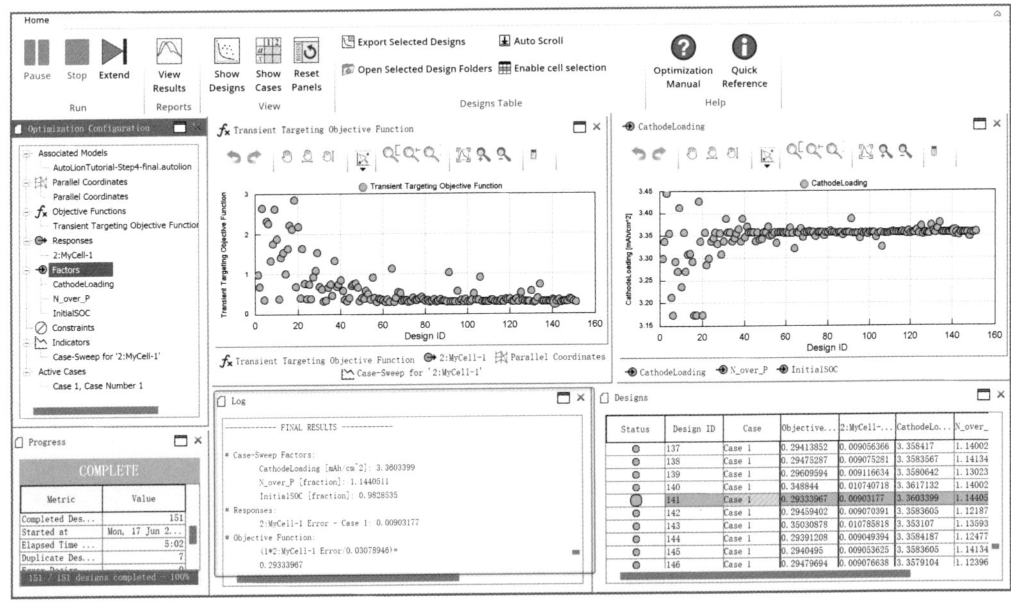

图 8-19　优化结果

第 9 章　GT-AutoLion 在整车上的应用

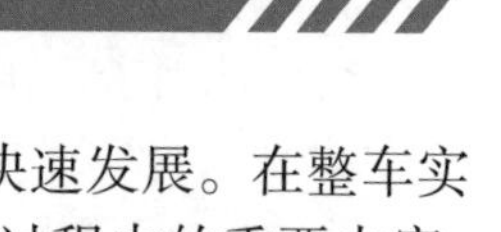

近年来，以纯电动、插电式混合动力为代表的新能源汽车得到了快速发展。在整车实际路况下，评价电池的热管理和寿命等性能指标，是新能源汽车开发过程中的重要内容。如何利用仿真工具进行多系统的集成仿真，并在概念设计阶段，快速进行硬件和控制策略的设计和验证，对于电池包的设计匹配具有重要意义。

本章针对一个 P2 构型的插电混动整车模型，展示了 GT-SUITE 在实际路况下预测电池包寿命的方法。第一，利用 GT-SUITE 中的电化学电池模块（GT-AutoLion）进行电池标定（标定流程请参考 8.3 节），并拟合电池的等效电路模型（请参考 6.3 节）；第二，建立基于直觉的 Rule Based 的 PHEV 的控制策略，并考虑电池保护；第三，利用 GEM3D 前处理工具离散详细的 Pack 数模，分析实际工况运行中电芯之间的温度差异，并为后续电池寿命计算提供温度边界条件；最后，利用 GT-AutoLion 进行实际运行工况下电池寿命的仿真。本章内容需要 GT-SUITE 和 GT-AutoLion 的许可证。

GT-AutoLion 与整车模型的耦合有以下两种形式：

1. 直接耦合

将电化学电池模块直接加入到整车模型中，这种方式可以实现实时耦合，但计算时间较长，尤其是当进行长时间寿命计算时，并不现实。

2. 间接耦合

如本章所示，采用间接耦合的方式，由整车模型提供功率需求和温度边界，然后由 GT-AutoLion 单独进行寿命计算。这种方式虽然不能实时耦合，但计算速度快，可以满足长时间寿命计算的需求。

9.1　基于规则控制的 PHEV 模型

9.1.1　模型说明

本章采用的整车模型为一个 P2 构型的插电式混合动力乘用车，如图 9-1 所示。电机位于发动机和变速器之间，通过单轴连接。此外，在变速器和电机之间增加一个离合器，使得电机能够与车辆脱离机械连接，可实现发动机起动、停车充电等功能。

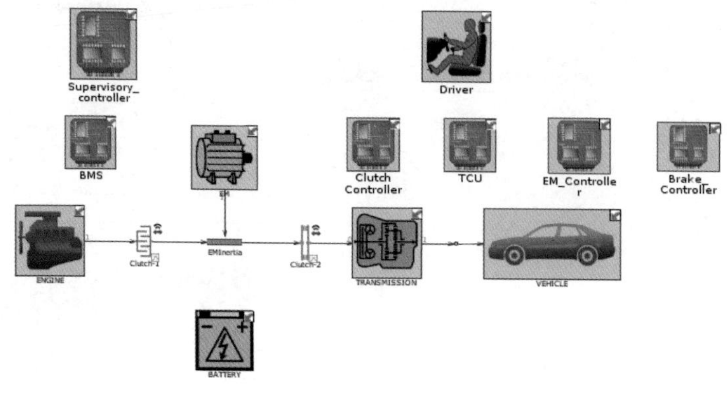

图 9-1　P2 整车模型

发动机采用一个 1.5L 排量的汽油机。车辆模型参数见表 9-1。

表 9-1 车辆模型参数

项目	参数
整备质量 /kg	1500
滚阻系数	0.01
风阻系数	0.28
迎风面积 /m^2	1.5

电池采用等效电路模型，电池的过充过放限值见表 9-2。

表 9-2 电池模型参数

项目	参数
单体电芯容量 /A · h	54
Pack	1P60S
最大电压 /V	4.2
最小电压 /V	2.5
最大放电电流 /A	200
最大充电电流 /A	54

变速器采用一个 6 档变速器，纯电动（EV）模式下主要使用 2 档或 3 档。档位参数见表 9-3。

表 9-3 变速器的档位及对应传动比

档位	1	2	3	4	5	6
传动比	4.484	2.872	1.842	1.414	1	0.742

电机外特性如图 9-2 所示。

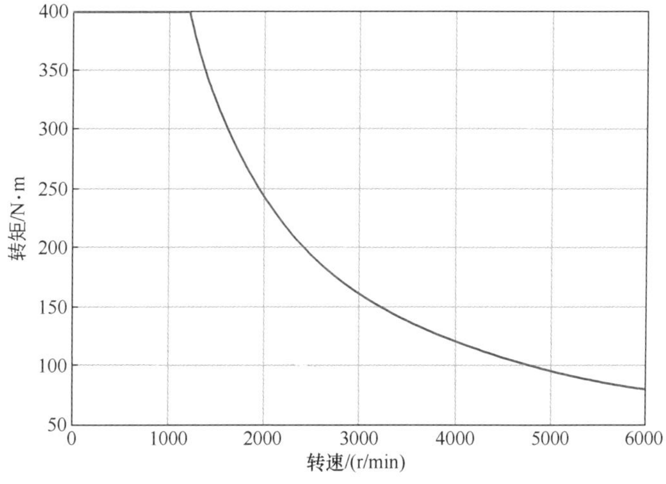

图 9-2 电机外特性

模型中各控制模块的功能如下：

1）Supervisory Controller：监督控制器。这是最高层级（Level）的整车控制器，用于定义模式以及各模式下的功率分配。

2）Driver：驾驶人控制。用于定义驾驶循环，如 WLTC。

3）BMS：电池管理系统。本例中的电池管理仅考虑电池的过充过放保护。

4）TCU：档位控制。根据车速进行换档控制。

5）Clutch Controller：离合控制器。对于离合器 1，EV 模式下打开，其他模式下闭合；对于离合器 2，起动发动机、怠速充电以及变速时打开，其他模式闭合。

6）EM Controller：电机控制器。用于控制电机负载。

7）Brake Controller：制动能量回收控制器。该控制器采用最大能量回收策略，可以改善经济性。

9.1.2 控制策略

构建上述控制模型的目标是实现一种典型的“全电（AER）+ 电量保持（CS）”控制策略，如图 9-3 所示。该策略开始运行于 EV 模式，发动机不工作；当 SOC 达到 0.35 时，发动机起动并采用经典的功率跟随策略，提供驱动力并对电池充电；当 SOC 达到 0.45 且车速 < 25km/h 时，重回 EV 模式。

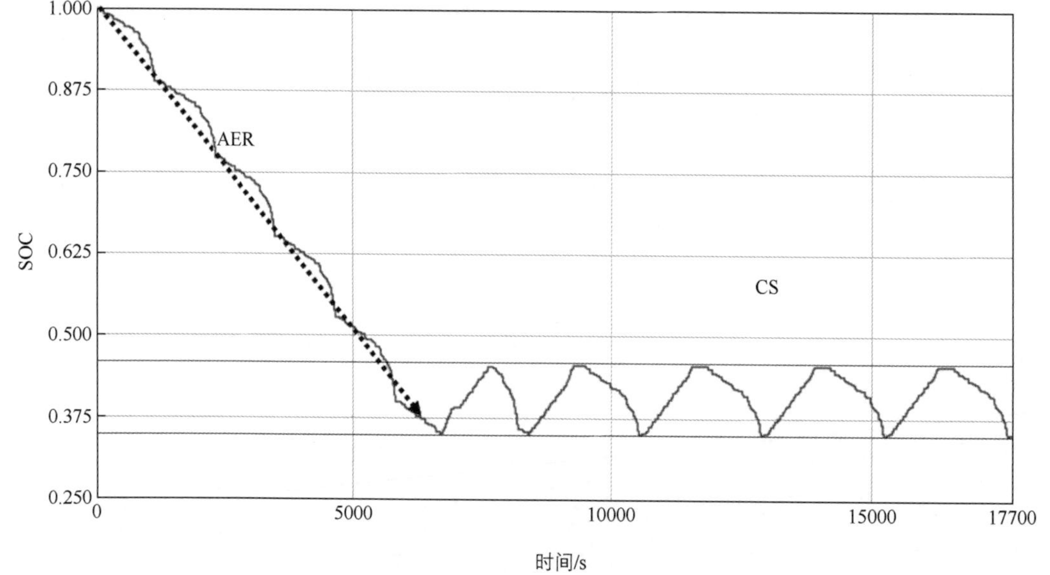

图 9-3 控制策略

功率跟随策略如图 9-4 所示，整个牵引功率需求区域分为 A、B、C、D 区域。

功率跟随策略可以工作在多种模式下：

1）混动模式：驱动功率需求大于发动机最佳效率线（A），需要电机提供额外的功率输出，发动机工作在最佳效率线上。

2）发动机独自驱动模式：驱动功率需求小于发动机最佳效率线（B）且电池不需要充

电，发动机工作在部分负荷线上。

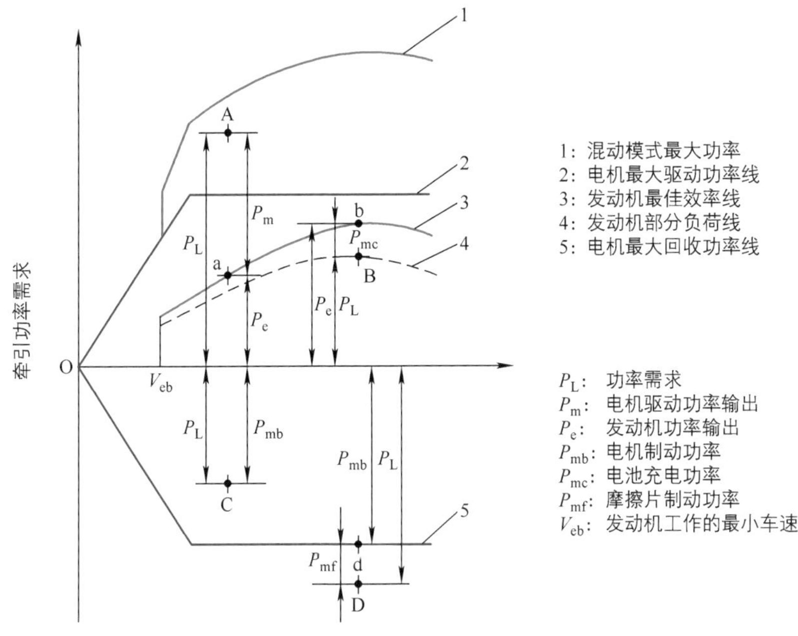

图 9-4　CS 阶段的功率跟随策略

3）电池充电模式：驱动功率需求小于发动机最佳效率线（B）且电池需要充电，发动机工作在最佳效率线。

4）完全制动能量回收模式：制动功率需求大于电机最大回收功率线（C）且电池可以充电（SOC < 0.7），发动机不工作，电机工作在 C 点。

5）制动能量回收和机械制动模式：制动功率需求小于电机最大回收功率线（D）且电池可以充电（SOC < 0.7），由于电机已经无法满足制动功率需求，故需要机械摩擦制动工作。该模式下发动机不工作，电机工作在最大回收功率线，机械摩擦提供额外的制动功率需求。

9.2　电池包热管理模型

通过 GT-SUITE 的 GEM3D 工具，用户可以将采用水冷的电池包模型进行离散，如图 9-5 所示。GEM3D 是 GT-SUITE 自带的一个强大的前处理工具，能够方便快捷地将复杂几何离散为 GT-SUITE 可识别的一维模型。常用于复杂流体、固体区域的离散。

冷却液回路的边界条件见表 9-4。

基于上述整车控制策略以及详细的电池包热管理模型，运行 11 个 NEDC，得到从 −10 ~ 36℃范围内的电芯温度变化。查看电芯的温度变化，后续将其作为寿命预测的温度边界条件。图 9-6 和图 9-7 所示分别为当环境温度为 36℃和 −10℃时，60 个电芯的温度变化。

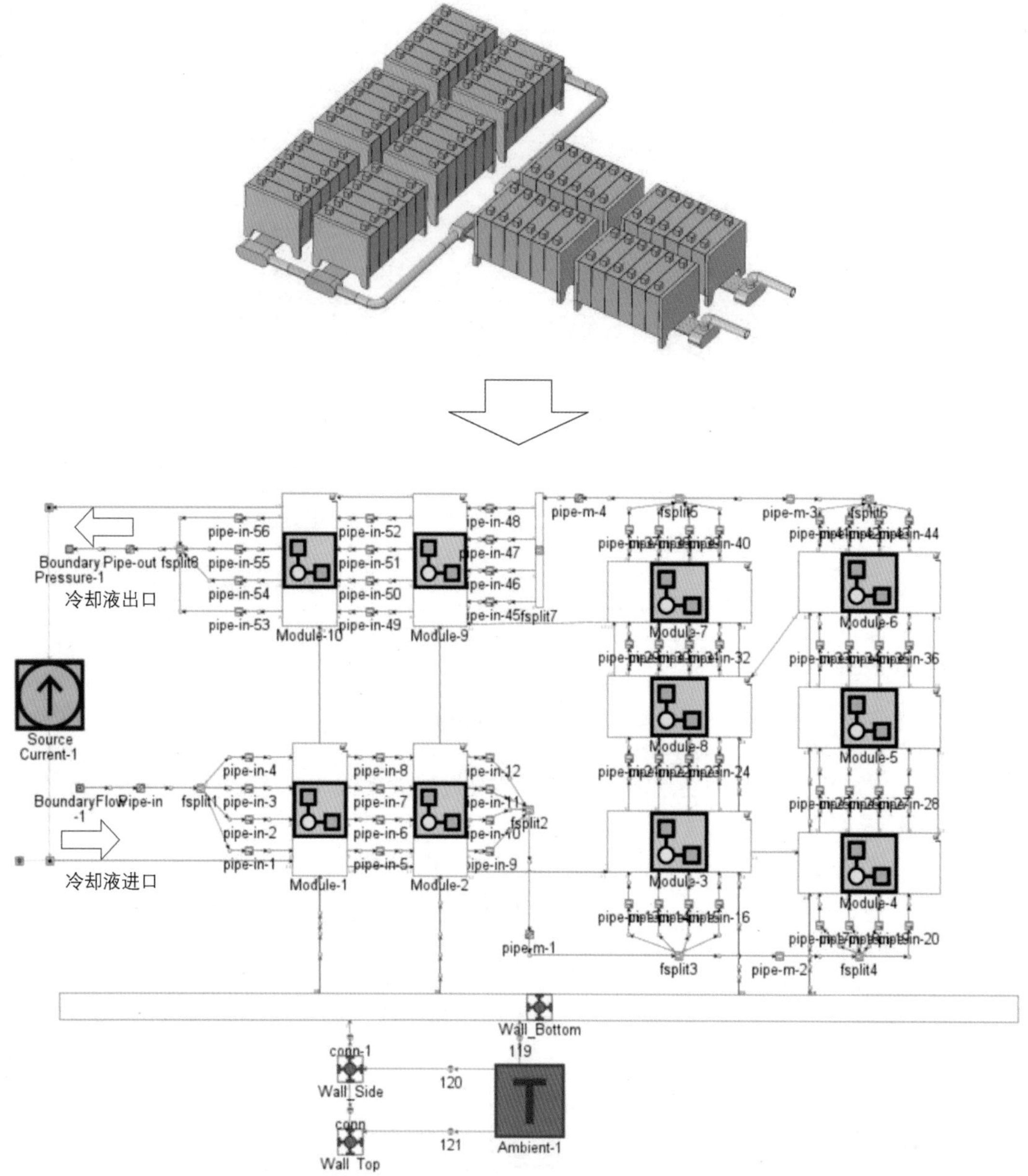

图 9-5　离散后的电池包模型

表 9-4　冷却液回路的边界条件

边界条件	天气冷 （≤ 18℃）	天气热 （> 18℃）
进口冷却液温度 /℃	25	10
进口冷却液流量 /（L/min）	5	1
出口冷却液温度 /℃	环境温度	
出口冷却液压力 /kPa	100	

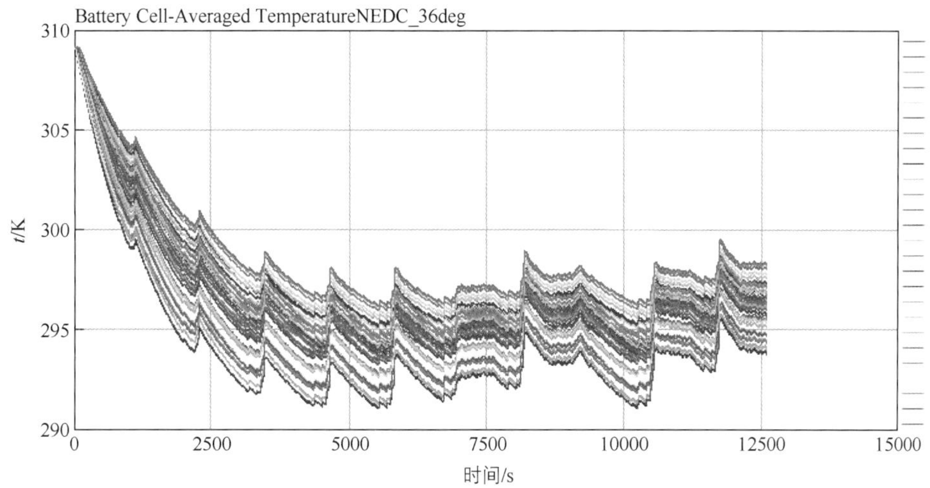

图 9-6　当环境温度为 36℃时，电芯的温度变化

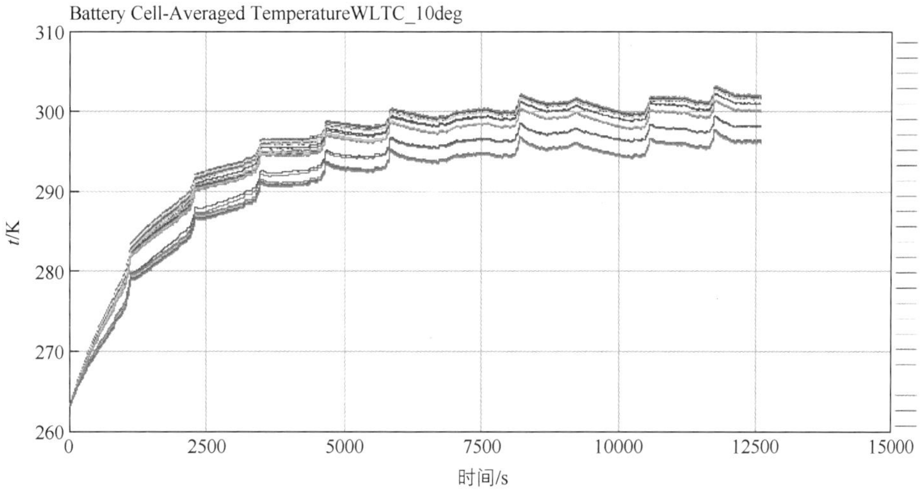

图 9-7　当环境温度为 −10℃时，电芯的温度变化

9.3　寿命分析

本例中考虑 4 种老化模型。

9.3.1　循环逻辑

以一个较远距离通勤的用户为例，其所驾驶车辆为前述 P2 构型的插电混动车型。循环工况如下：

1）假设年均行驶里程为 1.8 万 km，每天平均 50km（WLTC）。

2）早上 8 点开始，行驶 25km（1.07 个循环）。

3）晚上 6 点下班，行驶 25km。

4）每天充电（慢充）一次，充电桩规格为 16A@220V（3.5kW），晚上 10 点开始充电，慢充策略为 16A 的 CCCV。

5）最大 SOC 为 100%，容量衰退 30%，电池寿命终止。

6）电芯温度由相应 Pack 模型得到，考虑四季变化。

7）运行 15 年。

9.3.2 边界条件提取

为了在上述实际路况下评价电池的寿命，用户需要提供上下班时电池的功率需求、每天环境温度的变化、不同环境温度下的电芯温度等边界条件。

通过 9.2 节的整车模型，计算得到上下午两个 WLTC 的电池功率需求曲线，如图 9-8、图 9-9 所示。

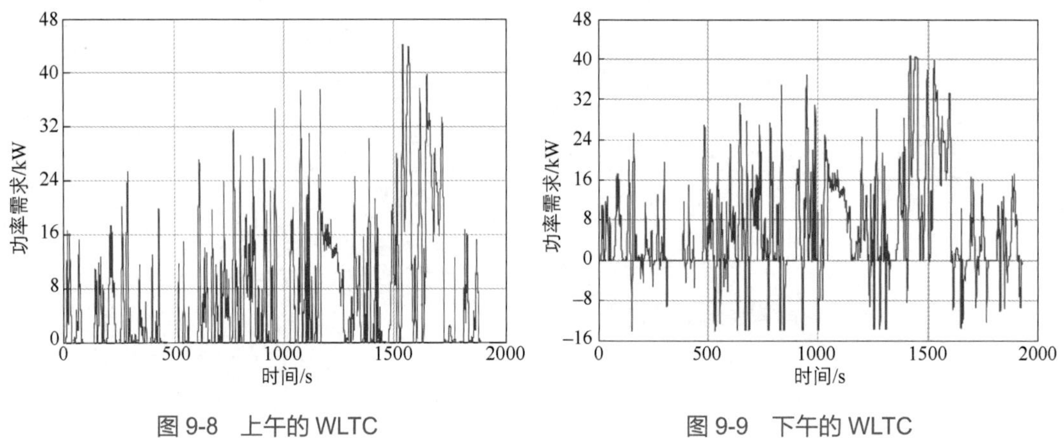

图 9-8 上午的 WLTC　　图 9-9 下午的 WLTC

由 9.2 节整车模型计算得到的在上下班过程中 60 个电芯的平均温度曲线如图 9-10 所示，不同颜色的曲线代表不同的环境温度（−10 ~ 36℃）。

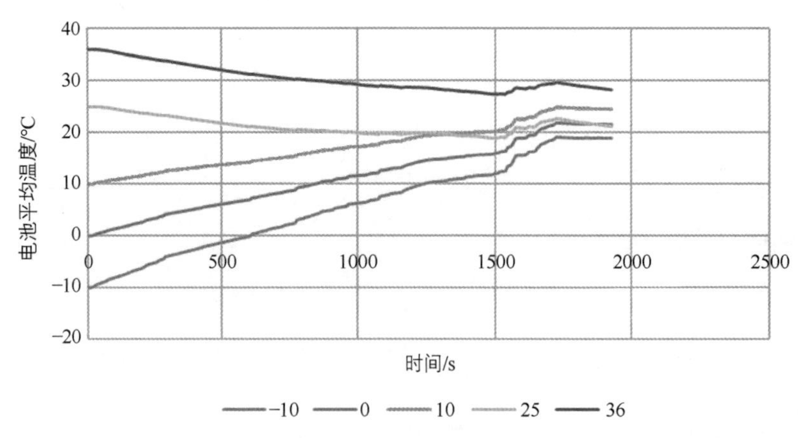

图 9-10 上下班过程中电芯平均温度

以某地为例，其一年的环境温度变化如图 9-11 所示。

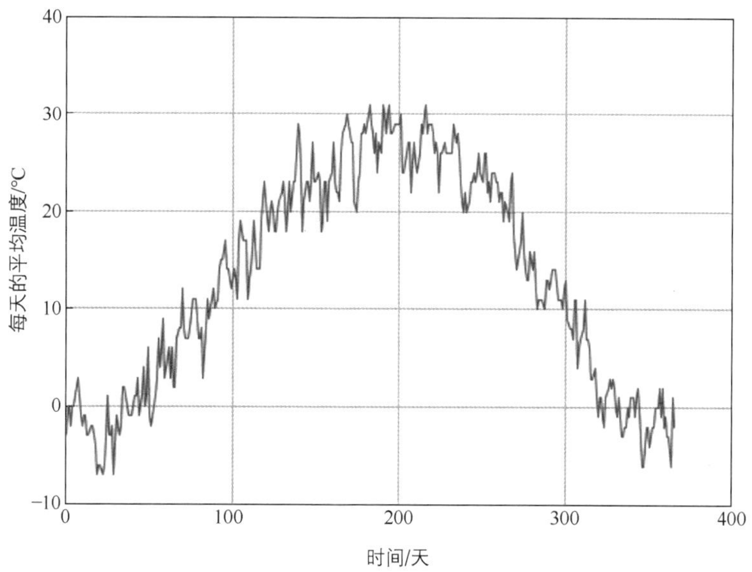

图 9-11　某地一年的环境温度变化

9.3.3　寿命计算

结合上述循环逻辑和边界条件，在 GT-AutoLion 中建立循环寿命模型。循环逻辑的设置与 6.2 节类似。图 9-12 所示为可逆容量退化的计算结果。结果表明，电池寿命在所设工况下预计能达到大约 7 年。

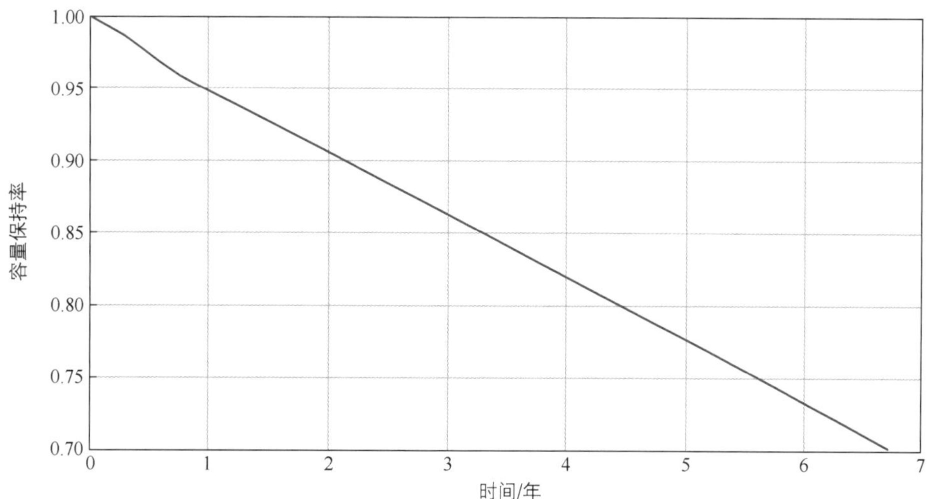

图 9-12　循环容量衰退曲线

参 考 文 献

[1] TARASCON J M，ARMAND M. Issues and challenges facing rechargeable lithium batteries[J]. Nature，2001，414（6861）：359-367.

[2] 熊瑞 . 动力电池管理系统核心算法 [M]. 2 版 . 北京：机械工业出版社，2021.

[3] LIANG Y，ZHAO C Z，YUAN H，et al. A review of rechargeable batteries for portable electronic devices[J]. InfoMat，2019，1（1）：6-32.

[4] 起文斌 . 固态电解质界面和固态电池的研究 [D]. 北京：中国科学院大学，2021.

[5] BERGVELD H J，KRUIJT W S，NOTTEN P H L，et al. Battery management systems[M]. Berlin：Springer Netherlands，2002.

[6] DOYLE M，FULLER T F，NEWMAN J. Modeling of galvanostatic charge and discharge of the lithium/polymer/insertion cell[J]. Journal of the Electrochemical Society，1993，140（6）：1526.

[7] FULLER T F，DOYLE M，NEWMAN J. Simulation and optimization of the dual lithium ion insertion cell[J]. Journal of the Electrochemical Society，1994，141（1）：1.

[8] DAIGLE M，KULKARNI C S. Electrochemistry-based battery modeling for prognostics[C]//Annual Conference of the PHM Society.[S.l.]：[s.n.]，2013.

[9] DAIGLE M，KULKARNI C S. End-of-discharge and end-of-life prediction in lithium-ion batteries with electrochemistry-based aging models[C]//AIAA Infotech@ Aerospace.New York：AIAA，2016：2132.

[10] PLETT G L. Battery management systems，Volume I：Battery modeling[M]. Dedham：Artech House，2015.

[11] RAUF H，KHALID M，ARSHAD N. Machine learning in state of health and remaining useful life estimation：Theoretical and technological development in battery degradation modelling[J]. Renewable and Sustainable Energy Reviews，2022，156：111903.

[12] PLETT G L. Battery management systems，Volume II：Equivalent-circuit methods[M]. Dedham：Artech House，2015.